학습부진아 지도

교육과정 기반 개입 모델

강충열
정광순
문정표

만남과 성장

학습부진은 학생이 가진 성취 잠재력에 비해서 실제 학업성취가 낮은 상태를 말합니다. 학생의 이런 학습 부진은 어떤 시기의 학습에 다양한 이유로 미성취 현상으로 시작합니다. 이렇게 보면 학습부진은 특정한 학생에게만 나타나는 것이 아니라, 모든 학생에게서 나타난다고 볼 수 있습니다. 물론, 영재에게서도 학습부진은 나타납니다. 학습이 부진한 영재아를 우리는 미성취 영재라고 부르니까요. 그래서 학습부진 문제는 학습부진아라는 꼬리표를 단 아이만을 다루는 문제는 아닙니다.

사람마다 학습에 방해를 받는 이유가 다양합니다. 역으로 학생마다 성취 잠재력은 매우 다양하고, 학생의 능력 스펙트럼이 다양합니다. 이유야 어떻든 한 순간의 학습 부진이 계속 누적 되어 학습에 장애를 겪는 아이와 그렇지 않은 아이는 있습니다. 이런 학생은 행복하지 않습니다. 이에 학습부진은 학생 개인에게는 물론 국가에도 불행한 일입니다. 그동안 우리나라는 학습 성취가 높은 영재 등의 학생에 비해서, 학습이 부진한 학생에 대해서는 상대적으로 등한히 해 왔습니다. 하지만 우리나라도 사회적으로는 민주적이고, 경제적으로는 선진국의 반열에 올랐습니다. 이제는 교육도 복지 차원에서 학습부진 교육에 관심을 기울여야 합니다. 특히 초등학교 시기부터 학습부진에 관심을 기울여서, 학습부진 문제가 학습장애로 발전하지 않도록 조기에 개입하여 도와야 합니다. 누구든 학습부진이 누적될 경우에는 회복하기 어렵기 때문입니다.

학습부진 문제는 이론에 근거해서 전문가인 교사가 다루어야 합니다. 그러나 아직까지 우리 현장의 학습부진아 지도는 근거와 이론에 기반 한 전문적 교수행위로 연결하지 못하고 있습니다. 대부분은 학생이 습득하지 못한 교과 지식을 보충지도하고 보완 해 주는 방식입니다. 나아가서 학습부진아를 지도하는 사람마저도 교사(담임 및 교과전담)보다는 외부 강사에게 맡기는 경우가 많습니다. 이는 비전문가에게 매우 전문적인 일을 맡기는 격이라는 점에서, 학습부진 문제를 다루는 바른 모습은 아닙니다. 왜냐하면 학습부진에 개입해서 지도하는 문제는 교과 내용을 습득하도록 하는 것만은 아니기 때문입니다. 학습부진에 개입해서 지도하는 문제는 교과를 생활로, 나아가서 자기 주도적인 학습 등을 통합적으로 다루는 일이기 때문입니다.

학습부진에 개입하는 주 모델은 진단-처방 모델입니다. 이 모델에서는 학습부진 문제를 찾아 진단하고 처방을 내려 개입합니다. 이 모델은 과거의 정신능력 접근에서 현대의 교육과정 기반 접근으로 발전해 왔습니다. 정신능력 접근은 심리나 지능검사를 통해서 부진을 판별하고, 정신능력을 기르도록 지도합니다. 교육과정 기반 접근은 교사의 교실교육과정으로 학습부진 문제에 개입하고 지도합니다. 정신능력 접근은 교과에서 부진한 내용을 직접 지도하기보다는, 그 기저가 되는 정신능력을 향상시키고자 하기 때문에 간접적인 접근을 하는 방식입니다. 이것은 특정 질병을 직접적으로 치료하는 서양의학보다는, 기저가 되는 신체 기능을 향상시켜 질병을 극복하도록 하는 한의학으로 치료하는 일에 비유할 수 있습니다. 학습 부진 문제에 이런 정신능력 접근은 그 효과가 미미한 것으로 드러나면서, 요즘은 그 대안으로 교육과정으로 학습부진 문제에 직접 개입하는 교육과정 기반 접근이 등장했습니다. 여러 연구들이 정신능력 접근보다 이런 교육과정 기반 접근이 효과적임을 증명합니다.

　이 책은 이런 배경에서 "교육과정 기반 학습부진 개입 모델"이라는 이름을 붙이고, 학습부진을 진단하고 처방하는 방법들을 소개하였습니다.

　<Part 1>은 서론으로 학습부진 현상에 대한 이해를 다루었습니다. 이에 학습부진이 무엇이고, 왜 문제이며, 원인이 무엇인지 살펴보았습니다.

　<Part 2>에서는 교육과정 기반 개입 모델을 소개하였습니다. 먼저 교육과정 기반 개입 모델이 등장한 배경을 살펴보고, 교육과정에 기반하여 학습부진을 진단하는 단계와 처방을 내리는 단계로 나누어 살펴보았습니다. 진단 단계에서 학습 부진을 파악하는 방법을 두 가지 차원에서 설명하였습니다. 하나는 교육과정에 기반 하여 읽고, 쓰고, 셈하는 3Rs 영역에서의 학습부진을 진단하는 평가 자료를 선정하고 채점하는 방법을 다루었습니다. 또 하나는 학습부진아가 처한 학업 환경을 진단하는 방법을 다루었습니다. 그리고 처방 단계에서는 준비 면담, 표적행동 설정, 과제분석, 기능적 분석, 기초선 설정, 모니터링, 평가로 이어지는 각 단계에서 지도 활동들을 소개하였습니다.

　<Part3>은 교육과정 기반 학습 부진 문제에 개입하는 내용으로, 이 책의 핵심 장입니다. 여기서는 기본 학습기능을 실제로 지도하는 내용을 다루었습니다. 읽기 지도에서는 낭독과 독해 지도 전략을, 쓰기에서는 맞춤법과 작문 지도 전략을, 수학에서는 셈하기와 문장제 문제해결 지도 전략을 제시하였습니다.

　<Part4>에서는 자기 주도적 학습 능력을 습득하는 방법을 소개하였습니다. 학생이 학습부진을 극복하기 위해서는 일시적으로는 다른 사

람들의 도움을 받아야 하지만, 종국에는 자기가 주도하는 학습을 해 나갈 수 있는 능력을 길러야 합니다. 먼저 인지적, 정서적, 사회적 영역에서 자신을 조절하는 능력을 기르고, 학습기술을 익혀 학업 영역에서도 자신의 학습을 자신이 책임을 지는 방법을 소개하였습니다.

<Part 5>에서는 학습부진을 극복하려고 노력한 사례를 소개하였습니다. 이스라엘 Haifa 대학에서 교수, 예비교사, 현장의 경력 교사들이 협력하여 실제 학습부진아들을 지도한 과정과 결과를 소개하고 Haifa 대학에서 학습부진 문제를 다룰 수 있도록 개설한 예비교사 교육 및 현직 교사 연수프로그램을 소개하였습니다. 이는 우리나라 교원양성 대학에서 예비교사가 학습부진 문제에 개입해서 지도하는 강좌 개설을 하고자 할 때, 벤치마킹할 수 있는 자료가 될 것입니다.

우리의 현장에는 아직 '먼지가 수북이 쌓여있는 영역'이 여러 개 있습니다. 그 중 하나가 학습부진 영역입니다. 이 책은 이 영역에서 조금이나마 그 수북이 쌓여있는 먼지를 쓸어내고자 하는 마음으로 발간합니다. 아무쪼록 이 책이 초·중등학교의 현장교사와 교육행정 기관에서 학습부진 문제에 개입하고 지도하는데 관심이 있는 분들의 전문성 향상에 도움이 되기를 기대합니다.

2020년 6월
저자대표 강 충 열

contents

contents

표 차례

그림 차례

Part 1. 학습부진 현상에 대한 이해

Part 1. 학습부진 현상에 대한 이해

Chapter 1. 학습부진의 정의와 문제
Chapter 2. 학습 부진의 원인

학습부진은 학생 개인에게 학업 실패와, 여러 가지 심리·사회적 부적응 현상을 일으키기도 하지만, 사회적으로도 개인이 사회 발전에 기여할 기회를 상실하게 만든다. 이에 학습부진은 학생 개인이나 국가를 위해 극복해야 한다. 또한 학습부진은 누적되면 회복이 어렵기 때문에 개입이 조기에 이루어져야 한다. 본 장에서는 학습부진이 무엇이며, 발생 원인과 개입을 위한 지도 모델에 어떤 것이 있는지 살펴본다.

Chapter 1. 학습부진의 정의와 문제

학습부진이란 "성취 잠재력에 비해 실제 학업성취 수준이 낮은 상태"를 말한다(Butler-Por, 1987, p.5). 학습부진의 영어 표현인 미성취under-achievement라는 말이 시사하듯, 학업성취가 개인의 성취 잠재력에 못 미치는 수준으로 나타나는 현상이다. 이에 학습 부진은 잠재적 능력 수준이 높은 학생에게도 낮은 학생에게도 가리지 않고 발생한다. 따라서 학습부진은 지능이 낮거나 학습 하는데 장애를 가진 특수한 필요를 가진 학생들에게만 나타나는 것이 아니다. 일반 아이 및 영재 아이들에게도 나타난다. 따라서 학습부진아를 영어로는 미성취아underachiever라고 부르며, 이런 학습이 부진한 영재를 미성취 영재gifted underachiever라고 부른다.

학습이 부진한 학생에게서는 학업과 심리·사회적 측면에서 다음과 같은 문제들이 공통으로 나타나는 편이다(Butler-Por, 1987).

첫째, 학업 측면에서 학습이 부진한 학생은 학습에 투자하는 노력이 부족하고, 그에 따라 학습에 대한 준비가 부적절하다. 이것이 결국 저조한 학업성취로 이어진다. 그 외의 학업 수행도 일관적이지 못하고, 학습 습관이 열등하고, 집중력이 부족하며, 몽상, 과잉행동, 과제 수행 실패, 무질서 등의 행동으로도 나타난다. 이런 행동이 꾸준히 누적될 때, 학생의 학습 동기를 떨어뜨리고 성장 전반에 부정적인 영향을 미친다.

둘째, 심리·사회 측면에서 학습이 부진한 학생은 자신을 경시하고, 개인적인 목표가 명료하지 않으며, 삶의 가치가 부족하고, 또래들이 깔보는 대상이 되는 취약점을 가지고 있다. 자신과 타인에 대한 이해가 부족하고, 우울과 근심 등의 징후도 보인다. 이런 심리·사회상의 부적응 패턴은 개인적으로는 건전한 정서나 바람직한 인성의 습득을 어렵게 만들고, 사회적으로는 또래, 교사, 부모와의 인간관계를 부정적으로 형성하는데 영향을 미친다.

Chapter 2. 학습부진의 원인

학습부진의 원인은 항상 일정한 것이 아니다. 또 학생의 성장 시기별로 변화한다. 이에 이론들마다 학습 부진의 원인을 보는 관점에 차이가 생겨난다. 이런 성장적 변화와 이론적 관점의 차이에도 불구하고 Butler-Por(1987)는 학습부진에 영향을 미치는 공통 변인으로 다음 세 가지를 든다. 이 세 가지 변인은 가정과 부모 변인, 학생의 인성 변인, 학교 변인으로, 이 변인들이 상호 작용하여 학습부진 현상을 일으킨다고 본다. 즉 이 세 가지 변인들이 서로 부정적으로 상호작용하면 학습부진으로, 그 반대로 작용하는 경우에는 학업성취로 이어진다.

1. 가정과 부모 변인

Butler-Por(1987)는 가정과 부모 변인을 학생이 가정에서 학습에 대한 즐거움을 갖게 하는 선행조건들로 설명한다. 가정과 부모 변인은 사회·정서 요인과 동기 요인으로 나눈다.

가. 사회·정서 요인

사회·정서적 요인으로는 기본적 신뢰basic trust, 타인에 대한 신뢰trust in others, 자신에 대한 신뢰trust in self, 자율성autonmoy, 주도성initiative, 자신감self-confidence이 작용한다.

첫째, '기본적 신뢰'는 부모가 아이의 요구를 인지하고, 그것을 만족시키려고 노력하고, 그 일을 행하는데 있어 충분히 성공적일 때 형성된다. 예를 들어, 부모가 일관적으로 아이의 배고픔을 만족시켜 주고 따뜻함과 사랑을 제공할 때 기본적 신뢰가 형성된다. 이렇게 했을 때 아이에게 내면화된 신뢰감은 아이에게 자신이 처한 환경에 대해 자신감을 갖도록 해 준다.

둘째, '타인에 대한 신뢰'는 아이가 성장하면서 갖게 되는 요구들을 부모가 알고 있으며 그 요구들로 인해 생성되는 갈등을 완화시켜 주는 존재로 느끼면서 형성된다. 이런 부모의 관심과 사랑은 아이로 하여금 사람들은 믿을 수 있다는 인식을 강화시켜 주기 때문이다. 예를 들어 부모가 아이의 불편함을 사랑으로 일관되게 제거시켜 주고 아이가 하는 일에 대해 흥미를 보이면 아이는 안전감을 느끼고 주변의 사람들이 믿을 만 하다는 개념을 갖는다.

셋째, '자신에 대한 신뢰'는 부모가 아이의 활동에 관심과 즐거움으로 반응하고, 필요한 도움을 제공할 때 형성된다. 이런 상황은 아이에게 안전하고 자유로운 환경을 제공해 주고, 새로운 학습을 격려하고, 좀 더 자신을 신뢰하는 사람이 되도록 돕는다. 예를 들어 아이가 숟가락을 사용해서 음식을 먹으면 부모는 기뻐하고 칭찬하는 말을한다. 아이는 이런 부모의 반응을 보면서, 자신을 자랑스럽게 생각하고 숟가락을 사용하여 음식을 먹는 일을 계속한다. 아이의 숟가락질은 부모의 기쁨과 칭찬으로 보답 받고, 자신은 앞으로 숟가락을 사용해서 음식을 먹을 수 있다는 자신감을 신뢰하도록 해 준다.

넷째, '자율성'은 자녀가 세상을 탐구할 때, 부모가 안전한 물리적·정서적 환경을 유지하면서 아이가 독립심과 자율성을 함양하도록 도울 때 형성된다. 예를 들어 자녀가 가정에서 복잡한 새로운 기구를 조작하는 방법을 알고 싶어 할 때, 부모는 이를 저지하지 않고 허용하며 실패하더라도 바로 교정해 주기보다는 다시 한 번 도전하도록 격려해 준다면, 아이는 정서적으로 안정감을 찾고, 새로운 것에 도전해 보는 독립심에 관한 개념을 강화한다.

다섯째, '주도성'은 아이가 자신을 둘러 싼 환경을 발견하고 탐색하려고 할 때, 부모가 이에 대해 관심과 격려를 보내면서 자녀가 자기 주도적으로 그런 행동을 시도하도록 하고 보조적인 역할에 머무를 때 형성된다. 예를 들어 자녀가 친구들과 함께 '나무 찾기 모임'과 같은 활동을 시도할 때, 모임 친구들을 집으로 불러, 집 정원에 있는 나무들을 탐색하도록 돕되, 자녀의 활동을 방해하거나 참견하지 않고, 사고가 발생하지 않도록 조용히 지켜보는 것이 이 성향을 강화하게 된다.

여섯째, '자신감'은 부모가 아이에게 일을 성공적으로 수행해 낼 능력이 있다는 확신을 심어주고 일의 결과를 또래 또는 형제자매들과 비교하지 않을 때 형성된다. 예를 들어, 아이들은 어릴 적에 앉고, 걷고, 기어오르는 등 다양한 움직임 기능들을 습득하는데, 그 때의 성취감은 자신감을 갖게하고 좀 더 복잡한 새로운 기능들을 습득하도록 촉진한다. 부모는 옆에서 조용히 관찰하고 그 성취의 기쁨을 아이와 함께 나눈다.

나. 동기 요인

동기적 요인으로는 호기심curiosity, 개인차에 대한 존중re spect for individual difference, 완전 학습과 역량 학습mastery and competence learning, 창의

적 학습에 대한 격려encouragement of unconventional learning, 도전과 자극
challenge and stimulus, 부모의 태도와 지원parents' attitude and support이 작용한
다.

첫째, '호기심'은 자녀가 세상을 궁금해 하는 궁금증을 만족시키려고
한다는 요구를 부모가 인정하고, 그 궁금증을 만족시킬 기회와 자극을
제공하고 탐색하도록 할 때 형성된다. 아이의 탐색과 함께 뒤따르는 새
로운 학습의 강화는 후속 학습을 동기화한다. 이런 과정이 일관적으로
발생하면 아이는 이 과정을 내면화하면서 건강한 인성을 형성한다. 예
를 들어 아이가 어떻게 밀가루 반죽이 케이크가 되는지에 대해 호기심
을 보이면, 비록 케이크를 망칠 수 있다는 위험은 감수해야하지만 아이
가 스스로 케이크를 구워볼 기회를 줄 수 있다.

둘째, '개인차에 대한 존중'은 부모가 아이로 하여금 자신의 흥미를
개발하려는 욕구에 비추어 아이의 개성을 인정하고 수용할 때 형성된
다. 예를 들어 여자 아이가 남자 아이들이 보이는 자동차나 장난감 기
계가 어떻게 작동하는지에 흥미를 보일 때 이를 억제하지 말고, 성역할
고정 관념에 매여 인형을 대신 가지고 놀도록 하지 않는다.

셋째, '완전 학습과 역량 학습'은 부모가 아이로 하여금 스스로 여러
가지 사물들을 실험해볼 기회를 줄 때 형성된다. 아이의 사회적 환경도
신경을 써서, 아이가 스스로 사물을 다룰 수 있다는 피드백을 지속적으
로 제공한다. 이러한 성공 경험이 축적되어 아이의 실제 역량과 느끼는
역량감, 그리고 타인과의 효과적인 상호작용이 확보될 수 있다. 가정에
서는 아이가 완전 학습할 수 있는 과제와 성취 기회를 제공해주어야 한
다. 아울러 아이에게 노력에 대한 피드백을 지속적으로 제공하여 아이
가 자신의 역량감을 평가하고 개발할 수 있도록 한다. 아이는 부모의

풍부한 언어적 피드백을 통해 자신의 능력을 확인한다. 예를 들어 아이가 도서관의 책들을 주제에 따라 분류하는 것을 배웠다면, 자신의 공부방의 책들을 좋아하는 순서대로 정렬하고 색인을 붙이도록 한다. 아이는 이 과제를 해결하기 위해서 많은 생각을 하고, 과제를 해결한 후에 부모로부터 피드백과 칭찬을 받음으로써 역량감을 강화한다.

넷째, '창의적 학습에 대한 격려'는 부모가 아이의 창의성, 비범한 아이디어와 독창적인 과제 해결 방법을 수용하고 격려할 때 형성된다. 이를 위해 부모는 아이의 관심사에 해당하는 과제들을 해결할 기회를 계속 제공한다. 예를 들어 아이가 코르크 마개에 관심을 가지고 있다면, 각종 코르크 마개들을 모아서 다양하게 분류하게 하고, 코르크 마개를 어디에 사용할 수 있을지 생각해보게 한 후, 창의적 결과에 대해 칭찬을 해 준다. 아이는 부모의 이런 태도를 통해 새로운 아이디어를 시도하게 된다.

다섯째, '도전과 자극'은 아이에게 도전해서 성취할 수 있는 흥미로운 과제를 다양하게 제공하고 격려할 때 형성된다. 가능한 한 아이의 성취에 대해 규범적 평가(다른 사람과의 비교평가)를 하지 않고, 자신의 흥미 영역 탐구와 투자한 노력에 방점을 두고 격려한다. 부모의 이런 태도는 아이로 하여금 노력과 흥미를 탐구하는 능력을 보상보다 더 중요하다고 생각하는 신념을 형성하게 한다. 나중에 아이가 학교에 들어가면 학습이 재미있을 것이라는 기대를 갖게 해 준다. 예를 들어 부모는 자녀가 어떤 영역에 흥미를 보이면, 그 영역에 대한 지식과 기능을 넓히고 깊게 할 수 있는 도전적 과제와 자극을 제공하여, 그 도전을 기쁨으로 성취할 수 있는 역량을 길러 준다.

여섯째, '부모의 태도와 지원'은 부모가 자녀의 성취에 대해 긍정적이고 자신의 능력을 최대로 발휘하도록 기대하되, 아이의 능력 범위 밖의 과제를 완수하도록 압력을 가하지 않는 것이다. 부모는 지원과 도움을 제공하고 아이와 성취 열정을 공유하되, 실패했을 경우에는 위로를 한다. 아이의 사회적 관계에 비추어 적절한 사회적 안내를 제공하되, 다른 가정의 아이들이 그들의 부모에게 특별한 것처럼 자신의 자녀도 부모에게 특별한 존재라는 신념을 갖도록 한다. 예를 들어, 어떤 아이가 가정에서 다른 형제나 자매들에 비해 지능이 다소 떨어지는 경우, 부모는 자녀로 하여금 새로운 과제에 성공하거나 새로운 기능 학습에서 나아지도록 도우며 피드백을 제공하되 자녀의 성취를 형제자매들과 비교하지 않는다. 아이가 할 수 있다는 자신감 형성에 초점을 맞춘다. 자녀의 독특성을 발견하려고 노력하고 전체 가족 구성원들과 함께 그 독특성을 열정적으로 공유한다.

이런 가정과 부모 변인들이 충족되면 자녀는 학업적으로 잘 적응할 수 있는 필요조건들을 갖추고, 이와는 반대로 충족되지 못했을 때는 학습부진을 촉발시킬 수 있다.

[적대감, 기본적 욕구 결핍이 만든 학습 부진]

준이는 가정에서 미친 부정적 영향 때문에 학습부진아가 된다(Butler-Po, 1987, pp.15-16). 준이는 12세 때 부모가 이혼하는 아픔을 겪었다. 지적 능력이 높았던 어머니는 준이를 혼자 키우면서, 직장 일로 인해서 거의 매일 늦게 귀가했고, 피곤해서 곧장 잠들곤 했다. 아버지는 어머니보다 지적 능력이 더 높았고, 이혼 후 학문 연구에 몰두했다. 아버지는 준이와 좋은 관계를 형성하기 위해 노력했으나, 준이와 아주 가끔 만났다. 이에 준이는 아버지와 깊은 애착을 형성할 시간을 충분히 갖지 못한 채 성장했고, 자신이 부모를 필요로 할 때 부모에게 의지할 수 없다는 것을 어린 나이에 배우게 되었다. 준이는 태어나면서부터 활발하고 영리한 아이였으나 부모로부터 돌봄에 따른 기본적 욕구를 만족시키지 못했고, 자기 자신뿐만 아니라 다른 사람들을 신뢰하기 어렵다고 생각하게 되었다.

준이는 나이가 들면서 부모나 다른 성인들로부터 학업성취와 관련한 격려와 강화를 받지 못했고, 학습의 즐거움도 경험하지 못했다. 준이는 부모에게 적대적인 감정을 품었고, 선물을 받아내기 위해 거짓말하고, 부모를 조정하는 방법을 배우기 시작했다. 어머니는 준이에게 늘 미안했던 터라 준이에게 필요한 훈육을 하지 못했고, 쉽게 조정 당했다.

준이는 학교에 들어가서도 타고난 영리함을 이용하여 부모를 조종했던 방식으로 교사를 우롱하였고, 부모 앞에서는 학교를 잘 다니고 있는 것처럼 행동했다. 그러나 학교에서 준이와 관련하여 문제가 발생하자, 교사는 준이의 어머니를 만나 준이가 무단결석이 잦고 학교에서의 생활이 원만하지 못함을 이야기해 주었다.

그러나 어머니는 교사의 말을 믿을 수 없었고 오히려 준이를 열심히 방어해주었다. 어머니는 준이가 매우 영리하고 학교생활에 흥미를 가지고 있다고 반박하였다. 준이는 여덟 살이 되었고, 이제 학습부진은 심각해졌다. 준이 담임교사는 준이의 초기 가정에서의 성장 배경을 조사하고 준이의 학습부진 원인으로 부모에 대한 적개심이 작용하고 있다는 것을 알게 되었다. 이에 교사는 어린 시절 준이가 채울 수 없었던 욕구들을 만족시키는 방향에서 준이 문제에 대처하였다.

준이에게 일관되게 관심을 보이면서 주의를 기울였다. 준이의 흥미와 관심사를 함께 공유하였고, 주말 과제도 준이가 선택하도록 한 후 완수한 결과에 대해 피드백과 강화를 일관되게 제공하였다. 그러자 준이는 교사가 자신을 특별한 아이로 생각한다고 믿게 되었다. 준이는 점차 교사와 함께 하는 학습에 흥미를 보였고, 그 동안 부진했던 교과 학습을 극복하려고 노력하기 시작했다.

Butler-Po(1987)는 그 외 학습부진 촉발에 영향을 주는 가정의 부정적 변인으로 다음과 같은 것들을 들었다.

첫째, 과도한 부모의 압력이다. 자녀가 도달하기 어려운 성취 수준에 이르도록 부모가 과도한 압력을 지속적으로 제공했을 때, 학생은 그 압력을 견딜 수 없어 실망을 느끼고 잘 하고자하는 시도마저 포기한다. 가끔 부모들이 자신들의 과도한 압력에 대해 인식 못하고 있는 경우가 있는데, 교사와의 면담을 통해 자녀의 학습부진에 대한 실상을 이해하고 압력을 철회하기도 한다. 그러나 부모 모두 또는 부모 중의 한 사람이 자신들의 삶에서 충분한 자아실현감을 소유하지 못함에 따라 생긴 좌절로 인해 자녀에게 압력을 가하는 경우는 태도가 잘 바뀌지 않는다.

둘째, 부모의 기대이다. 자녀의 능력에 비해 부모의 기대가 너무 높거나 또는 너무 낮으면 학습부진을 촉발시킬 수 있다. 부모의 기대가 너무 높을 경우, 자녀는 용기를 잃게 되고, 실패했을 때 부모를 실망시킬 것을 두려워한다. 이런 실패에 대한 두려움은 아이가 새로운 도전이나 시도를 하지 않는 방식으로 실패 자체를 피하도록 만든다. 이런 태도는 학습부진으로 이어질 수 있다. 부모의 기대가 너무 낮은 경우에도, 자녀는 학습하지 않으려고 하고, 이는 학습부진으로 이어질 수 있다.

셋째, 부모 간의 태도와 가치의 일관성이다. 부모 간의 태도와 가치의 일관성은 자녀의 학습태도를 만든다. 그러나 자녀가 어머니와 아버지의 태도와 가치가 서로 상충적이고, 비일관적이고, 또 분명하지 않다는 것을 인식하면 자녀는 그것들을 내면화하는 데에 어려움을 겪는다. 부모 중의 한쪽이라도 자녀의 학습과 학업성취에 일관되고 일치된 관심을 보이지 않으면, 자녀는 학습에 대한 동기를 잃고, 학습부진으로 이어질 수 있다.

넷째, 가정의 분위기와 지원이다. 가정의 분위기가 자녀의 정서적 안정성과 안녕, 학습에 영향을 미친다. 부모의 질병이나 부재, 부모간의 부정적인 관계는 자녀의 건전한 발달과 학교생활에의 적응, 학습 동기, 인성 발달에 해로운 영향을 미친다.

2. 인성 변인

학생이 성장하면서 형성하는 인성personality characteristics은 학업성취에 긍정 또는 부정적 영향을 미친다. Butler-Por(1987)는 이런 인성으로 자아 개념self-concept, 귀인 통제locus of control, 성취 욕구와 실패에 대한 공포need achievement and fear of failure, 결연 욕구need affiliation, 성공에 대한 공포fear of success를 들고 있다.

첫째, 자아 개념은 거울과 같은 것으로, 타자들이 제공하는 의미를 반영한 반영물이다. 아이는 자신의 성공과 실패를 이 거울을 통해서 접한다. 부모와 가정의 부정적 영향을 통해 내면화한 낮은 자아개념은 자녀가 학교에서 성공하고, 새로운 지식과 기능을 습득하고, 도전적으로 과제를 수행하고 노력하면 학교의 과제를 완수할 수 있다고 기대하기 어렵게 만든다(Ralph, Goldberg, & Passow, 1966; Fink, 1962; Shaw & Alves, 1963; Gallagher, 1985). 부모가 자녀에 대한 기대는 높지만 학교 교육이 가치 있다고 여기지 않으면, 아이는 높은 자아개념을 가진 학습부진아가 될 가능성이 높다. 이런 경우 미성취 영재아를 자주 발견할 수 있다(Ziv, 1975). 다음은 자아개념이 학교 학습에 어떻게 영향을 미치며, 결국 어떻게 학습부진을 일으키는지를 알 수 있는 사례이다(Butler-Po. 1987, p.19).

[높은 자아 개념을 가진 학습부진아]

준모는 4학년 학생으로 학교에서 항상 문제를 일으키는 말썽쟁이다. 수업을 방해하고, 다른 학생의 발표에 끼어들고, 과제를 완수하지 못하고, 학교 활동에는 좀처럼 집중하지 못한다. 담임은 준모가 지능이 높지 않고 학교 과제에서 자주 실패하고 좌절하면서 이런 행동을 한다고 생각했다. 담임은 준모의 학교에서 생활상황을 알리고 준모를 지도하는데 필요한 상담을 위해서 어머니와 면담을 했다. 그리고 준모 어머니의 설명을 듣고 깜짝 놀랐다. 가정에서 준모는 IQ가 높고, 상급생들이 읽는 어려운 책들을 많이 읽고, 지역사회 컴퓨터 동아리에서는 상급컴퓨터 공부를 하고 있었다. 바이올린을 연주하고, 보트 조종 클럽에서 활동하고 있다는 이야기도 들었다. 면담을 마치고, 담임과 준모 어머니는 준모 학교 부적응 행동을 준모는 자아 개념은 높지만, 학교 학습에 흥미가 없고, 그래서 노력을 하지 못하는 현상으로 보았다. 그리고 담임을 준모가 학교 학습에 흥미를 가질 만한 여러 가지 대책을 강구하고, 부모와 협력해서 준모의 학교학습부진 문제를 해결해 보자고 의견을 모았다.

[낮은 자아 개념을 가진 학습부진아]

안나는 3학년으로 평균 IQ를 가진 매우 조용한 여학생이다. 학교 수업에 집중하면서, 주어진 과제를 해결하려고 노력하지만, 실제로 완수하는 경우는 거의 없다. 교사는 안나를 관찰하면서, 안나가 더 잘할 수 있다는 인상은 받았지만, 안나가 더 복잡한 과제를 성공적으로 해 낼 수 있는가에 대해서는 판단하기가 어려웠다. 이유는 교사가 안나의 학습을 좀 더 몰아붙이면 안나는 "소용없어요. 난 못해요!"라고 대답하는 것이 일수였기 때문이다.

교사가 안나의 어머니를 만나 상담을 한 결과, 안나는 가정에서도 매사에 일처리가 느리고, 자신감이 없다는 말을 들었다. 그리고 안나에게는 언니가 있는데, 언니는 매우 영리하고 학업성취가 높아서, 안나는 종종 이런 언니와 자신을 비교하며 낙심한다는 것도 알려 주었다. 교사는 이런 정보를 바탕으로 안나에게 과제 선택권을 부여하고, 완수한 노력에 대해서는 학교와 가정에서 동시에 보상하면서, 안나의 자아 개념을 높여 학습부진을 극복하도록 하는 전략을 동원했다.

둘째, 학습부진아들의 학업 실패에 대한 귀인 통제에는 특징이 있다. 자신의 학습부진에 대한 원인을 종종 다른 사람들 또는 불운과 같은 외부로 귀인하고, 학교에서 자신이 처한 상황을 통제할 수 없다고 느낀다(Shaw & Black, 1960; Ralph, Goldberg, & Passow, 1966; Whitmore, 1980). 이런 학생의 학습부진 문제는 실패에 대한 외적 귀인을 내적 귀인으로 바꾸고, 자신의 학습에 책임감을 느끼도록 하는 귀인 훈련이 필요하다(Whitmore, 1980; Clizbe, Kornrich, & Reid, 1980). 다음 예는 귀인 통제를 통한 동기 요인이 학습부진 극복에 중요함을 보여 준다(Butler-Po, 1987, p.20).

은지는 평균적인 IQ를 갖고 있고 5학년으로 학습부진 문제를 가지고 있다. 은지는 학교 성적이 매우 낮은 수준이었고, 과제를 완수해 본 일이 없고, 부주의하고 지저분하게 물건을 관리하고, 학교와 또래들에 대한 태도가 매우 부정적이었다. 친구들이 방해하기 때문에 공부를 하지 못한다는 핑계, 동생들이 자신의 책을 찢어 버렸다는 핑계, 이전 담임 선생님은 자기를 좋아하지 않았다는 핑계 등으로 항상 교사에게 불만을 토로했다. 은지는 모든 사람들이 자신의 반대편에 서 있고, 자신은 운이 없기 때문에 어떤 노력도 자신의 학습부진을 극복하는데 소용없다고 굳게 믿고 있었다.
교사는 이런 은지를 관찰하고, 은지가 지금의 상태에서 좀 더 나아질 수 있다고 판단했다. 교사는 은지의 가정적 배경들을 조사한 후, 은지가 자신을 이렇게 지각하는 이유를 이해하게 되었다. 은지에게는 오빠가 있었는데, 병으로 몸이 매우 허약하여 은지 부모의 모든 관심이 오빠에게 가 있었다. 은지는 집에서 관심을 받지 못했고, 때로는 귀찮은 존재였다. 집에서 일어나는 안 좋은 일에 대해서는 그 비난이 은지에게로 돌아오곤 했다. 은지는 제대로 하는 일이 없다는 꾸중을 계속 들으며 자랐다. 이런 성장 과정을 통해서 담임교사는 은지가 학교에서 공부를 잘 하거나 친구들을 사귀고자 하는 의지나 기대를 가질 수 없게 된 것을 이해했다. 은지의 부모가 집에서 일어나는 모든 일에 대해 은지를 비난하는 패턴은 자연스럽게 은지가 자신의 학업 부진의 원인을 학급의 또래들과 오빠의 탓으로 돌리는 패턴으로 이어졌다.

교사는 은지의 학습부진 문제를 해결하기 위해서 귀인 전환 프로그램을 이용했다. 즉, 학습의 성공과 실패를 외적 귀인에서 내적 귀인으로 바꾸도록 도와주었다. 은지에게 부족했던 영역에 대해 개별화 프로그램을 도입하고, 성공적으로 완수할 때마다 강화하였다. 은지의 학습은 점점 향상되었고, 은지도 자신의 노력과 학업성취의 관계를 긍정적으로 보기 시작하였다.

셋째, 성취 욕구와 실패에 대한 공포는 학습부진을 야기 시킨다. 즉, 아이가 성취 욕구는 가지고 있지만, 성취에 실패 했을 때, 자신의 능력이 교사나 또래들에게 낮게 평가될 것을 염려한다. 자신의 능력에 적절한 학습 경험을 하지 못하면서 학습부진이 생긴다. 아이는 성취하고자 하는 욕구와 능력 사이에 갈등을 겪으며, 실패를 두려워한다. 이런 상황은 아이가 자신에게 너무 어렵거나 쉬운 과제를 선택함으로써 실패 가능성이 자신 때문이 아니라고 하는 방어기제를 사용하게 하는데, 이렇게 학습부진으로 이어진다(Atkinson & Raynor, 1974). 다음은 이런 성취 욕구와 실패에 대한 공포가 야기하는 갈등으로 학습부진이 발생하는 사례이다(Butler-Po, 1987, p.21-22).

다미는 4학년으로 지능 검사에서 상위 10퍼센트에 해당하는 높은 지능을 가지고 있다. 그러나 다미는 과제가 주어지면 하지 않고 항상 울었다. 이런 다미를 보면서 처음에 교사는 다미가 지능이 부족한 아이라고 생각했을 정도다. 다미는 본인이 좋아하는 학습 영역과 주제를 골라 공부하라고 이야기해도 '학교에서는 할 수 없다'며 거부하면서 집에서 하겠다고 우겼다. 이에 교사가 학교에서 친구와 같이 학습하라고 제안을 하자, 다미는 학급에서는 아무도 자신과 하기를 원하지 않고, 설사 친구와 같이 학습해도 학습 내용을 이해하지 못할 것이라고 덧붙였다.

교사는 당혹스러움을 느끼고 학부모와 면담을 시도했다. 다미의 어머니는 다미에게는 다른 학교에 다니는 여동생이 있는데 매우 영리하고 학업성취도가 매우 높으며, 가정에서 다미에게 항상 모범이 되는 아이라고 이야기 해 주었다.

다미의 부모는 모두 전문직에 종사했고 매우 성취 지향적이어서, 자녀가 학교에서 학업에 실패한다는 것을 용인할 수 없다고 이야기 했다. 다미의 부모는 다미가 영리하기 때문에 학교에서 높은 성취를 올릴 수 있는데 학교가 과소평가하고 있다고 생각했고, 학교에서 하는 학습 과제들을 집으로 가지고 와 부모 앞에서 완수하도록 하고 있었다. 교사는 면담을 통해 다미가 부모로부터 매우 혼란스럽고 잘못된 메시지를 받고 있음을 알았다. 가장 잘못된 메시지는 '실패란 나쁜 것'이기 때문에 피해야 한다는 것이었다. 다미는 이런 메시지의 영향으로 학교에서의 좌절을 울음과 회피 행동으로 표현하고 있었다. 교사는 다미의 복잡한 행동 패턴과 동기에 대해 이해하고 다미를 좀 더 잘 기다려 주면서, 다미에게 다양한 성공 경험을 제공하면서 자신감을 심어 주었다. 그리고 부모와 면담을 재개하여 가정교육과 협력하는 파트너십을 구축했다.

넷째, 결연 욕구는 아이가 부모 및 또래들과의 사회적 관계를 형성하려는 본능이다. 이 욕구를 만족시키는 방법을 모를 때 학습부진이 야기될 수 있다. 위의 다미의 예에서 다미는 학급의 친구들과 사귀어 친한 친구 관계를 형성하고자 하는 욕구는 있었으나, 그것을 성취하는 방법을 모르고 있었다. 학급의 분위기도 학습에 긍정적이었으나, 다미는 자신의 능력 수준에 적절한 도전 과제를 선택하는 것을 꺼렸다. 다른 학생들은 성공하는데 자신은 실패할지 모른다는 공포 때문이었다. 그에 따라 다미는 과제 회피 행동을 하게 되었고, 불행하게도 부모가 이를 강화시켜서 다미에게 학습부진 현상이 발생했던 것이다.

성공에 대한 공포는 실패에 대한 공포와 마찬가지로 학습부진을 일으킬 수 있다. 특히 사춘기 여학생들의 경우, 기성사회에서 역할 정체성을 형성하는 과정에서 여성에 대한 사회문화적 영향으로 자신의 능력과 성취 욕구 간 갈등을 느낀다. 이런 사회적 갈등은 성공에 대한 공포를 야기한다(Horner, 1968). 예를 들어, 영재 여학생의 경우, 높은 수준의 학업성취가 여성 정체성이나 여성으로 역할을 유지하는데 위협을 가하고, 또래 여학생과 남학생들로부터 좋지 않은 평가를 받을 수 있다고 염려하는 경우가 있다. 이런 성공에 대한 공포는 학업성취에 대한 동기를 의식적 또는 무의식적으로 떨어뜨리면서 학습부진으로 연결되기도 한다.

다음은 수학, 과학, 공학 분야 영재 여학생의 경우에 나타나는 사례이다(Butler-Po, 1987, p.23).

[수학, 과학, 공학 분야 영재 여학생]
애라는 5학년 영재 여학생이다. 애라는 속진을 통해 중학교에서 공부하고

있다. 중학교에서 애라를 가르치는 교사는 애라가 높은 능력에 비해 학업성취가 저조한 것을 걱정했다. 교사는 애라를 관찰하고, 애라가 언어적 표현력, 창의적 아이디어 생산 능력, 개념에 대한 이해 능력이 작문 능력, 학습 활동에의 관심과 참여, 그리고 학습 과제를 완수하고자 하는 동기가 뛰어나다는 점에 주목했다. 교사는 자신의 관찰 결과에 대해 애라와 면담하였다. 애라는 자신의 높은 능력을 부인하였고, 높은 학업성취가 여학생들에게는 중요하지 않으며 어머니도 크게 반기지 않는 않는다고 말했다.

교사는 애라의 어머니를 만나 보았다. 애라의 어머니는 높은 수준의 학력을 가지고 있었으나 이혼한 상태였다. 애라의 어머니는 교사가 애라를 영리하고 더 잘 할 수 있다고 생각한다면 잘못 알고 있는 것이라고 말했다. 어머니는 집에서 애라에게 본인의 높은 학업적 성공이 결국 결혼 생활을 망가뜨렸다는 말을 종종 했다. 애라의 담임교사는 어머니를 설득하여 애라를 영재 심화 과정에 등록시켰지만, 다음 해에 애라는 학습부진을 보였다. 여학생으로서 성공에 대한 공포가 너무 깊어, 애라의 담임교사의 조치는 효과를 보지 못한 것이다.

3. 학교 변인

학교 변인이 학습부진에 미치는 영향은 가장 크고 또 직접적이다. 학교교육을 받는 동안에 자신의 능력을 지각하는 일은 급격히 떨어진다(Eccles & Roeser, 1999; Nicholls, 1984). 초등학교 1학년 아이들은 학교에 입학 할 때, 자신의 능력을 객관적으로 볼 때 보다 더 높게 보는 경향이 있다(Pressley & Ghatala, 1989). 그리고 초등학교 저학년에서 많은 아이들이 노력 또는 결과를 능력과 동일시하고, 열심히 노력하면 능력도 향상된다고 믿는다(Nicholls, 1990). 이런 현상을 보고 Dweck &

Elliott(1983)은 이 시기 아이들은 지능에 대해 "증대적 이론가(incremental theorists)"로서의 관점을 갖는다고 명명했다. 이유는 이 시기 아이들은 지능도 노력하면 높아진다고 믿기 때문이다.

그러나 초등학교 고학년이 되면, 많은 아이들은 지능에 대해 "본질 이론가(entity theorists)"로서의 관점을 갖는다. 그 이유로는 "지능은 사람마다 차이가 있고, 노력은 이 차이를 극복할 수 없다."라고 믿기 때문이다. 이에 따라 10-11세경의 아이들은 노력과 능력의 개념을 구분하며, 초기 사춘기에 이르면 능력은 사람마다 다르다는 본질 이론을 습득한다(Licht, 1992; Nicholls, 1990; Nichools & Miller, 1984).

초등학교 3학년 즈음 되면, 자신의 능력에 대한 낙관적 신념을 파악하기 시작한다. 많은 학생들은 자신의 능력을 교사가 하는 객관적인 평가보다 더 낮게 지각한다(Eccles, Wigfield, Harold, & Blumenfeld, 1993; Juvonen, 1988; Stipek & McIver, 1989). 5-6학년 즈음 되면, 자신의 능력에 대한 지각은 더 낮아진다(Wigfield et al., 1996). 중학교에 들어가면, 자신의 능력에 대한 지각이 급격하게 추락하는데, 이것은 학교의 분위기 변화와 새로운 또래들과의 만남, 사회적 비교 능력이 발달하면서 나타난다(Eccles, Midgley et al., 1993). 특히, 남학생의 경우보다 여학생의 경우에 자신의 능력에 대한 지각이 감소하는 현상은 더욱 두드러진다(Cole, Martin, Peeke, Serocynski, & Fier, 1999; Phillips & Zimmerman, 1990).

자신의 능력에 대한 이런 지각 변화는 학습에 다음과 같은 부정적인 영향을 미친다고 한다.

첫째, 또래들과의 상대적 위치를 비교하는 감각이 발달하면서 노력과 낮은 능력을 신호화한다(Nichools, 1990). 즉, 적은 노력으로 학업에 성공하면 그것은 높은 능력을, 많은 노력에도 학업에 실패하면 그것은 낮은 능력을 보여준다고 믿는다. 이것은 능력과 노력에 대한 왜곡된 이론을 형성한 것인데, Chapman & Skinner(1989)는 이것을 노력과 능력 간의 교환(trade-off) 신념이라고 불렀다. 4-6학년 학생들은 또래들에게 노력하는 사람으로 비추어지길 원하지만, 중학교 2학년들부터는 노력하는 사람이라는 것을 보여주기에 주저한다. 왜냐하면 또래들에게 열심히 노력하는 사람으로 비추어졌을 때 또래들로부터 능력이 낮은 학생으로 생각될 것을 염려하기 때문이다(Juvonen & Murdock, 1995; Ames, 1992; Maehr & Midgley, 1991; Brown, 1993).

둘째, 학급 생활에서의 동기와 자기조절에 영향을 미친다. 자신의 능력을 높이 지각하는 학생들은 학급에서 어려움을 만났을 때 자신이 가진 전략과 능력을 발휘하여 그 난관을 극복하려고 좀 더 끈기 있게 매달린다(Harter, 1990; Pintrich & Schrauben, 1992). 그러나 자신의 능력을 낮게 지각하는 학생들은 새로운 과제를 공략하려는 동기가 낮고 이에 최선을 다하지도 않는다. 실제로 높은 능력을 가지고 있는 경우에도 그렇다(Pressley & McCormick, 1995).

셋째, 왜곡된 자기방어기제를 동원한다. Paris, Byrnes, & Paris(2001)는 문헌 연구를 통해 5가지를 밝혔다. ① 자기편의 효과 self-serving effect다. 성공의 책임은 자신에게, 실패의 책임은 타인과 환경에게 전가하는 경향이다(Marsh, 1990). ② 이탈disengagement이다. 학습에 참여하지 않음으로써 스스로의 가치를 보호하려고 한다. 이런 학생은 학업의 실패가 자신의 낮은 능력으로 귀인 될 수 있는 상황에서 학습에 대한 노력을 스스로 철회한다(Thompson, Davidson, & Barber, 1995). ③ 학습된 무력감learned helplessness이다. 자신의 노력이 결실을 맺지 못할 것이라고 생각하고, 학습 결과에 대하여 통제하기를 포기한다 (Abramson, Seligman, & Teasdale, 1978). ④ 칭찬은 능력 있음으로, 비판은 노력 부족으로 귀인 하는 것이다. 이에 교사나 또래의 칭찬은 누가 머리가 좋은지, 비판은 누가 게으른지에 대한 판단으로 인식한다 (Pintrich & Blumenfeld, 1985). ⑤ 도움받기에 대한 염려concerns about receiving assistance이다. 교사나 또래들에게 도움을 청하는 것과 능력 부족을 신호화하여 도움 받기를 회피한다(Byrnes, 1998; Newman, 1998).

이렇듯 아이들이 학교생활을 통해 형성하는 자신의 능력에 대한 낮은 지각과 그에 부수하는 저조한 학습 동기와 노력 부족, 그리고 왜곡된 자기방어기제의 형성은 학습부진으로 이어지는데, 구체적으로 이런 지각은 어떻게 형성되는가?

학자들은 학급의 분위기 형성과 교육과정 및 교수 운영에 대한 교사의 상호작용 오리엔테이션과 태도를 지적한다(Frankel, 1960; Tannenbaum, 1962; Newsom, 1963; Rutter et al, 1979; whitmore, 1980; Pilling & Pringle, 1978).

가. 학습 분위기 변인

교사가 학급의 분위기를 협력보다는 경쟁, 개인보다는 집단, 자율보다는 획일, 학생 성장보다는 교사 편의를 강조하는 방향으로 형성할 때, 학습부진을 양산한다. 이와는 반대로 학급의 분위기를 학생 개개인에 대한 돌봄과 민주적 가치를 존중하는 학습 공동체로 형성할 때, 학습부진을 극복하도록 돕는다. 이런 민주적 학습 공동체에서 학생은 자신들이 지닌 민주 시민으로서의 권리를 존중하고, 타인을 돌보아야 한다는 책임감을 형성하는데 필요한 체제와 언어를 제공받는다. 상호 간에 개인차와 인간적 권리들을 동등하게 존중하는 문화적 환경에 처한다 (Gathercoal, 1990). 따라서 학생들이 이런 공동체에서 상호 간에 보다 의미 있는 인격적 의사소통과 돌봄 관계를 형성하고, 함께 학습하며 지적으로 성장하는 과정과 결과를 통해 학급 생활에 행복을 느끼면서 학습부진은 자연 줄어든다.

　민주적 학습 공동체를 형성하기 위해서는 세 가지 요소가 핵심이다. Solomon, Battistich, Watson, Schaps, & Delucchi(1996)는 Developmental Studies Center의 연구를 통해서, 학교와 학급이 민주적인 학습공동체 문화를 형성하기 위해서는 세 가지, 심리적 요구인 자율성autonomy, 소속감belonging, 역량감competence(줄여서 ABC라고 부른다)이 필요하다고 지적한다.

　첫째, 자율성이란 자신의 행위에 대해 자유롭게 의지를 발휘하는 것이다. 자율이라고 하여 다른 사람들로부터 도움을 받지 않거나 다른 사람을 고려하지 않고 행동하는 것을 의미하지는 않는다. 따라서 어떤 학생이 수학문제를 해결하는 방법을 이해하기 위하여 교사와 또래에게 도움을 받고 성공했다고 해서 이 학생이 자율성을 발휘하지 않았다고 할 수 없다. 어떤 학생이 교실의 규칙에 대한 배경을 묻고 이해한 후 규칙을 따르는 것 또한 마찬가지이다. 다시 말해서, 학생이 지시나 규칙에 따르더라도 자신의 내적 신념에 따라 자유적 의지를 발휘하여 행동하면서 자율성을 경험한다.

　자율성은 학생들이 학업 활동과 인성 발달에 강력한 동기를 제공한다. 예를 들어, 대학생들의 경우, 코스를 선택할 기회와 자신들에게 흥미룹고 의미 있는 활동에 참여할 기회를 가질 때 스스로 동기를 가지며, 초등학교 학생들도 소위 '목소리와 선택권'을 가질 때 보다 친사회적인 행동을 하고 학업에 참여한다.

Watson & Benson(2008)은 학급 내에 학생들에게 자율성을 증진시키기 위해 교사가 취해야 할 조치로 다음 다섯 가지를 제시한다.

① 학급회의를 통해 교실의 규칙이나 절차를 만드는 기회를 자주 갖도록 한다. 학생들은 학급의 일에 대해 '목소리와 선택권'을 가질 때, 스스로 동기유발 하고 보다 친사회적인 행동을 한다.

② 학생들의 협동과 상호작용을 격려한다. 학생들은 본능적으로 다른 학생들과 이야기를 나누고 상호작용하기를 원하기 때문이다. 학생들에게 협동적으로 상호작용할 기회를 제공함으로써 자율성 요구를 만족시켜줄 수 있다. 학습활동을 협동과 사회적 상호작용이 활발히 일어나도록 구조화하는 것은 사회적, 정서적, 도덕적 능력을 길러주는 가교의 역할을 하며, 우정을 나눌 분위기를 창조하고, 교과교육과정의 습득에 초점을 두면서도 자율감을 증진시키는 등 여러 가지 이점을 가지고 있다.

③ 학생들에게 학습에서의 선택을 장려한다. 학생들에게 학습 활동 선택의 기회를 제공하면 교사는 학생들에게 많은 지시를 부과하지 않으면서도 학생들의 자율성을 증진시킬 수 있다. 교사는 학습할 내용을 선택하도록 하거나, 학습을 표상하는 방법을 예를 들어 글, 그림, 역할 놀이 등 선택하도록 하거나, 개방형 프로젝트를 제시하여 학생들이 자기 주도적으로 수행하도록 할 수 있다. 이런 소집단 프로젝트 협동학습은 창의성, 학업수행, 사회성 발달에 효과가 있다.

④ 자율 후에는 책임을 지도록 한다. 자율과 책임은 동전의 양면과

같다. 학생들이 학급의 생활을 공동체로 발전시키고 스스로 민주시민으로서 성장할 수 있도록 자율적 행위에 책임이 뒤따르도록 한다.

⑤ 학급 생활에 약간의 재미(fun) 요소를 도입한다. 학급에서의 삶은 필연적으로 학생 개개인의 자유를 어느 정도 제한해야 한다. 따라서 학생들에게 파티, 축하회, 즐거움, 웃음 등을 제공하면, 이를 통해서 학생들은 자유 제한에 따른 스트레스를 어느 정도 보상받는다.

둘째, 소속감이란 교사가 진정으로 학생들을 아끼고 자신들을 안전하게 지켜줄 만큼 신뢰롭고 필요로 하는 것에 도움을 제공해 주며, 또래들도 자신을 좋아하고 함께 활동하기를 원한다고 믿는 것을 말한다. 학생은 교사와 친구들을 이런 돌봄 제공자로 신뢰하며, 그들과 함께 자신의 학업적, 인성적 발달을 추구한다.

Watson & Benson(2008)은 학급의 학생들에게 소속감을 증진시키기 위해 교사가 취해야 할 조치로 다음 7가지를 제시한다.

① 교사와 학생 간, 학생과 학생 간에 서로를 알 수 있는 활동을 한다. 예를 들어, 교사는 상호적 일기 또는 작문, 대화를 통해 자연스럽게 학생 개개인이 선호하는 것, 학교 밖에서 하는 활동, 배우고 싶어 하는 것 등을 알아내어 학생을 인격체로 이해하고 그 학생의 눈으로 세상을 바라볼 수 있다.

② 따뜻하고 정감 있는 태도로 돌보는 교사의 이미지를 전달한다. 예를 들어, 학생의 눈높이에 맞추어 자세를 낮추어 대화하고, 미소 짓고, 눈과 눈을 마주치기, 학생에게 신상, 생각, 의견 등에 관해 질문하기, 능동적으로 듣기, 학생의 성장과 진보에 대해 코멘트 해주기, 격려와 감사의 말을 전하기 등의 활동을 한다.

③ 학생들끼리 서로 알고 좋아하도록 한다. 예를 들어, 학생들끼리

서로 잘 알도록 '친구 찾아보기' 놀이를 하여 어떤 특정한 진술(예: 애완견을 갖고 있다, 탐정 소설을 좋아한다, 집안일을 잘 한다 등)에 적절한 학급 학생들을 찾도록 하거나, 좋아하는 것과 이룬 성취에 관해 상호 인터뷰를 하도록 한다.

④ 협동적이고 비경쟁적인 환경을 마련한다. 소집단 또는 학급 전체의 프로젝트는 학생들에게 교과의 내용을 학습 시킬 뿐만 아니라 상호 친밀한 감정을 갖게 해주고 조화를 이루어 함께 활동하는데 필요한 기능을 습득시켜 주는 기회를 제공한다. 효과적인 협동적 프로젝트 학습이 되려면 다음 두 가지 조치가 필요하다.

하나는 교실분위기를 협동적으로 유지하는 일이다. 교사가 학생들의 동기유발을 위해 상대적 우위에 기반한 경쟁적 수단들을 동원하면, 학생들은 또래들 간에 우정보다는 적개심을 형성한다. 그리고 인간적 측면보다 수행적 측면을 강조하는 교사에게 인간적인 신뢰를 갖지 않는다. 또 하나는 함께 친밀한 분위기에서 효과적으로 활동하도록 하는 일반적인 사회적·정서적 기능 외에, 특별히 능동적으로 듣기, 다른 사람의 생각에 반응하고 발전시키기, 협상하기, 공정하게 의사결정하기 등과 같은 협동학습 기능을 지도한다.

그러나 협동적 환경이라고 하여 반드시 경쟁이 없는 환경을 말하는 것은 아니다. 학생들이 일단 경쟁이 가져오는 강한 정서적 반응을 다룰 수 있는 조절 기능을 개발하고 공정하고 상호 존중하는 자세로 협동하는 방법을 습득한 뒤에는 공정하고 상호존중적인 방식으로 경쟁하도록 도울 필요가 있다. 특히, 중·고등학교 수준에서는 경쟁이란 피할 수 없는 것이기 때문에 상호발전을 위한 파트너 십으로서 경쟁을 통한 학습을 강조한다.

⑤ 친절하고 사려 깊은 행동을 지원한다. 학생들은 무작위로 비도덕적 행위를 하는 경향이 있다. 때문에 교사는 주의 깊게 권위자의 역할을 하여야 한다. 특히, 학년 초에 교사는 비도덕적 행위는 단호하게 제지하고, 비록 교수 행위를 방해하지 않는 미미한 것들이라도 즉시적으로 심각하게 다루거나 나중에 비행 학생들과 진지한 대화를 나눔으로써 인성에 대한 교사의 강력한 메시지를 전달해야 한다.

학급 내에서의 비도덕적 행위들은 많이 발생하고 이에 일일이 대응하기 어렵기 때문에 교사들은 수업을 크게 방해하지 않으면 묵인하고 넘어가는 유혹을 받게 되는데, 이점에 유의해야 한다. 교사는 학급 내 돌봄 환경을 유지하는데 있어 학생들이 함께 집단적 책무성을 지고 있다는 것을 공지하고 스스로 또래들의 비도덕적 행위에 대항하는 용기를 내도록 지도 한다.

⑥ 문학을 통해 공감과 돌봄의 개념을 습득하도록 한다. 문학은 학생들을 자신으로부터 그리고 현재적 환경으로부터 이동시켜 정상적인 환경에서는 인식하지 못하는 감정과 이해에 불을 지피고 눈을 뜨게 하는 능력을 가지고 있다. 이처럼 문학은 학생들의 인성에 중요한 자원이다.

⑦ 사회적 기술과 정서적 기술을 지도한다. 학생들은 학교에 입학할 때 학업뿐만 아니라 정서적, 사회적 기능 수준에서 상당한 차이가 있다. 학년이 올라감에 따라 정서적, 사회적 차원에서 새로운 도전들을 만나고 그 수가 증가하기 때문이다. 입학 전에 이런 기능들을 잘 발달시킨 학생들도 이런 어려움을 겪는다.

셋째, 역량감은 학생들이 학습과제에서 성공함으로써 자신이 능력 있는 사람이라고 자긍심(self-esteem)을 느끼는 것이다. 학생들이 자기 자신을 성공적인 학습자로 간주하지 않으면, 학교나 학급의 경험을 돌봄 공동체로 보지 않고, 교사의 능력을 불신한다. 교사는 종종 학생들이 가진 능력에 대한 요구를 자긍심에 대한 요구와 동일시하고 수행 수준이 낮은 학생들도 칭찬함으로서 자긍심을 보존하도록 행동하는데, 이런 칭찬은 비효과적이고 어떤 경우에는 교사에 대한 신뢰를 떨어뜨리곤 한다. 왜냐하면 학생들은 교사의 그런 칭찬은 진정성이 없는 거짓이라는 것을 알기 때문이다.

Watson & Benson(2008)은 학급 내 학생들에게 역량감을 증진시키기 위해 교사가 취해야 할 조치로 다음 3가지를 제시한다.

① 학습과제의 난이도 수준을 적절히 조절하여 제시한다. 학습과제가 학생들 개개인의 현재 기능 수준에 너무 벅찬 것인지, 아니면 학습과제가 자신들의 삶과 흥미에 부적절하다고 느끼는 것인지 파악한다.

② 학생의 학습을 모니터한다. 학습의 결과에 대해 학생들이 책임을 지도록 하기 보다는 교사가 그들의 학습을 모니터하고, 학생들 또한 자신의 학업성취를 스스로 모니터하도록 한다.

③ 학습 과제에서 성공하도록 한다. 강압적으로 외적 보상 체제나 벌을 통해 순종할 것을 종용하지 말고, 학습 과제에서 실제로 성공할 수 있도록 한다. 학생들이 성취할 수 있는 과제로 수정하고, 그 과제가 학생의 흥미와 현재 및 미래의 삶에 중요하고도 적절하다는 것을 알게 한다.

이 자율성, 소속감, 역량감, 이 세 가지 심리적인 요구 조건들은 상호 연결되어 있다. 예를 들어, 학생이 소속감을 가지게 되면 학습과제에 참여할 때 발생할 수 있는 위험도 감수할 만큼 교사를 신뢰하고, 과제에 도전하여 성공하게 되면 역량감을 형성하게 되고, 역량감이 형성되면 자율성도 높아지게 된다. Ryan & Bohlin(1999)은 이런 학교문화는 자동적으로 형성되는 것이 아니고, 학교에서 나름대로 필요한 조치들을 취해야 한다고 주장한다. 학교의 정체성과 목적에 부응하는 가치들을 찾아내어 적절한 비전 선언문을 작성·공표하고, 가정과의 협력 네트워크를 구축하고, 교사들을 비롯하여 식당 종사원, 운전기사, 행정실 직원들의 총체적 팀워크를 구성하여 일관적으로 지원하고, 정규적으로 학교 및 학급에 이런 세 가지 개념들이 만족되고 있는지 평가하는 노력이 필요하다.

나. 교육과정과 교수 변인

교사의 교육과정 운영과 교수가 학생들의 개인차를 고려하지 않고 평가 목표가 수행목표 지향구조일 때, 학습부진은 양산되고, 그 반대의 경우에 학습부진은 감소한다. 학생들은 준비도readiness, 흥미interest, 학습 프로파일learning profile에 있어, 개인차가 있는데(Tomlinson, 2005), 이를 고려한 교육과정 운영과 교수가 학습부진을 줄인다.

준비도를 고려한다는 것은 교육 내용의 난이도를 학생의 지식수준에 맞게 제공하고 학습 속도도 조절하는 것이다. 흥미를 고려한다는 것은 학생의 관심사에 따라 학습 내용을 선택하여 학습할 기회를 부여하는 것이다. 학습 프로파일을 고려한다는 것은 학생이 선호하는 학습 양식, 예를 들어 언어, 소리, 그림 내용 재료들을 선호하는 양식, 좌뇌 편향이나 우뇌 편향 양식에 따라 학습 내용을 선택하고 학습하도록 하는 것이다.

또한, 교사는 학급에서 학년별로 주어진 교육과정 표준이라는 공통을 추구해야 하지만, 이것에만 고착되어서는 학습부진의 감소를 도모하기 어렵다. 공통을 추구하되 개인차를 고려할 수 있는 상황을 찾아 교육과정 운영과 교수를 조절할 필요가 있다.

학습의 평가목표 구조는 숙달목표 지향mastery-goal orientation 구조와 수행목표 지향performance-goal orientation 구조로 나뉘는데, 전자는 새로운 기능을 계발하여 능력을 습득하는 목표 구조이고, 후자는 학습 결과의 상대적 비교 우위를 정하는 구조다(Gredler, 2005). 전자는 학습의 과정에, 후자는 학습의 결과에 초점을 둔다. 이런 목표 구조의 차이로 인해 전자는 협력과 성장에, 후자는 경쟁과 선발에 관심을 둔다. 학습부진은 후자의 수행목표 지향 구조에서 양산된다.

Paris & Turner(1994)는 학급에서의 학습 활동이 4C의 성격을 가지고 있을 때, 학습부진 극복에 도움이 된다고 말한다. 4C란 구성(Constructing; 학생에게 개인적 의미를 주는 과제), 선택(Choice: 과제와 해결 접근 방식에서 선택을 부여하는 과제), 협력(Collaboration: 다른 사람들과 협동하여 해결하는 과제), 결과(Consequences: 자기 효능감을 증진시키는 과제)이다. 이는 숙달목표 지향 구조에서 활성화될 수 있다.

Blumenfeld, Hamilton, Bossert, Wessels, & Meece(1983) 또한 비교 우위, 경쟁, 선발을 강조하는 수행목표 지향 구조에서는 학생들이 학습 활동을 단순히 끝내야 할 분주한 활동으로 간주하며 피상적인 자세로 학습에 참여한다고 보았다. 결과 학습의 내적 성장이 부족하게 되어 학습부진이 발생할 가능성이 높아진다고 지적한다. 우리의 초·중등 교육은 학습부진의 극복을 위해 평가의 목표 구조가 전자의 숙달목표 지향으로 바뀌어야 할 과제를 안고 있다.

Part 2. 학습부진에 대한 교육과정 기반 개입 모델

Part 2. 학습부진에 대한 교육과정
기반 개입모델

Chapter 1. 교육과정 기반 개입모델의 등장 배경

Chapter 2. 교육과정 기반 개입모델 단계

학습부진은 극복 가능한 것인가? 교사의 적절한 개입이 있으면 가능하다. 그리고 교사의 개입은 가능하면 조기에 있어야 보다 효과적이다. 왜냐하면 학습부진은 누적적이어서 그 부진이 깊이 굳어버린 상태라면 회복이 더 어렵기 때문이다. 따라서 학습부진은 가능한 한 조기에 발견해서 적절한 교정 조치를 해야 한다(Shaw & McCuen, 1960; Whitmore, 1980, Delph & Martinson, 1974). 본 장에서는 학습부진에 교육과정 기반 개입모델(curriculum-based assessment-intervention model)을 소개한다.

Chapter 1. 교육과정 기반 개입모델의 등장

학습부진을 극복하려는 노력은 진단-처방 모델(Diagnosis -Prescription Model: D-P 모델)을 근거로 한다(Stellern, Vasa, & Little, 1976). 이는 의사가 환자의 질병 상태를 진단하고 그것에 기초하여 처방을 내리듯, 학습부진의 경우도 학생의 학습부진 상황을 진단하는 여러 가지 평가를 하고, 그 평가 정보에 기초하여 교육적으로 접근해야 하기 때문이다. 중요한 것은 학생에 대한 평가 정보를 어디에 기초해서 얻느냐 하는 문제다. 왜냐하면 학습 부진에 대한 평가 정보에 따라 교육으로 접근하는 방식이 다를 수 있고, 또 그에 따라 학습부진 극복의 효과도 다를 수 있기 때문이다.

전통적으로 학습부진을 극복하는 진단-처방의 시도로 정신능력 접근(mental abilities approach)이 존재했다. 이 접근은 어떤 학생이 특정 교과 영역에서 학습부진을 보이면, 그 교과 학습에 기저가 되는 정신능력이 부족하다고 보고, 그 능력을 향상시켜서 학습부진을 극복하고자 하였다. 이런 정신능력 접근으로는 Cronbach(1957)의 적성-처치 상호작용(Aptitude-Treatment Interaction: ATI) 모델이 대표적이다.

ATI 모델은 다음 세 가지 특징이 있다(Shapiro, 1998). 첫째, 특정 교과 영역의 학습부진은 그 기저에 작용하고 있는 정신능력이 부족하여 생기는 현상이라고 본다. 이에 진단평가를 통해 그 부족한 정신능력을 찾아내어 향상시킴으로써 학습부진을 극복할 수 있다고 본다(Shapiro, 1996). 예를 들어, 어떤 학생이 읽기 학습에서 부진하면, 읽기의 기저 능력인 청각적 자극 분별 기능auditory discrimination skill이 부족한지를 평가하고, 그것이 부족하다고 평가하면, 그 기능을 집중 지도하여 읽기 수행 능력을 높인다.

둘째, 부족한 기저 능력을 지도하기 어려우면, 대안으로 개입할 수 있는 설계를 한다. 예를 들어, 어떤 학생이 수 기억 기능numerical memory skill이 부족해서 수학 계산 학습이 부진하면, 산가지와 같은 구체적인 단서를 사용한다. 그리고 쓰기 학습이 부진하면, 시험을 볼 때 글 대신 말로 답을 하도록 한다.

셋째, 학생이 가진 정신 기능들 중 강점을 보이는 정신 기능을 좀 더 많이 사용하는 학습을 하도록 한다. 예를 들어 읽기 학습이 부진한 학생은 청각적 정보 보다 시각적 정보 처리에 강점을 가지고 있는 경우, 읽기 교수에서 음성학phonetics으로 접근하기보다 시각 단서를 사용하여 글을 읽도록 한다. 기본 기능 학습이 부진한 학생 중 정보처리를 계선적 처리sequential processing보다는 동시적 처리simultaneous processing에 강점을 가지고 있으면, 기본 기능을 학습할 때 단계적 접근보다 종합적 접근을 사용한다(Das, Kirby, & Jarman, 1975, 1979).

ATI 모델에 기초한 학습부진 개입 전략은 특정 영역에서의 학습부진에 기저적 원인을 제공하고 있다고 판단되는 심리적 과정의 부족함을 개선시키려는 접근이다. 이 접근은 직관적이고 논리적인 호소력이 있어 교육에서 오랜 동안 사용해 왔다(Barsch, 1965; Frostig & Horne, 1964; Kephart, 1971; Wepman, 1967). 그러나 학습부진에 대한 이 정신능력 접근의 효과가 전반적으로 미미한 것으로 드러났다(Bracht, 1970; Pressley & McCormick, 1995). Arter & Jenkins(1979)는 ATI 연구들을 종합·분석해 본 결과, 특정 적성을 판별하는 도구들의 타당성이 약했고, 학습부진 개입의 효과도 적었다고 했다. Kavale & Forness(1987)

는 ATIs의 효과에 대한 39개 연구를 메타 분석한 결과, 실질적인 효과를 발견해내지 못했다.

 Good et al.(1993)는 초등 1-2학년 학습 부진아에게 K-ABC검사를 통해 확인한 계선적 또는 동시적 정보처리를 선호하는 학생들에게 차별적인 어휘 수업 교수를 펼쳤으나 어휘력 향상의 효과 차이가 없었다. 이런 ATI의 학습부진 개입모델의 타당성 부족에도 불구하고, 아직도 이 모델은 현장에 남아 있다. 현장에서는 ATI의 논리적 설득력을 중시하기 때문이다(Gordon, DeStefano, & Shipman, 1985).

  정신능력 접근이 학습 부진 문제를 효과적으로 해결하지 못하는 이유를 두 가지 측면에서 볼 수 있다. 하나는 특정 교과 영역에서의 학습 부진 문제를 명시화하여 직접 치료하지 않고, 그 기저가 되는 정신능력의 향상을 도모한다는 점에서 이 접근은 학습 부진에 간접적으로 접근하기 때문이다. 의학에 비유하면, 한방적 처방의 성격을 강하게 띠고 있다고 할 수 있다. 특정 신체 부위에서의 질병을 직접적으로 치료하기보다는 그 기저적 신체 기능을 향상시켜 질병을 극복하도록 하는 것이다. 둘째는 특정 교과 영역의 학습부진에 기저 하는 정신능력을 찾아내어 지도하는 일은 개별화 지능 검사를 포함한 여러 가지 심리 적성 검사를 투여하여 진단하고 처방을 내리고 치료하는 일을 필요로 한다. 이런 점에서 이 접근은 학교심리전문가school psychologists와 같은 전문 인력을 더 필요로 한다. 즉, 담임교사나 교과교사가 이 일을 감당하기 어렵다. 학습부진아도 학급을 넘어서 심리치료실로 옮겨 교정 치료를 받아야 하고, 이런 점에서도 간접적이다.

이런 단점에서 현대 교육학에서는 학습부진에 대한 이 전통적인 정신능력 접근의 간접성을 단점으로 보고, 대안으로 교사가 교실에서 특정 학습부진 문제를 교육과정에 비추어 평가하고 교정하는 직접적 접근을 한다. 즉, 교육과정 기반 개입 모델(Curriculum-based Intervention model)을 주로 활용한다(Shapiro, 1996).

Chapter 2. 교육과정 기반 개입 모델의 단계

교육과정 기반 개입 모델로서 학습부진 진단-처방 접근에서는 교사가 교육과정을 기반으로 수업한 내용에 대한 학생의 성취 수준과 학습하는 환경을 평가하여 처방을 내리고 지도한다(Shapiro, 1998). 전통적인 정신능력 접근에서는 개별화 지능 검사를 비롯한 여러 가지 심리 측정도구들을 사용하여 학습부진을 진단 평가하고, 특정 학습부진 영역과 관련된 기저적 정신 기능의 부족함을 향상시키는 데 초점을 두는 전략을 사용한다. 이에 학습부진 평가 및 지도를 학급에서 하는 교육과정 진도 및 수업과는 별도로 하기 때문에 그 효과가 미미하였다.

그러나 교육과정 기반 모델에서는 현재 학급에서 하는 교육과정과 수업에 참여한다. ① 학급 내 학습부진아를 찾아, 교과 기능 습득 수준을 진단하고, ② 학생의 학습 환경을 진단하고 ③ 그 진단 평가 정보를 바탕으로 처방하는 전략을 사용한다.

1. 진단 단계

학습부진아의 학습 상황을 살펴보고 진단하는 평가 단계이다. Shapiro(1998)는 이를 교육과정 기반 평가(CBA)라고 명명하였다. 교육과정에 기반 한 진단에는 두 가지 평가가 필요하다. 하나는 학습부진아를 찾아서 읽고, 쓰고, 수학하는 기본 학업 기능basic academic skills에 대한 현재의 수준을 학교에서 배우는 교육과정을 기반으로 평가한다. 즉, 학생이 교육과정 상 습득하기로 기대하는 내용에 대한 학생의 현재 수행 수준을 평가한다. 다른 하나는 학생이 현재 학습 하는 환경, 즉 학습생태(academic ecology)를 평가한다. 전자는 학습부진아 개인 내의 기능과 관련한 변인에 대해서, 후자는 수업 환경에 영향을 미치는 변인 및 정보를 제공한다(Shapiro, 1998).

교육과정 기반 평가는 교육과정에 비추어 학생의 현재 능력을 직접적으로 평가한다. 규준지향 또는 준거지향 학업 성취도 검사는 학생에게 기대하는 학년수준 수행(grade-level performance)으로부터 표집 한 샘플 문항들을 가지고 평가하는 간접적 방법으로, 학습부진 지도에 있어 몇 가지 약점이 있다고 보기 때문이다(Lentz & Shapiro, 1986). 첫째, 이런 학업 성취도 검사에 표집 된 샘플 문항들은 학생들이 실제로 학습해야 할 것과 관련이 없을 수도 있기 때문이다. 둘째, 샘플만 평가하기 때문에 학생이 수행 과정에서 얻는 작은 진보(small gains)에 민감하지 못할 수 있어, 교사에게 현재의 개입 전략이 성공적인지 직접적으로 확인해 주지 못하기 때문이다. 셋째, 학생의 개별 기능들에 대해 어느 정도 정보를 제공하지만, 학생의 학업 수행에 영향을 미치는 변인들, 예를 들어 교수법, 피드백, 학급의 목표 구조, 교사의 강화 기법 등과 같은 변인들에 대한 정보를 거의 제공해 주지 못하기 때문이다(Lentz & Shapiro, 1986).

한 마디로 전통적인 학업 성취도 검사는 학습부진아들을 찾아내는 데는 어느 정도 유용할 수 있지만, 교사가 적절하게 개입하는데 필요한 정보를 충분히 제공해 주지는 못한다. 학생이 성취한 단기적인 학습에 대한 민감성이 부족하다. 규준지향 학업 성취도 평가는 분류라는 의사결정 유형에 적합하지만, 교수 계획이라는 의사결정 유형에는 유용하지 않다. 준거지향 학업 성취도 평가는 학생 개인의 교과 수행에서의 상대적 강점과 약점을 파악하는 비교로서는 유용하지만 교과 내 학생의 진보를 모니터링 하기는 힘들다.

따라서 교육과정에 비추어서 현재 학생의 기능 수준과 학습 환경을 보다 직접적으로 평가할 필요가 있다. 이것이 교육과정 기반 평가이다. 학습부진 판별, 분류, 의뢰(referral), 교수 계획, 학생의 진보 상황 모니터링 등 학습 부진아 지도에 필요한 유용한 정보를 제공한다(Salvia & Ysseldyke, 1995). 실제로 Shapiro & Eckert(1993)는 교사와 학교심리사를 대상으로 교육과정 기반 평가를 표준화된 학업 성취도 검사와 비교해서 그 유용성과 효과성을 평가하였다. 결과 교육과정 기반 평가가 훨씬 효과적이고 유용하며 현장에서의 편리하고 수용 할 가능성이 크다는 결론을 내렸다.

이런 교육과정 기반 평가를 교실에서 하는 일상적 교육과정이나 수업을 기초로 학습부진 문제를 평가해야 한다는 주장은 다음과 같은 기본 전제를 가지고 있다(Lentz & Shapiro, 1986).

첫째, 학습을 자연스러운 환경에서 하는 행동으로 평가해야 한다. 평가하고자 하는 행동이 원래 발생했던 자연스러운 조건과 가장 근접한 조건에서 평가를 할 때 보다 타당하고 신뢰할 수 있기 때문이다. 그리고 학습부진아들이 학업 수행은 개별 학습, 소집단 학습, 대집단 학습, 설명식 수업, 토론식 수업, 시험 등 여러 상황에서 일어나는데, 상황에 따라 같은 과제에 대한 수행이 다르게 나타날 수 있기 때문이다. 따라서 학습부진아들의 학업 수행을 평가하려면, 평가 표적 행동을 교실에서 자연스럽게 하는 학습 상황에 가장 근접한 조건에서 해야 한다.

둘째, 규준적nomothetic이라기보다는 개인적이어야idiographic 한다. 학습부진아의 학습을 평가할 때, 다른 학생들과의 비교보다는 학습부진아가 보이는 수행 수준을 정하는 것이 중요하다. 그러므로 개입으로 인한 학업 변화를 파악할 수 있기 때문이다. 즉, 학생 간 비교보다는 학생 내 평가가 학습부진아의 학업 기능을 더 직접적으로 평가해야 한다.

셋째, 지도한 것에 비추어 학생이 학습하기를 기대하는 것을 평가해야 한다. 학습부진아에 대한 행동 평가는 교육과정을 상당히 포함해야 한다. 즉, 교사가 수업에서 다룬 내용을 출제하여 평가해야 한다. 그렇지 않으면, 학습부진아가 교육과정을 적절한 수준에서 습득하지 못하며, 실패 여부도 정확하게 판단하기 힘들기 때문이다.

넷째, 평가 결과에 따라 개입을 계획해야 한다. 학습부진의 평가는 선발이 아니라 학생의 성장에 목적을 두고 있고, 학습부진아의 개입 프로그램 개발에 정보를 주는 것이어야 한다.

다섯째, 평가 방법은 학생의 진보를 지속적으로 모니터링 하는데 적절해야 한다. 학생의 진보상황에 따라 개입 전략을 수시로 바꿀 수 있어야 하기 때문이다. 평가 과정이 개인적이고 시간의 경과에 따라 나타나는 행동을 평가하도록 설계해야 채택한 평가도구도 적절하게 바꿀 수 있다. 개입의 유형과 관계없이 평가 방법은 표적 행동의 향상이나 감소를 볼 수 있어야 한다. 예를 들어 개입이 학습부진아의 수학 계산 기능을 증진시키기 위한 것이면, 평가 방법은 학생의 수학 계산 수행 능력의 작은 변화에도 민감해야 한다. 아울러 학습부진의 평가는 여러 번 시행되어야하기 때문에, 평가는 간략하고, 반복 가능하고, 교사의 지도 방법에 관계없이 사용 가능해야 한다.

여섯째, 측정 도구는 경험적 연구에 기초해야 하고 타당해야 한다. 교사가 교육과정과 수업에 비추어 지도할 내용과 기대하는 성취 수준을 직접 평가하면, 적절한 수준의 검사-재검사 신뢰도, 내적 일관성, 내용 타당도, 공인 타당도와 같은 심리 측정 표준과 관찰자간 합치도, 개입 치료의 타당성, 사회적 타당성과 같은 행동적 평가의 표준도 만족시킬 수 있다.

일곱째, 측정 도구는 많은 유형의 교육적 결정을 하는데 유용해야 한다. 교육과정과 수업에 기초한 교사의 직접 평가는 학습부진아의 선별, 표적 행동의 설정, 개입의 설계, 진보 모니터링 등에 도움이 된다.

이런 배경에서 교육과정 기반 평가는 교육과정과 수업의 내용을 기초로 ① 학습부진아를 찾아 구체적인 학습부진 상황을 확인해 내고, ② 그 학습부진에 영향을 주는 학습 생태에 대한 평가를 통해 교사는 학습부진에 개입하는데 필요한 정보를 얻는다.

가. 학습부진 상황 진단하기

학습부진은 조기에 발견할 때, 극복 기회를 찾을 수 있기 때문에, 학년 초 처음 몇 주에 걸쳐 학급 내에서 학습부진 패턴을 보이는 학생을 찾는 노력이 필요하다. 그러나 학습부진아들은 대개의 경우 학급에서 조용하고 얌전한 행동을 하기 때문에 교사에게 큰 주목을 받지 못한다. 이에 학습부진이 잘 드러나지 않고 누적되는 경우가 많다. 따라서 교사는 학급에서 조기에 학습부진아들을 찾아, 학업 잠재력은 어떠하고, 교육과정의 어느 부분을 성취했고, 어느 부분에 좌절을 느끼고 있으며, 어느 부분에 대해 교수를 필요로 하는지 파악해야 한다.

Butler-Po(1987)는 다음 두 가지 전략을 사용하여 학급 내 학습부진아를 찾아 학업 잠재력과 현재 학교생활을 비교한 후, 그 차이점 및 학습부진 징후에 대한 교사가 느낀 점을 학생 개인 파일에 기록할 것을 제안한다.

첫째, 교사-학생 간의 개인 면담 활동을 한다. 학년 초 첫 주에 학생의 인성, 흥미, 능력에 대한 정보를 얻기 위해 개별 면담을 한다. 이 시간에 개인 당 15-20분 정도 할애하여, 학생들에게 개별 학습을 하도록 하고, 개별로 학습에 대한 면담을 한다. 하루에 4-5명 정도 면담하면서, 학생의 사회적 활동, 학업 성취와 실패에 대한 정서에 대해 대화한다. 필요하면 학년 초에 몇 주 동안 개인별로 몇 회에 걸쳐 면담을 지속한다. 면담의 결과를 교과별 성취기준에 따라 기록하되, 학업 잠재력과 실제 수행 수준 간의 차이를 기록한다. 학생의 잠재력은 학생이 학교와 가정에서 가지고 있는 흥미에 대한 이야기, 자신이 읽은 책에 대한 평가, 지능 점수 등을 참고로 하고 실제 수행 수준은 학생의 기본 지식과 기능에 대한 질적 수준, 과제의 완수 정도, 학급 활동에의 참여 정도를 살펴보면서 잠재력과 실행 수준 간의 차이에 대해 교사가 판단한 것을 진술로 기록한다.

둘째, 다양한 학업 진단 활동을 한다. 학습부진아는 학교 학습 활동에 시간과 노력을 투자하는 것을 주저한다. 때문에 학생의 학업 잠재력을 좀 더 구체적으로 조사하기 위해 설계한 진단 평가를 실시한다. 되도록 진단 과제는 간략해야 하고, 사용하는 평가 자료는 흥미롭고, 생산적이고, 가치로운 것으로 선택하고, 평가 결과를 통해 학생의 잠재력에 대한 정보를 얻고 평소 학급에서의 학습 활동, 태도, 참여도와의 차이를 살펴 학습부진 여부와 정도를 개별 프로파일에 기록한다.

다음과 같은 활동을 통해서, 학습부진아의 학업 잠재력을 진단한다.

① 질문 생성하기이다. 짧은 이야기 글, 시, 사건에 대한 진술문 등

을 묵독하도록 하고, 읽은 내용에 대해 질문하고 싶은 중요한 것 세 가지를 이야기하고, 그 질문을 선택한 이유에 대한 설명하도록 하고 그 특징적 상황을 기록한다.

② 문제 찾아내기이다. 학생이 가정이나 학교에서 직접 또는 간접적으로 경험한 것 중에서 학생이 보기에 문제라고 생각되는 것을 지적하고 왜 그것이 문제가 되는지 설명하도록 한다. 예를 들어, 운동장 활동, 등교하기, 친구 사귀기, 부모님과 관계, 소음, 인구, 기아, 기타 시사 문제 들을 제시하고, 이 중에서 학생이 생각하기에 중요하다고 생각하는 문제를 세 가지 지적하고, 그것이 문제가 되는 이유를 설명하도록 한다. 교사는 문제와 성격과 그것을 정당화하는 논리의 특징을 기록한다.

③ 대안 및 해결책 찾기다. 앞의 문제 찾아내기에서 학생이 지적한 세 가지 문제에 대한 해결책을 제시하도록 한다. 교사는 학생이 제시한 대안적 해결책들의 진술 내용을 보고 그 타당성의 정도를 기록한다. 학습부진아를 찾아 낸 후에는 좀 더 정교한 진단 평가를 통해 학습부진의 현재 수준을 파악한다. 이를 위해 Shapiro(1996)는 좀 더 구체적으로 읽고, 쓰고, 셈하기의 영역, 소위 3R이라는 기본 기능 영역에서 교육과정을 기반 학습부진 진단 평가 방법을 제시한다.

1) 읽기 영역에서 학습부진 진단 평가

학습부진아의 현재 읽기 능력 수준에 대해 출발점 수준, 소위 기저선(baseline)을 정하고, 그 기저선을 향후 읽기에서의 진보를 평가하는 데 사용하기 위해 실시한다.

가) 진단 평가 자료의 선정

교육과정에서 짧은 내용의 ① 낭독 능력 평가 자료와 ② 독해 능력 평가 자료를 투입한다. 해당 학년의 국어 또는 사회 교과서에 실려 있는 읽기 자료를 선정한다. 왜냐하면 읽기 수준을 평가하려면 가독성 (readability)을 통제한 읽기 자료를 사용하는 것이 중요한데, 교과서는 가독성 수준을 해당 학년에 맞춰 조절해서 제작한 읽기 자료이기 때문이다. 따라서 동화, 소설, 시, 수필 등과 같은 문학 자료는 가독성 수준이 통제되지 않아 학생의 읽기 능력 수준을 평가하는데 적절치 않다.

교과서의 시작 부분, 중간 부분, 마지막 부분에서 발췌하여 한 단락씩, 총 세 개의 단락을 발췌하여 읽기 평가 자료로 사용한다. 각 단락은 약 150-200 개의 단어로 구성한다. 1학년에서 3학년까지의 학생들에게는 약 50개 - 100개 단어로 구성한다. 읽기 평가 자료는 대화체 문장, 시, 극, 외국어나 색다른 단어를 포함시키지 않은 일반적인 텍스트를 사용한다. 선택한 각 단락은 복사하여 하나는 학생이 낭독하는데 사용하고 또 하나는 교사가 평가하는데 사용한다.

그리고 각 읽기 평가 자료 단락 끝 부분에 5-8개 정도의 독해 능력을 평가할 질문을 제시하여 답하도록 한다. 누가, 무엇을, 어디서, 왜, 그리고 추론에 해당하는 질문을 하나씩은 포함시킨다. 이해 질문을 포함시키는 이유는 뜻은 이해하지 못하고 독해 기능만 높은 학생인지 확인하여 학생의 읽기 문제를 보다 심도 있게 이해하기 위해서다. 교사는 평가를 시작하기 전에 학생에게 책을 읽되 최선을 다하도록 하며, 단락을 읽은 후 이해 정도를 묻는 질문을 할 것이라고 이야기 해 준다.

나) 채점 방법

낭독 능력을 평가할 때, 학생의 낭독에서 다음과 같은 오류들이 나타나는지 확인한다. ① 생략(ommission) 오류: 문장에서 단어를 빼먹고 읽는 오류이다. ② 치환(substitution) 오류: 어떤 단어를 다른 단어로 읽는 오류이다. ③ 추가(addition) 오류: 문장에 없는 단어를 추가하여 읽는 오류이다. ④ 휴지(pause) 오류: 3초 이상 글을 읽지 못하고 중지하는 오류이다.

그러나 다음과 같은 경우는 오류로 채점하지 않는다. ① 반복(repetition) 읽기: 문장에서 어떤 단어를 반복하여 읽는 경우이다. ② 자기 교정(self-correction)을 통한 읽기: 문장에서 틀리게 읽었던 단어를 교정해서 읽는 경우이다. 초시계를 준비하고 낭독 시간을 기록한다.

1분이 경과하면 학생의 읽기를 멈추고 어디까지 읽었는지 표시한다. 읽기를 마친 후에는 정확히 읽은 단어의 수와 오류의 수를 계산한다. ① 1분 동안 경과하면, 읽은 데까지 표시한 후, 정확히 읽은 단어의 수와 오류의 수를 기록한다. 이것이 분당 읽기 비율과 분당 읽기 오류 비율이다. ② 1분 이전에 읽기를 끝냈으면, '정확히 읽은 단어의 수 또는 오류의 수/ 읽은 시간(초)×60'의 공식으로 분당 읽기 비율과 분당 읽기 오류 비율을 계산한다. ③ 평가 자료 전체를(처음 부분, 중간부분, 마지막 부분) 읽히고, '정확히 읽은 단어의 수 또는 오류의 수)/총 일기 시간(초)×60"의 공식으로 분당 읽기 비율과 분당 읽기 오류 비율을 계산한다.

학생의 현재 읽기 능력 중 낭독 능력과 독해 능력의 기저선은 세 단락에 대한 읽기의 정확성과 오류의 평균보다는 중앙값(median)으로 잡는다. 즉, 세 단락에 대한 읽기의 정확성과 오류 수치 세 가지 중에서 가운데에 위치한 수치를 기저선으로 정한다. 세 수치의 평균을 기저선으로 잡지 않는 이유는 교사가 교과서에서 선정한 세 개의 단락 중 어느 한 단락이 너무 어렵거나 쉬우면 평균이 크게 변할 수 있어 기저선으로 잡기에는 정확치 않기 때문이다. 그러나 기저선을 중앙값으로 잡으면 그런 극단적 점수들로 인해 야기될 수 있는 변량(variance)을 통제할 수 있다. 즉, 기저선의 수치로 평균보다 중앙값을 사용하는 이유는 교과서에서 교사가 선정한 단락들의 잠재적 난이도 효과를 통제하기 위함이다. 교사는 향후 학습부진아의 읽기 처방 프로그램을 만들어 개입을 한 후 낭독과 독해 능력의 진보 상황을 점검할 때 그 참조점으로 이 기저선 수치를 사용한다.

2) 쓰기 영역에서 학습부진 진단 평가

학습부진아의 현재 쓰기 능력의 기저선을 정하고, 향후 쓰기에서의 진보를 평가하는데 사용하기 위하여 실시한다.

① 진단 평가 자료의 선정: 대부분의 학급 학생들이 흥미롭게 느끼는 주제를 가지고 글쓰기 주제 목록을 만든다. 학생들은 이 글쓰기 주제 목록에서 3개의 선택하여 이야기 글을 쓰도록 한다. 글을 쓰기 전에 어떤 이야기를 쓸지 1분 동안 생각해 보도록 한다. 1분이 지난 뒤 이야기 글을 쓰도록 하고 초시계를 사용하여 3분 동안 시간을 잰다. 학생이 3분 전에 쓰기를 마치면, 3분을 채워 계속 쓰도록 격려한다.

② 채점 방법: 정확하게 쓴 단어의 수를 계산한다. 여기서 정확한 단어란 철자가 틀리더라도 인식할 수 있는 단어까지 포함시킨 것이다. 3분 동안에 쓴 정확한 단어와 부정확한 단어의 수를 계산한다. 만약 학생이 3분 이전에 쓰기를 중단하면, 그 시간을 초 단위로 하여 나누고 180을 곱함으로써 3분 동안 정확히 단어의 수로 계산한다. 부정확한 단

어의 수도 같은 방식으로 계산한다. 그리고 3개의 글 중 정확한 단어의 수와 부정확한 단어의 수 중앙값을 쓰기 능력 기저선으로 삼아 향후 쓰기에서의 진보를 평가하는 참조 점으로 사용한다. 그리고 정확한 단어의 수를 살펴보는 것 외에도 철자, 구두법, 문법적 정확성과 오류, 창의성, 글의 구조(시작, 플롯, 종료)를 살펴보고 쓰기 진도에 참고한다.

3) 수학 계산 영역에서 학습부진 진단 평가

학습부진아의 현재 수학 계산 능력의 기저선을 정하고, 향후 수학 계산 능력의 진보를 평가하는데 사용하기 위하여 실시한다.

가) 진단 평가 자료의 선정

해당 학년의 가감승제 계산 기능을 평가한다. 평가 문제는 가감승제별로 나누어 각각 한 평가지에 30-35개 문제를 만든다. 각 기능의 문제를 완전하게 학습했는지를 보다 정확히 확인하기 위해서 세 가지 점에 유의한다. ① 모든 숫자들을 사용한다. ② 한 평가지에 한 가지 기능만 평가하는 문제를 포함한다. 예를 들어, 한 평가지에 덧셈과 뺄셈 문제를 혼합해서 평가하지 않고 덧셈이나 뺄셈 기능 중 한 기능만 평가하는 문제로 구성한다. ③ 3회 반복해서 평가한다. 문제를 건너뛰지 않고 풀도록 하되, 풀 수 없는 문제에 봉착하면 다음 문제로 넘어 가도록 한다.

나) 채점 방법

학생이 문제를 건너 뛴 경우, 그 문제는 오류로 채점한다. 정답의 개수를 문제 전체수로 나누고 100을 곱하여 정답 백분율을 계산한다. 3회 반복을 걸쳐 나온 정답 백분율 중 중앙값을 해당 기능 계산 능력의 기저선으로 삼는다. 그리고 오류 분석을 실시하여 오류의 원인을 찾는다. 특히 받아 올림과 받아 내림, 구구법 적용, 자리 값 배치에서 문제가 있는 경우 정답 백분율이 낮아지기 때문에 추후 수학 계산 기능 지도 시 이를 집중적으로 지도한다.

나. 학업 환경 진단하기

학업 환경(academic environment) 또는 학업 생태(adcademic ecology) 란 학생의 학업 수행에 영향을 주는 변인들을 진단한다는 말이다. 예를 들어 교사의 수업 방법, 피드백 유형, 학습 참여 시간, 수업 배당 시간, 반응 기회, 반응에 따른 강화, 교사의 학급 내 평가 구조 등이다. 학업 환경을 진단하는 이유는 학습부진아의 학업 문제가 순수하게 기능의 부족인지, 학습 동기의 부족인지, 아니면 학급 내의 외적 문제로 인한 영향인지 알아내기 위해서이다. 따라서 학업 환경에 대한 진단은 학생의 학습부진에 영향을 미칠 수 있는 변인들을 파악하여 교정 개입 시에 필요한 단서를 얻는데 필요하다(Lentz & Shapiro, 1986).

학업 환경 중 학습부진에 보다 직접적인 영향을 주는 변인으로는 주로 학습 참여 시간, 교사의 피드백 유형, 학습 반응 기회다. 이 세 가지 변인에 대한 진단은 담임 또는 교과 교사가 평소에 수업을 하면서 스스로 진단하기 어려울 경우, 수석교사나 동료 교사의 협조를 얻어 관찰하고 평가 한다. 그 외 학습부진아에 대한 보조적 정보를 얻는다. 이 보조적 정보들은 교육과정 기반 개입 모델에서는 큰 비중을 두지 않으나, 학습부진아에 대한 처방을 내릴 때 필요한 정보들이다.

1) 학습 참여 시간 진단하기

학생이 학습에 참여하는 시간은 능동적 참여 시간(active engaged time; AET)과 수동적 참여 시간(passive engaged time; PET)을 포함한다(Shapiro, 1996. p.108). 능동적 참여 시간은 학생이 학습과제에 주의를 기울이며 글을 쓰거나, 손을 들거나, 낭독을 하거나, 질문에 답하거나, 또래나 교사에게 말을 하거나, 사건이나 책을 넘겨가며 보는 등의 행동을 하는 시간이다. 수동적 참여 시간은 학생이 학습과제에 주의를 기울이되, 묵독을 하거나, 교사나 또래의 말을 듣거나, 칠판을 보거나, 학습 자료를 찾아보는 등 학생이 피동적으로 학습에 참여하는 시간이다.

그 외 활동은 학습 이탈 행동을 하는 시간으로 언어적(off-task verbal; OFT-V), 행동적(off-task motor; OFT-M), 수동적(off-task passive; OFT-P) 이탈 행동을 포함한다. 언어적 학습 일탈 행동은 친구와 잡담을 하거나 혼잣말을 하면서 학습에서 벗어나는 행동이고, 행동적 학습 일탈 행동은 자리를 이탈하거나 행동으로 학습에서 벗어하는 행동이고, 수동적 이탈 행동은 말이나 행동으로 남을 방해하지는 않으나 딴 생각이나 망상으로 조용히 학습에서 벗어나는 행동이다.

학습 참여 시간이나 학습 이탈 시간의 측정은 수업 시간이나 개별 학습 시간에 학생을 30초 또는 1-2분 간격으로 학생을 관찰하고, AET 행동이나 PET의 행동이 나타나면 표시하여(v 또는 o) 한 번 기록하고, 남은 시간에는 학습 이탈 행동이 나타나면 표시하여 한 번 기록한다. 예를 들어, 학생이 자리에서 일어나 또래에게 말을 하면, 움직임 일탈행동(OFT-M)과 언어 일탈행동(OFT-V) 유목에 표시한다. 그러나 이 학생이 같은 관찰 시간대에 두 번째 또래에게 말을 하더라도 단 하나의 표시만 한다. 학생이 개별 학습에 참여할 때는 담임교사가 관찰하여 기록할 수 있으나, 수업을 할 경우에는 수석교사나 동료 교사의 협조를 얻어 기록한다. 다음은 2분 간격으로 관찰하여 기록하는 양식의 예이다. 40분 수업 시간을 20회로 나누어 기록하고, 백분율은 (관찰한 행동이 나타난 횟수)/20X100 공식으로 얻는다. 이 관찰 양식을 통해 얻은 백분 율은 학생이 어느 교과에서 또는 개별 학습 시에 학습 참여와 학습 이 탈 행동을 보이는지 알려주는 동시에, 학습 참여시간을 늘리고 학습 이 탈 시간을 줄이는 개입 활동 시의 기초선과 진보 상황을 점검할 때 사 용할 수 있다.

학습부진아의 학습 참여 시간과 학습 이탈 시간을 측정하는 이유는 학습의 효과는 학생의 학습 참여 시간에 비례하기 때문이다(Carroll, 1963). 즉, 학습 참여 시간은 학업성취와 상관이 있다는 것으로, 실제로 Frederick et al(1979)의 시카고 소재 175개의 학급을 대상으로 한 연구 에서 학습 참여 시간과 학업성취도 간의 상관은 r=.54로 높은 상관이 있음을 발견했다. 그 외 이 전제의 타당성은 여러 연구들에 의해 뒷받 침되고 있다(Caldwell, Huitt, & Graeber, 1982; Goodman, 1990; Karweit, 1983; Karweit & Slavin, 1981).

학습 참여 시간에 대한 연구의 중요한 발견은 교사의 수업에서 학생 들의 학습 참여 시간은 상당히 적다는 것이다(Berliner, 1979). 그 이유 는 교사가 수업 시간의 상당 부분은 잡무에 사용하고 있기 때문이다. Latham(1985)의 연구에 의하면, 교사들은 수업 시간의 57%를 학급 내 부와 외부 사항과 관련된 공지, 잡무, 학습 일탈 행동 등 방해적인 사건 들에 개입하여 처리하고, 학생이 한 학습 활동에서 다른 학습 활동으로 이동하는 시간을 부여하는 등 실제로 수업에만 투자되는 시간은 단위 수업 당 19분 48초뿐인 것으로 보고되고 있다.

또 하나의 중요한 발견은, 학생들이 교사의 설명을 듣고 개인이나 소집단별로 토론 또는 학습 과제 해결에 능동적으로 참여하게 되는 등 학습 참여 시간을 늘리면 학생들의 학업 성취가 올릴 수 있다는 것이다. Fisher와 그의 동료들은(1980) 교사가 초등학교 2학년 학생들을 대상으로 학습 참여 시간을 25일 간 하루에 4분에서 52분으로 늘리자, 읽기 능력이 표준화 학업 성취도 검사에서 38퍼센타일에서 66퍼센타일로 28퍼센타일을 올릴 수 있을 정도로 학업 성취에 효과가 있다고 보고하고 있다.

Brophy & Evertson(1976)도 전형적인 학급에서 평균적인 학생들은 과제 해결 학습에 수업 시간의 약 50%를 사용하던 것을 60-70%로 늘리자 학업 성취 향상은 물론, 고등사고 기능과 자기주도성, 그리고 학교와 교사에 대해 보다 긍정적인 태도를 갖게 된다는 것을 발견했다.

이런 연구들은 학습부진을 극복하려면 학습 참여 시간을 늘리는 것이 중요하다는 것을 시사하는 데, 학자들은 다음과 같이 학생들의 학습 몰입 시간을 늘리는 전략을 제시한다(Cangelosi, 2000; Gettinger, 1986; Evertson, 1995; Tauber, 1990; Emmer, Evertson, Clements, & Worksham, 1997).

① 교사가 매일 반복적으로 처리해야 하는 일은 학생들에게 과제를 부여한 후 학생들이 과제에 임하는 동안 마치도록 한다.

② 차시 학습에 필요한 학습 재료들과 활동 지시문을 미리 준비하여 쉬는 시간에 분배함으로써 차시 학습 활동이 순조롭게 이어지도록 한다.

③ 학생들의 학습 속도를 고려하여 과제를 계열화하여 제시한다.

④ 소집단 협동 학습을 통해 학생들의 학습 속도에 따른 개인차를

고려하고 학습 몰입 시간을 늘린다.

⑤ 학생들이 교사의 허락을 매번 얻지 않고도 자신의 개인적, 절차적 요구를 만족시킬 수 있도록 규칙을 정한다. 그리고 학생들이 시간별로 어디로 가고 무엇을 해야 할 지에 대해 친숙해 있도록 학급 루틴을 잘 설정하고 친숙해 지도록 한다.

⑥ 학생들이 각각 자리에 앉아서 하는 학습 활동을 모니터하고 학생들의 진보에 대해 교사가 잘 인지하고 있다는 것을 학생들에게 알리기 위해 교실 내 공간을 순회한다.

⑦ 개별적으로 수행하는 학습 과제가 흥미롭고, 가치로우며, 또 교사의 지시 없이도 학생들이 완수해낼 수 있을 만큼 쉽도록 제시한다. 그리고 학생들의 현재 이해 수준에 있거나 그보다 약간 높은 내용의 학습 자료들을 충분히 확보해 제공해 준다.

⑧ 교사가 수업이 바뀔 때마다 일일이 지시를 내리지 않고 하루의 학교생활 스케줄을 칠판에 기록함으로써 학생들이 그 스케줄에 따라 스스로 미리 미리 수업을 준비하고 임하도록 한다.

⑨ 학생들의 학습 일탈 행동이 발생하거나 심해지는 것을 막기 위해 적절한 시간대에 예방 조치를 함으로써 학급에서의 전체 학습 활동에 부정적 영향을 확산되지 않도록 한다. 소위 개입 타이밍의 기회를 놓치는 일이 없도록 한다.

⑩ 학생의 학업 수행에 대한 교사의 피드백을 늘린다.

⑪ 학급의 좌석 배치 및 형태를 수업 목표에 맞게 다변화 한다.

2) 교사의 피드백

교사의 피드백은 행동주의의 강화로서의 피드백과 인지주의의 정보로서 피드백 이론으로 나뉜다(Mayer, 2003). 강화로서의 피드백은 "잘 했다"라고 칭찬을 하거나 강화물을 제공하는 것으로 자극과 반응 간의 연합의 강도를 높여 행동을 재출현시키는데 초점을 둔다. 정보로서의 피드백은 어느 부분을 잘 했는지 구체적으로 지적하여 학생이 교사의 피드백을 자신의 학습을 유의미하게 증진시키는 정보로 활용하도록 하는데 초점을 둔다.

학습의 효과는 행동주의의 강화적 차원에서의 피드백과 인지주의의 정보적 차원에서의 피드백을 조화 시킬 때 효과적이다. 이런 조화는 학생의 인지적 발달 수준과 관계가 있는데, 학생이 어릴수록 강화적 차원에서의 피드백을 더 자주 사용하고, 학생이 나이가 들수록 정보적 차원에서의 피드백을 더 자주 사용하는 것이 원칙이다. 그러나 이 원칙도 학생 개개인의 선호와 관련을 맺고 있어 개인차가 있다.

교사는 수석교사나 동료 교사의 협조를 얻어 자신이 수업 중에 학습부진아에게 제공하는 강화의 유형을 진단한다. 관찰을 하는 교사는 수업 시간을 선정하여 학습부진아에게 제공한 피드백의 횟수와 유형을 계수하여 누가 기록한다. 교사의 피드백이 제공될 때마다 /표로 체크하고, 백분율은 총 피드백 회수로 나눈 후 100을 곱하여 계산한다. 이 진단은 교사의 피드백 횟수와 유형에 대한 정보를 제공한다. 교사는 두 유형의 피드백의 비율을 파악하고, 학생의 발달 단계와 개인적 선호도를 파악한 후, 서로 조화를 이루도록 자신의 피드백 유형을 조정한다.

교사가 피드백을 제공할 때 언어 사용에 유의할 점이 두 가지 있다. 첫째, 판단적 언어(judgmental language)보다는 기술적 언어(descriptive language)를 사용한다. 전자는 학생의 행동, 성취, 개인을 인격 또는 능력적 차원에서의 낙인찍기 또는 명명하여(labeling) 평가·요약하는 것이다. 기술적 언어는 학생의 학습 과제, 상황에 대한 현상적 모습을 그대로 드러내어 기술하는 것이다(Cangelosi, 2000). 예를 들어, 학생이 그림을 그려왔을 때 "오. 그림이 멋있다. 너는 굉장한 화가구나!"라고 말하거나, 수업 시간에 한 학생이 다른 학습의 발표를 가로막을 경우, "너는 남이 발표를 할 때 이야기를 하다니 무례한 아이구나!"라고 말하는 것이 판단적 언어다.

그러나 같은 사례를 "네 그림에서 초록색과 갈색이 사용된 걸 보니 내가 마치 숲 속에 있는 것 같구나!"라고 말하거나, "네가 이야기를 하는 동안 나는 발표자의 이야기를 듣는데 집중을 할 수가 없구나."라고 말하는 것은 기술적 언어다.

학생들은 판단적 언어보다 기술적 언어를 사용하는 교사들과 함께 수업을 하면 덜 위협적이고, 덜 방어적이고, 더 학습 참여 시간을 높인다(Van Horn, 1982). 기술적 언어는 학생이 한 일과 무엇을 해야 할 지에 대한 정보를 담고 있어, 자신들의 특정 행동들이 미래 계획과 기회에 어떻게 영향을 미칠지 연계하기 때문이다(Ginott, 1972). 또 학생이 문제 행동을 일으켰을 때 인격이나 능력을 명명하여 특징을 지우는 인간 진술(characterizing)을 피하고 문제 상황 자체를 이야기해 주는 상황 진술(describing)이 학생이 학습 활동에 돌아가 참여하도록 하는데 효과적이다. 그리고 학생의 인격이나 능력을 명명하는 인간 진술은 심지어 칭찬적인 것도(예: 머리가 좋다, 뛰어나다, 빠르게 문제를 푸는구나 등) 협동적이고 참여적인 학습자가 되도록 하는데 비효과적이다.

둘째, 칭찬도 학생 그 자신에게가 아니라 학생의 학습 활동과 바람직한 행동에 초점을 맞추어 제시하여야 한다. 칭찬은 다른 사람들의 지각에 기초하여 자긍심을 높여줄 때에만 동기를 유발한다. 때문에 학생

들은 다른 사람들의 지각에 의존하는 칭찬의 덫에 걸릴 수 있는 위험이
있다. 따라서 교사가 학생이 자긍심을 다른 사람들의 지각이 아니라 자
신이 성취한 결과에 기초해서 가질 수 있도록 지도하는 것이 필요하다.
이 때 학생은 학습 활동에 더 지속적으로 참여한다.

 칭찬의 이런 측면은 칭찬이 마치 벌과 같이 부정적인 효과를 낼 수
있다는 것을 시사한다. Ginott(1972)는 칭찬은 외부에서 제공하는 강화
인으로서 타인의 명시적 또는 암시적 요구를 만족시켜 주어야 하는 강
박감을 갖게 하고, 이에 따라 몇 가지 부정적인 반동적 현상이 나타난
다. 첫째는 자신 스스로의 포부를 추구하기 보다는 외부인에 대한 의존
성을 높인다. 둘째, 실패했을 경우, 방어적 자체를 취하도록 유도한다.
셋째, 외부인의 명명 수준에 부응하기 위해 근심 상태를 만들어 낸다.

 Tauber(1999)는 칭찬의 부정적인 효과는 칭찬이 지닌 몇 가지 성격
으로 인해 나타난다고 주장한다. 첫째, 경험적으로 칭찬은 종종 비평이
주어지기 바로 전에 주어진다. 둘째, 칭찬은 어떤 특정한 학생을 모방
하도록 하기 위해 주어진다. 셋째, 학생이 자신에 대해 부정적으로 느끼
고 있을 때 칭찬이 주어지면 오히려 그 신뢰성에 대하여 불신을 가지게
된다.

 Edwards(2008) 또한 칭찬의 문제점을 다음과 같이 지적한다. 첫째,
학생들이 문제를 해결하는데 있어 구체적인 도움을 제공해 주지 못한
다. 둘째, 학생들이 문제를 해결할만한 능력을 가지고 있지 못하다고 느
낄 때 칭찬이 주어지면 자신의 '쇠약해진 감정'을 극복하는데 도움을 얻
지 못한다. 셋째, 성공에 대한 귀인을 자신의 노력으로 내려야 추후 과
제에 도전적으로 임할 수 있는데, 능력에 대한 칭찬은 추후 노력에 대
한 가능성을 떨어뜨린다. 넷째, 칭찬은 학생들에게 조건적인 것으로 받

아들여져, 추후 실패하면 교사에게 수용되지 못할 것이라는 근심을 갖게 한다. 다섯째, 칭찬을 지속적으로 받기 위해 자신의 능력 밖으로 과도하게 노력함으로써 스트레스와 소진 및 절망감을 느낄 수 있게 한다.

3) 학생의 반응 기회

학생의 반응 기회란 수업 중에 교사의 질문이나 지시에 따라 학생이 자신의 생각을 구성하여 말이나 행동으로 표현할 기회를 말한다. 성공적인 학생의 반응과 그에 따른 정적인 강화는 학생의 학업에 대한 자기 효능감(self-efficacy)을 올려주고 교사에 대해 인간적 친근감을 갖도록 하는 중요한 역할을 한다.

자기 효능감(self-efficacy)이란 "주어진 행위를 수행할 자신의 능력에 대한 개인적 판단"(Schunk, 1991, p.207), "주어진 과제를 수행하는데 필요한 일련의 행위 계열을 조직하고 집행하는 능력에 대한 개인적 판단"(Bandura, 1986, p.391)이다. 자기 효능감은 자아 개념(self-concept)과 다르다(Marsh & Shavelson, 1985). 자아 개념은 여러 영역에 걸쳐 자신을 보는 일반적 관점이지만, 자기효능감은 어느 특정 영역에서의 자기 능력에 대한 특정적 관점이다. 예를 들어, "나는 영리한 사람이다"는 자아 개념인데 반해, "나는 수학교과에서 A를 받을 수 있다"는 자기 효능감이다.

학생에게 자기 효능감이 중요한 이유는 학업 성취에 중요한 역할을 하기 때문이다, 이런 이유로 Schunk(1991)는 자기 효능감은 학업 성취를 예언하는 한 요인이라 주장했다. 아울러 자기 효능감은 난관을 극복하고자 하는 동기 부여에 중요한 역할을 한다(Pintrich & De Groot, 1990, Zimmerman

& Martinez-Pons, 1990). 그 이유는 자기 효능감은 한 사람이 과제에 헌신하고자 하는 노력과 일관성의 양에 영향을 주기 때문이다(Bandura, 1986).

그러나 학습부진아들은 자기 효능감이 부족하다. 그 이유는 자기 효능감이 자신의 수행에 대한 다른 사람들의 해석에 영향을 받아 형성되기 때문이다. 따라서, 교사는 학습부진 극복을 위해 학습부진아의 자기 효능감 형성에 노력해야 하는데, 학습부진아가 강점을 보이는 영역을 찾아 학습 반응 기회를 부여하고 강화함으로써 성취감 형성을 자주 갖도록 하는 방법이 있다.

따라서 학습부진아의 학습 환경 진단 시 교사가 수업을 할 때 학습부진아에게 학습 반응 기회를 얼마나 자주 제공하는지에 대한 평가가 포함되어야 한다. 교사는 하루 중 얼마나 학습부진아에게 반응 기회를 부여했는지 누가 기록한다. 반응 기회를 부여할 때 /표로 체크한 후, 총 반응 기회 부여 회수를 기록한다.

4) 보조적 진단 정보

학습부진아들 중에는 평균 또는 평균 이상의 능력을 가지고도 학급에서 효과적인 학습을 하지 못하는 학생들이 있는데, 교사가 이들이 가지고 있는 비전형적인 학습 특징을 고려해서 가르치지 않기 때문이다. Stellern, Vasa, & Little
(1976)은 다음과 같은 보조적 정보들을 수집할 것을 제안하고 있다.

첫째, 신체적 특징이다. 학생의 신체적 특징들은 학습에 큰 영향을 미친다. 가장 큰 요인은 질병이고 그 외 신체적 기능의 결함이다. 교사는 학생에게 아픈 신체 부위를 직접 묻거나 다음과 같은 단서들을 관찰

함으로써 학생의 신체적 특징들에 대한 정보를 얻을 수 있다.

- 학급에서 조는 행동
- 몸을 가로질러 물건을 집지 못하는 행동
- 발음 기관을 잘 통제하지 못하는 행동
- 대단위 움직임 협응이 부족한 행동
- 듣거나 보는데서 어려움이 있는 행동
- 자신의 신체 부위를 찾아내지 못하는 행동

교사들은 학생의 일반적인 움직임 수행을 관찰함으로써 학생의 신체적 특징에 대한 정보를 얻을 수 있으나, 어떤 유형의 신체적 문제들은 의사의 소견이 필요하다.

둘째, 주의 집중이다. 학생이 청각적, 시각적, 촉각적 자극 등에 다양한 시간대에 걸쳐 어떤 것에 얼마나 오래 동안 주의를 집중하는지에 대한 정보이다. 교사는 직접 관찰을 통해 다음 질문들에 대한 정보를 얻는다.

- 학생이 어떤 조건 하에서 주의를 집중하는가?
- 학생이 어떤 자극에 주의를 집중하고, 또 어떤 자극에 주의를 집중하지 못하는가?
- 학생이 주의를 집중하는 시간은 어느 정도인가?

셋째, 선호하는 정보 처리 채널이다. 학생이 효과적으로 학습하려면 교사가 제공하는 정보 채널을 효과적으로 다룰 수 있는가가 중요하다. 학생들은 일반적으로 촉각, 시각, 청각적, 그리고 이들의 복합적 정보 채널 순서로 발달하는 패턴을 보이지만, 학생마다 발달상 차이가 있을 수 있기 때문에 각 정보 채널을 사용하는 학습 과제를 제시하고 관찰을 하여 정보를 얻는다. 예를 들어, 교과를 지도할 때, 교사의 말로(청각), 글이나 그림으로(시각), 재료를 만지는(촉각) 기회를 제공하여 어느 정보 채널을 선호하는지 알아낼 수 있다.

넷째, 인지적 발달 수준이다. 인지적 발달 수준은 학생이 학습할 내용과 교수법에 영향을 주는 주요 요인으로 인지 발달은 유전, 성숙, 경험을 통해 계선적으로 발달하나 그 속도는 개인차가 있다. 인지적 발달 수준 정보를 얻는 데 있어 지능 검사는 학습부진아 지도에 큰 도움이 되지 못한다. 지능 검사와 같은 양적 검사로서 또래들과 비교하여 얻은 상대적 수치의 개념이기 때문이다. 구체적인 학습부진아 지도에 있어서는 Piaget의 질적 인지 검사가 더 유용한 정보를 제공한다.

인지 발달이 전조작기에 있는 학생은 물체 항상성(object permanence; 물체는 순간적으로 지각적 범위가 밖으로 옮겨도 그대로 존재한다) 개념과 물체 불변성(object constancy; 물체는 다양한 각도에서 조망되어도 같다)을 습득하지만, 그러나 속성들 간의 가역적 관계를 이해하기 어려워한다. 그러나 가역적 사고를 통한 보존 개념을 습득하여 크고 가벼운 물체는 물에 뜨고 작고 무거운 물체는 가라앉는 이유에 이해한다. 그리고 사물들을 다중적 차원(예: 모양과 색깔)을 사용하여 분류할 수 있다. 형식적 조작기에 있는 학생은 추상적 아이디어를 형성하고 미래에 대해 추론하며, 사실에 위배되는 명제를 효과적으로 다루며, 가설을 형성하고 검증할 수 있다.

인지발달 수준을 검사하는 형식적 검사가 있으나, 교사가 학급에서 비형식적인 검사와 관찰을 통해 판단할 수 있다. 예를 들어, 전조작기의 경우, 크기, 모양, 색깔이 다른 물체들을 제시하고 같은 것끼리 묶도록 요청한 후, 한 차원에만 의존하여 분류하면 아직 전조작기에 있다고 판단할 수 있다. 물체들을 다중적 차원에서 분류하고, 가역하고, 보존한다면 구체적 조작기에 있다고 판단할 수 있다. 그리고 추상적으로 사고하고, 가설을 형성하고, 연역적 추론을 하고 점검하면 형식적 조작기에 있다고 판단할 수 있다. 이런 인지발달 수준에 대한 정보는 학습부진 극복을 위한 처방적 교수의 과정에서 유용하게 사용할 수 있다.

다섯째, 자기 주도적 학습 능력이다. 학생이 자기가 할 일을 스스로 구조화하는 행동, 자신의 학습에서 스스로 책임을 질 능력, 집단 내에서의 협동하며 학습할 수 있 능력 등은 처방적 교수에서 중요하다. 이런 능력의 습득은 선택과 강화의 원리에 기초하여 이루어져야 한다. 학습부진은 교사의 개입도 필요하지만 종국에는 자기 주도적으로 학습할 능력을 필요로 한다. 학습부진아의 자기 주도적 학습 능력 향상에 대해서는 본 책의 마지막 장에서 자세히 살펴본다.

여섯째, 선호하는 강화 인이다. 학생이 선호하는 강화 인에 대한 정보는 학생들에 대한 처방적 교수를 시행하는 데 중요하다.

강화인은 3가지 종류가 있다(Stellern, Vass, & Little, 1976). 일차적 강화 인(primary reinforcers)은 삶을 유지시켜 주는 강화 인(예: 먹을 것)으로서 그 성격이 생리적이고 비사회적이다. 가장 낮은 수준의 강화 인이지만, 어떤 학생들에게는 가장 강력한 강화 인이 될 수 있다. 이차적 강화 인(secondary reinforcers)은 그 성격이 사회적이다(예: 미소, 칭찬). 삼차적 강화 인(tertiary reinforcers)은 개인 내적 강화 인으로 자긍심, 자존감 등과 같이 자신의 심리적 존재와 관련이 있다. 학생들은 인지발달 수준에 따라 그리고 개인별 취향에 따라 선호하는 강화 인이 다를 수 있다. 학생이 선호하는 강화 요인을 찾고자 할 때는 다음과 같은 평가를 실시한다.

· 어떤 것이 학생의 행동을 강화하고 있는지 관찰한다.
· 학생에게 가장 얻고 싶은 것, 하고 싶은 것을 질문한다.
· 여러 가지 강화 옵션들을 제공하고 선택하도록 한다.

이상과 같이 학생의 학업적 환경과 보조 정보는 다음과 같은 양식을 사용하여 기록하고 관리할 수 있다.

학생: _____

학습 활동: _____

　　교과 수업 시간(　v　) 또는 개별 학습 (　　　　)

관찰 일시: ____년 ____월 ____일 ____시 ~ ____시까지

관찰자: _____ 수석교사

담임 교사: _____

---

1. 학습 참여 시간

관찰 회	1	2	3	4	5	6	7	8	9	10	11	12	13	14	15	계	백분율
AET																	
PET																	
OFT-V																	
OFT-M																	
OFT-P																	

※ AET: 능동적 참여, PET: 수동적 참여, OFT-V: 언어적 학습 이탈, OFT-M: 행동적 학습 이탈, OFT-P: 수동적 학습 이탈

2. 교사의 피드백

구분	강화로서의 피드백	정보로서의 피드백	총 피드백 수
빈도			
백분율			

3. 학생의 학습 반응 기회

구분	1교시	2교시	3교시	4교시	5교시	6교시	총 반응 기회 부여 수
빈도							

4. 보조적 정보

구분	특징
신체적 요인	
주의집중 요인	
선호하는 정보처리 채널	
인지적 발달 수준	
자기 주도적 학습 능력	
선호하는 강화 인	

[그림 2-1] 학생의 학업 정보 기록 양식

지금까지의 교육과정 기반 평가는 교사에게 수고로움을 제공하지만, 학습부진 개입에 효율적이고 유용하다. Shapiro(1996, p. 63)는 그 배경을 다음과 같이 제시하고 있다.

① 사전 배치 평가를 제공하기 위한 효과적인 수단으로 기능한다.

② 학생이 적절한 교육과정 재료 수준에 배치되어 있는지 결정한다.

③ 학습부진 문제를 교정하기 위한 전략을 개발하는데 도움이 된다.

④ 학생의 학업 수행을 증진시킬 수업 환경의 변화에 시사점을 제공한다.

⑤ 개별화 교육 계획을 설정하는 하나의 수단을 제공한다.

⑥ 학생의 학업 수행 진보를 점검하는 방법을 제공한다.

⑦ 개입이 효과적인 때와 그렇지 못한 때를 결정하는 방법을 제공한다.

⑧ 교육과정 상 학생이 성취하기로 기대되는 것을 평가한다.

⑨ 학습부진아들을 선별하는 잠재적 전략의 하나로 기능한다.

⑩ 학습부진의 적격성 판단에 있어 교사와 학습부진아 교육 담당자에게 책무성을 제공한다.

2. 처방 단계

진단 단계에서 학생의 학습부진 상황과 학업 환경과 보조적 정보를 습득한 후에는 처방 단계로 들어간다. 학습부진에 기저 하는 역동성은 학생들마다 다르기 때문에, 학습부진아 개인의 특정한 요구와 문제에 맞추어 처방적 개입을 해야 한다. 변화시킬 표적행동을 구체적으로 명시하고, 지도의 초점도 그 표적 행동의 기능 향상에 직접적으로 두어,

행동적 평가를 통해 객관적으로 검증한다. 처방은 다음 단계를 거친다.

가. 준비 면담

예비 면담을 통해 학생부진아의 학교 상황에 대한 변화 요구와 의지에 대해 토론한다. 예비 면담 시 교사는 Glasser(1969)의 학습부진 극복의 세 가지 원리를 유념한다.

첫째는 학생의 현재 학습 상황과 관계없이 무조건적으로 수용하는 것이다. 그랬을 때 학생과 교사 간의 인간적 관계가 형성된다.

둘째는 학생에게 학교에서의 학습 상황을 변화시킬 필요성을 인지시키는 것이다. 즉, 학생이 변화를 필요로 하는 학교생활의 측면을 인식시키고 그 상황을 변화시킬 마음을 갖도록 하는 것이다.

셋째는 학생이 스스로 바람직한 변화를 이끌도록 개인적 책무성을 갖도록 한다. 교사는 그 변화를 도울 뿐 그 변화를 실제로 만드는 것은 학생 본인의 책임이라는 것을 인식시킨다.

교사는 학생에게 학습부진 극복을 위한 처방 프로그램의 성격을 설명하고 참여할지의 여부를 묻는다. 우선적으로 공략해야 할 문제를 함께 도출하고 처방의 초점을 설정한다. 학생의 동의가 있으면 교사와 학생은 목표 달성을 위해 공동 책임을 지기로 합의한 후, 교사와 학생의 역할을 명시한 계약서를 매주 작성할 것이라고 이야기 해 준다. 면담과 그에 따른 처방의 초점은 주별로 다음 세 가지 중의 하나 또는 그 이상으로 설정한다(Butler-Po, 1987).

첫째, 학업 영역이다. 학생이 학습부진을 보이는 교과 영역에서 학습의 변화가 필요한 부분에 초점을 맞추어 이야기를 나눈다. 예를 들어,

숙제를 해 오지 않아 이에 대한 처방이 필요한 경우, 학습부진이 나타나는 교과 영역에 대해 최선을 다해 숙제를 해 오도록 하는데 초점을 둔다. 그리고 학생이 흥미를 보이는 영역에 대해(예: 반려동물, 우표 수집, 좋아하는 스포츠, 춤, 모델 빌딩 등) 이야기를 듣고 추후 학급에서 이야기할 기회를 준다. 아울러 어떤 교과의 특정 내용이나 흥미 있는 토픽을 선정하여 특별 프로젝트를 수행하도록 한다.

둘째, 사회적 관계 영역이다. 교사 또는 친구들과의 사회적 관계 차원에서 긍정적인 변화가 필요한 부분에 대해 초점을 맞추어 문제점과 변화 방법에 이야기를 나눈다. 그리고 추후 친한 친구와 함께 학급 활동에 기여할 기회를 준다. 예를 들어, 친구와 함께 특정 프로젝트를 수행하고 그 결과를 함께 발표하도록 하거나, 특정 교과 수업에 필요한 시청각 자료를 만들도록 하거나, 취미 분야에서 작은 전시회를 갖도록 하거나, 학교 행사, 콘서트, 소풍, 스포츠의 날 등의 활동을 계획하고 조직하는데 참여시킨다. 이런 활동을 통해 학습부진을 인해 사회적 '외톨이'가 될 수 있는 상황을 극복하도록 한다.

셋째, 개인적 행동 영역이다. 학생이 학습부진에 수반하는 부적절한 행동들에 초점을 맞추고 수정할 목표와 방법에 대해 이야기를 나눈다. 예를 들어, 학급 내에서 소란을 피우지 않기, 학급이나 운동장에서 다른 학생들을 방해하거나 괴롭히지 않기, 학교에 지각하지 않기 등에 대해 이야기를 나눈다.

교사는 준비 면담 종료 시점에는 학습부진아의 주별 만남을 계획한다. 다음 주에 만날 때 변화시킬 과제를 구체적으로 설정하고, 그것을 이행하기 위해 학습 계약서를 작성하고 변화하는 노력을 교사와 함께 펼쳐나갈 것임을 알려 준다. 아울러 학습부진아의 부모와 면담도 실시한다. 학습부진은 불우한 가정 및 또래 관계에 연합되어 있기 때문에, 부모와의 면담을 통해 학생 개인과의 면담을 통해 얻을 수 없는 정보를 얻고, 부모와의 의사소통을 라인을 구축하여 학습부진아 지도에 교사와 교육 협력 파트너 십을 구축한다.

나. 표적 행동 설정

준비 면담을 통해 학생부진아와 함께 학생의 학교생활에서의 변화 필요성에 동의 한 후, 가장 먼저 변화시킬 행동, 즉 표적 행동을 설정한다. 예를 들어, 학업 영역인 경우 읽기나 수학 계산 능력의 향상을, 사회적 관계 영역일 경우 친구 사귀기나 소집단에서 협동하기를, 개인적 행동 영역인 경우 학교에 지각하지 않기나 수업 시간에 자리를 이탈하지 않기 등을 설정한다.

표적 행동을 설정할 때는 다음 세 가지 접근 중의 하나 또는 그 이상을 종합하여 결정한다(Shapiro, 1998).

첫째, 규범적 데이터(normative data)를 사용하여 선정하는 것이다. 즉, 또래들에게는 분명히 나타나는 규범적 행동인데 학습부진아에게는 나타나지 않는 행동을 선정하는 것이다.

둘째, 학습부진아가 여러 가지의 방해적 행동을 할 때, 교사에게 가장 힘들고 괴로운 행동이나 다른 학생들에게 가장 심각하게 방해가 되는 행동을 선정하는 것이다.

셋째, 학습부진아 개인의 학업이나 심리적 또는 신체적 안녕에 문제가 되는 행동을 선정하는 것이다.

아울러 교사는 다음 세 가지를 이해하고 있을 때 표적 행동을 보다 효과적으로 선정하고 개입의 효과도 보다 수월하게 얻을 수 있다.

첫째는 학습부진아의 행동 중, 감소시킬 필요가 있는 부정적 행동보다는 증진시킬 필요가 있는 긍정적 행동을 우선적인 표적 행동으로 선정하는 것이다(McFall, 1976). 그 이유는 학습부진아의 긍정적 행동을 증진시키면 그것이 동반하는 외적 보상과(예: 교사나 친구의 칭찬) 내적 보상(예: 자긍심)이 부정적 행동을 감소시키는데 동기를 제공해 주기 때문이다.

둘째는 학업 영역에서의 문제를 사회적 관계 영역이나 개인적 관계 영역보다 우선해서 표적 행동으로 설정하는 것이다.

Hoge & Andrews(1987)가 교사들의 표적 행동 설정에 대한 연구들을 검토한 결과, 바람직하지 못한 사회적 관계 영역이나 개인적 행동 영역과 같은 비학업적 영역보다는 학업 영역에 표적 행동을 설정한 경우가 학습부진 극복에 보다 직접적으로 영향을 미친다는 것을 발견했다. 셋째는 비학업적인 문제의 경우에는 표적 행동이 비교적 쉽게 지각되어 설정될 수 있지만, 학업적 문제의 경우에는 표적 행동을 선정하는 일이 생각보다 쉽지 않다는 것이다. 그 이유는 학업적인 문제의 경우는 그 문제의 성격이 보다 복잡하기 때문이다. 예를 들어, 어떤 학생이 읽기에 심각한 문제를 보일 경우, 읽기 행동은 매우 복잡한 것이기 때문에 개입할 특정 기능의 선정이 어렵다. 그리고 학업적 문제의 특정한 하위 기능을 교정한다고 해서 그 학업적 문제 전체가 해결되는 것은 아니기 때문이다(Arter & Jenkins, 1979).

다. 과제 분석

표적 행동이 설정되면 과제 분석(task analysis)에 들어간다. Stellern, Vasa, & Little, 1976. p.211)는 과제 분석이란 표적 행동과 관련하여 "학생의 현재 관찰된 행동 수준에서 종착 행동에 도착하기까지의 계선적 단계를 확인하는 것"이라고 정의했다. Gagnē & Briggs(1979)는 학습위계를 작성하는 일을 학습과제 분석(learning task analysis)이라고 부르며, 학습과제 분석은 근본적으로 질문식 접근으로 진행된다고 보았다. 우선 "종착 행동을 학습하는데 기본이 되는 더 단순한 행동은 무엇인가?"라는 질문을 한다. 그리고 이 질문은 계속되어 현재 학생이 학습하고 있는 수준까지 내려간다. 따라서 과제 분석은 학생이 최종적으로 성취해야 할 목표를 구성 요소들로 잘게 나누고 논리적 계선에 따라 그 요소들을 정렬하는 일이라고 할 수 있다.

종착 행동은 학업 영역의 경우는 그 기준이 해당 학년 교과의 성취 수준이 될 것이며, 비학업적 영역의 경우는 그 기준이 학급에서 바람직한 행동을 보이는 학생들의 수행 프로파일 수준이 된다. 학자들은 비학업적 영역의 이 기준을 형판(template)이라고 부르며, 학습부진아가 그 형판과 비교하여 떨어져 있는 간격을 줄여 일치를 도모하는 것을 형판-일치 개입 전략(template-match intervention strategy)라고 명명했다 (Hoier & Cone, 1987; Cone & Hoier, 1986, Hoier, McConnell, & Pallay, 1987).

예를 들어, 사회적 기능이 부족한 3학년 학생(표적 학생)을 교정하기 위한 노력은 사회적 기능이 우수한 3학년 모범학생의 행동과 비교하여 차이가 나는 행동들을 과제 분석을 통해 나열하고, 현재 모범학생이 보이는 행동 수준을 표적 학생의 종착 행동으로 선정한 후, 표적학생의 형판이 모범학생의 형판과 차이가 나지 않도록 하는 것이다.

    Ager & Shapiro(1995)는 장애를 가지고 있는 학생들이 영유아 보육 기관에서 유치원으로 순조롭게 진학하도록 돕기 위해 다음과 같은 절차로 형판-일치 전략을 사용하였다.

    먼저 보육 기관에서의 장애아들이 현재 보이는 행동들의 형판과 입학하기로 예정된 유치원에서 장애가 없는 일반 유치원 학생들에게 기대되는 행동들에 대한 형판을 구성했다. 그리고 이 두 형판의 차이를 사용하여 개입 프로그램들을 개발하여 실행하였고, 그 결과는 유치원 입학 후 학업과 생활 적응 면에서 효과적이었다.

    학생의 학습 영역에 대한 과제 분석은 해당 교과 교육과정에서 학년별로 성취해야 할 교과 기능의 위계를 잘 정렬해 놓고 있기 때문에 교사는 그 위계를 참고하여 작성하면 보다 수월하게 과제 분석을 할 수 있다. 그러나 사회적 관계영역이나 개인적 행동 영역은 그런 참고 자료가 없어 교사의 세심한 과제 분석이 필요하다. 이를 위해서는 올바른 과제 분석의 특징에 대한 이해를 필요로 하는데, Stellern, Vasa, & Little(1976)는 그것을 다음과 같이 제시하고 있다.

- 시작 단계들로부터 최종 단계에 이르기까지 단계별로 성취해야 할 목표들을 계선적으로 정렬한다.
- 학생이 밟아야 할 중요 단계들만 언급한다.
- 성취해야 단계별 목표들을 행동목표로 단순하고 분명하게 진술한다.
- 다른 사람들도 과제 분석의 계열을 이해하고 실제로 그 계열을 밟을 수 있도록 상식적으로 진술되어야 한다.
- 불필요한 단어들을 사용하여 혼란을 일으켜서는 안 된다.

· 단계들의 정렬에서 간격이 크게 있어서는 안 된다. 왜냐하면 큰 간
  격들은 종착 행동에 계선적으로 도달하는데 필요한 주요 단계들을
  놓칠 수 있게 만들기 때문이다.

학자들은 학습부진 지도를 위한 과제 분석 시, 성취해야 할 단계별
요소 목표들은 모두 행동목표(behavioral objective)로 진술할 것을 주장
한다. 행동목표는 행동주의 학습 심리학자들이 주장하는 목표의 형태로
써 객관성을 강조하는데, 다음 두 가지의 주요 특징을 지닌다. 첫째, 학
습자가 목표를 성취했다는 것을 외부로 보여 객관적으로 측정이 가능하
도록 행동적인 용어로 진술한다는 것이다. 둘째, 목표 행동이 성취되었
다는 평가 준거를 포함한다는 것이다. 그 평가 준거는 시간(예: 10분 내
에), 정확성(예: 90%의 이해), 난이도 수준(예: 2학년 수준 읽기 재료)이
라는 세 개념을 포함한다.

그리고 행동목표가 진단-처방 교수 모델에서 중요한 이유는 첫째,
개입의 방향을 정해주기 때문이다. 즉, 교사가 어디서 개입을 진행시킬
지에 대해 집중시키도록 해 주고, 개입의 시행착오를 줄이고, 개입 과정
을 체계적인 것이 되도록 해 준다. 둘째, 개입 성공의 증거를 얻기 위해
서이다.

다음은 행동목표 진술의 바른 예와 바르지 못한 예이다(Stellern,
Vasa, & Little, 1976, p.204).

[바른 행동목표 진술의 예]
· 2학년 수준의 읽기 자료에서 5페이지를 20분 동안 읽고 교사의 독
  해 질문에 95% 이상 정확하게 답한다.

[바르지 못한 행동목표 진술의 예]
· 1학기가 끝난 후에 글을 잘 읽는다.

Stellern, Vass, & Little(1976)은 행동목표는 과제 분석과 상보적 관계에 있다고 본다. 그래서 행동목표가 단순하면 과제 분석도 단순하고 행동목표가 복잡하면 과제 분석도 복잡해진다. 일반적으로 학습부진아 지도에서는 단순한 행동목표를 사용하여 과제 분석도 복잡하지 않도록 하는 것이 효과적이다. 그리고 행동목표와 과제 분석은 여러 측면에서 조작적으로 유사하다고 본다.

첫째, 양자는 모두 개입을 위해 체계적인 방향을 제시한다는 것이다. 행동목표는 개입의 목표를 확인해 주고, 과제 분석은 목표에 이르는 주요 요소들을 확인하고 정렬해줌으로써 양자는 모두 개입의 방향을 제시한다.

둘째, 양자는 모두 개입이 정교화 되는 기초를 제공한다는 것이다. 행동목표는 개입의 기본적인 방향 정보 및 개입 성공을 증거 할 준거를 제공해 주고, 과제 분석은 목표에 이르는 주요 요소들과 학습자에 대한 정보에 기초하여 개입의 진입 수준(entry level)을 확인해 준다.

셋째, 양자는 모두 기초선 측정과 함께 진단-처방 과정에 자연적인 책무성 체제(built-in accountability system)를 제공한다는 것이다. 행동목표는 수용한 가능한 수행의 준거들을 명시하고, 이 준거들은 개입 성공이 이루어진 지점을 적시한다. 그리고 과제 분석에서 제시된 단계별 개입 진행은 행동목표에 기초하여 측정된다. 그 결과 개입의 성공 여부를 기록하기 위해 양자는 교사와 학생에게 책무성의 완수 여부를 공시해 준다.

한편, 행동목표와 과제 분석은 여러 측면에서 상이하기도 하다.

첫째, 행동목표는 그 자체로서 기능할 수 있지만, 과제 분석은 그 태생과 의미에 있어 행동목표에 의존하고 독립적으로는 존재하지 않는다.

둘째, 행동목표는 효과적인 실행을 위해 핵심적 요소들을 가지고 있지만, 과제 분석은 그런 요소들을 가지고 있지 않다. 과제 분석이 실행적 차원에서 지닌 단 하나의 요구 사항은 요소적 단계들이 학습의 진행을 방해할 수 있는 개념적 간격이 없도록 요소들이 충분히 잘게 계선적으로 나뉘어 져야 한다는 것뿐이다.

셋째, 과제 분석은 행동목표와는 달리 절대적으로 옳거나 틀린 방식이 없다. 단지 자연스럽게 목표로부터 유도되고, 큰 간격이 없이 계선적이어야 하고, 성격상 상식적이어야 한다는 것뿐이다.

다음은 학업 영역에서 수학 교과의 정수 뺄셈 학습을 과제 분석한 예이다(Gredler, 2001, p.144). 맨 위의 (XI)의 "모든 크기의 정수 뺄셈을 하기"가 종착 행동이고, 교사는 학습부진아의 현재 위치를 파악하여 위계를 밟아 처방적 개입을 한다.

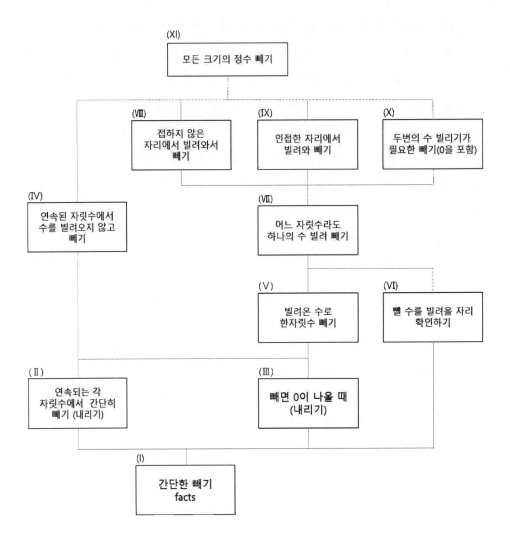

[그림 2-2] 수학과 정수 뺄셈 과제 분석

출처: Gredler(2001). p.144

다음은 비학업적 영역에서의 과제 분석 예이다. 교사가 학교 공포증으로 학교에 등교하기를 거부하는 6세 여아에게 개입하기 위해 1차적인 종착 행동의 목표를 "학교에 등교하여 30분 동안 자기 자리에 앉아 있기"로 정하고, 이를 성취하기 위해 과제 분석한 예이다(Stellern, Vass, & Little, 1976, p.217-8).

· 종착 목표
  - 등교하여 30분 동안 책상에 앉아 있기
· 과제 분석
  - 8시를 알리는 알람에 맞추어 집을 나서기
  - 어머니와 함께 학교를 향해 반쯤 걸어가기
  - 어머니와 함께 학교 정문을 통과하기
  - 어머니와 함께 교실 문 밖에 도착하기
  - 어머니와 함께 교실 안에 있는 친구에게 인사하기
  - 친구와 함께 교실 안으로 걸음을 내 디디기
  - 친구의 안내로 자기 자리를 찾아 앉기
  - 자기 자리에 10분 동안 앉아 있기
  - 자기 자리에 20분 동안 앉아 있기
  - 자기 자리에 30분 동안 앉아 있기

라. 기능적 분석

기능적 분석(functional analysis)이란 진단 단계에서 이루어진 학업적 환경에 대한 평가 정보를 바탕으로 교사가 학생의 표적 행동을 통제

하는데 있어 영향을 줄 수 있는 요인들과 그 요인들 간의 관계를 파악
하는 것이다. 기능적 분석이 필요한 이유는 교사가 개입을 했을 때 그
개입의 효과를 저해할 수 있는 요인들은 제거하는 동시에 개입의 효과
를 증진시킬 수 있는 요인들로부터는 도움을 받기 위함이다. 예를 들어,
숙제를 해 오지 않는 학습부진아의 학업적 환경을 평가한 결과, 학생이
가정 형편 상 학생이 부모의 일을 거들어 주느라 학습할 시간을 갖지
못했던 것이 파악되면, 부모와 면담을 통해 학생의 학습 시간 확보에
장애가 되는 일을 제거해 주는 조치를 내리면서 개입을 하는 것이다.
이와는 반대로 어떤 학생이 주의 집중 문제로 학습부진이 발생하고 있
다면, 부모와의 면담을 통해 지역의 의사로부터 학생의 주의 집중 문제
에 대한 의학적 처방을 받을 수 있도록 협력적 조치를 취하여, 교사의
처방적 개입의 효과를 향상시키는 것이다.

표적 행동에 대한 기능적 분석은 개입에 동반되어 실행에 옮겨지면
표적 행동의 향상으로 귀결될 것이라는 가정을 갖고 이루어진다.

Mace, Yankanich, & West(1988)은 8세의 중도 정신박약을 보이는
여학생의 강박적 반응(stereotypic behavior)을 치료하기 위해 강박적
반응을 하게 만드는 요인들에 대한 데이터를 수집하고, 가설을 세우고,
그 가설의 진위를 평가했다. 그리고 개입 시 기능적 분석을 통해 나타
난 필요 조치들을 동반시킨 결과 큰 효과를 얻을 수 있었다. Mace &
Knight(1986)는 19세의 정신박약을 보이는 남학생의 이식(異食) 행동
(pica behavior)을 치료하기 위해 기능적 분석을 하였다. 학생은 의사의
이식 행동 감소를 위한 처방에 따라 안면 보호대가 있는 보호 헬멧을
쓰고 있었는데, 학생의 이식 행동은 이 헬멧 착용과 관계가 있을지 모
른다는 가설을 세우고, 관찰을 한 결과 이 학생은 헬멧을 착용하지 않

은 상태에서 교사 및 친구들과 상호작용을 할 때 이식 행동이 가장 감소하는 것으로 나타났다. 이에 따라 개입 시 헬멧을 쓰지 않고 상호작용하도록 조치하자, 이식 행동을 상당히 줄일 수 있었다.

Dunlap, Kern-Dunlap, Clarke, & Robbins(1991)은 학습 일탈행동을 보이는 12세의 초등학교 학생을 지도하기 위해 여러 가지 가설을 세우고 기능적 분석을 하였다. 그 결과 이 학생은 학습 활동 시 대근육 활동(gross-motor activities)에 선택권을 가지고 참여하도록 할 때 효과적일 것이라는 시사를 얻었다. 이를 바탕으로 교사는 ① 소근육 활동(fine-motor activities)은 대근육 활동을 할 때 산재되도록 하였고, ② 가능한 한 학생이 활동들을 선택하도록 하였다. 그 결과 개입이 시작된 지 30일 간 일탈행동은 단 한 번만 발생했고, 개입이 종료된 후, 10주 동안에 일탈행동은 단 한 번도 나타나지 않았으며, 그 외 적절한 사회적 행동은 증가했고 부적절한 일탈 행위는 줄어들었다.

마. 기초선 설정

기초선(baseline)이란, 표적 행동에 대한 과제 분석에서 현재 학생이 보이고 있는 행동 수준을 말한다. 기초선은 학습부진 개입에서 두 가지 역할을 한다. 하나는 개입의 성공 확률을 높이고 개입에 따른 책무성의 참조 점(accountability referent)으로 역할을 한다. 또 하나는 개입의 실패 원인을 찾도록 해 준다. 대개 개입 실패는 과제 분석이 너무 넓거나 강화의 방법이 부적절할 경우에 나타난다.

기초선의 설정은 표적 행동이 현재 나타나는 빈도, 비율 또는 기간을 계산하여 설정한다. 표적 행동이 추상적인 개념의 습득이라도(예: 사랑, 위험, 신념 등) 관찰 가능하고 측정 가능한 행동 용어로 진술하여 계산한다. 표적 행동을 계산할 때는 계수기나 계수 표(tally sheet)를 사용하고, 그 기록은 2차원 격자 표(grid)를 사용하여 그래프화하면 편리하다.

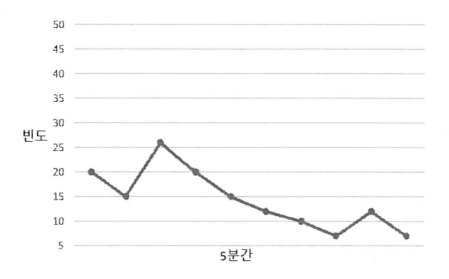

[그림 2-3] 기초선 그래프

출처: Stellern, Vasa, & Little(1976). p.25

[그림 2-3]은 2차원 격자 표에서 Y축의 경우는 표적 행동의 빈도를, X축은 그 빈도가 측정된 기간으로 하여, 기초선과 개입에 따른 진보 상황을 보여준다(Stellern, Vasa, & Little, 1976, p.250).위 그래프에서 표적행동인 읽기 오류의 시작점인 20개가(5분 읽기 동안) 기초선임을 보여준다. 그 후 개입 도중에 표적 행동을 측정한다. 표적 행동이 향상되

고 있으면 개입이 효과가 있음을 시사하고 그 개입은 계속되어야 한다는 것을 제시하고, 표적 행동이 향상되지 못하거나 퇴보하게 되면 개입 전략을 수정해야 한다는 것을 제시한다.

위 그래프에서 표적 행동인 읽기 오류가 감소하고 있는 추세에 있으므로 개입은 성공적이라는 것을 시사한다. 그리고 개입 종료 후에 표적 행동을 측정하여 성공 여부를 판단한다. 위 그래프에서 표적 행동이 기대했던 수준으로 감소함에 따라 개입이 성공적이었음을 시사한다.

기초선 및 표적 행동을 계산하기 위해서 시간 표집법이 사용된다. 시간 표집법은 표적행동이 나타날 때마다 빈도를 측정하는 일이 쉽지 않은 경우가 많아 유용한 방법이다. 특히 빼먹고 읽기, 자리이탈 하기, 혀짤배기 소리 내기 등과 같이 높은 빈도로 나타나는 표적행동의 경우에 그러하다. 표적행동이 정기적으로 높은 빈도를 가지고 나타날 경우 매번 발생할 때 마다 계산하지 않고 보다 용이하게 정보를 얻는 시간표집법으로 3가지가 있고, 표적 행동이 비정기적으로 낮은 빈도를 가지고 나타날 경우에는 계수 샘플링이 있다.

첫째, 무작위 시간 샘플링(random time-sampling)이다. 무작위적으로 일정 시간 동안(예: 1분) 계산하고, 하루에 몇 번 시행하여 발생 빈도의 평균을 낸다.

둘째, 고정 시간 샘플링(fixed time-sampling)이다. 하루에 몇 번 고정된 시간대(예: 10:00-10:05, 13:15-13:20, 14:05-14:10 등) 그 시간 동안 빈도를 측정하고 평균을 낸다.

셋째, 고정 시간 내 무작위 시간 샘플링(random within fixed time-sampling)이다. 하루에 몇 번 고정된 시간대(time period)(예: 10:00-10:05, 13:15-13:20, 14:05-14:10 등)를 선정하고, 그 고정된 시간대

내에서 무작위로 측정 시간을 정하고(예: 1분), 빈도를 측정한다(예: 10:00-10:05 시간대 중에서 10:01-10:02 동안 계산). 그리고 여러 시간대에서 빈도를 측정하고 평균을 낸다.

넷째, 계수 샘플링(tally sampling)이다. 앞의 3가지는 표적행동이 정기적으로 매우 높은 빈도를 가지고 나타날 경우에 쓰이나, 만약 표적행동이 비정기적으로 낮은 빈도를 가지고 나타날 경우(예: 비정기적인 싸움이나 욕설 등), 표적행동이 나타날 때마다 계수하여 기록한다. 평균을 낼 필요가 없으면 하루 또는 일주에 일어났던 계수의 합이 그 시간대의 표적 행동이 발생한 총 빈도로 사용된다.

기초선 및 표적 행동의 측정 단위는 네 가지가 있다. 첫째, 빈도(frequency)이다. 빈도는 자리 이탈하기, 싸움하기, 발로차기 등과 같이 표적행동이 분별적인 경우에 적절하다. 빈도 측정은 다음 단계를 밟아 이루어진다. ① 적절한 시간표집 방법을 선택한다. 대개 낮은 빈도로 나타나는 행동의 경우엔 계수 표집법을, 높은 빈도로 나타나는 행동의 경우엔 무작위 표집법을 선택한다. ② 표적 행동을 관찰하는 시간대(time period)를 적절히 선택한다(예: 5분). ③ 관찰 시간대에 발생하는 표적행동의 빈도수를 계산한다. ④ 격자표(grid)에 기록한다.

다음은 Betty라는 학생의 표적 행동(교사의 허락 없이 말하기)에 대한 기초선 측정 예이다(Stellern, Vasa, & Little, 1976, p.253).

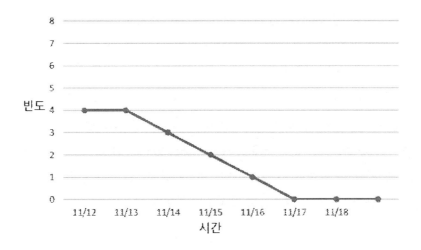

[그림 2-4] 기초선 측정(빈도)

출처: Stellern, Vasa, & Little(1976). p.253

Betty의 예에서 교사는 개입 전 하루에 여러 번 며칠 동안에 걸쳐 표적행동의 평균 빈도를 내었다(그래프의 △표시 부분). 그리고 11/16일에 개입이 종료되었고, 그 후에도 몇 번 빈도를 기록한 결과, 그 효과가 계속 유지됨을 발견할 수 있다.

둘째, 비율(rate)이다. 빈도의 경우와 같이 표적행동이 분별적인 경우에 적절하다. 다만, 일정 시간대에 이루어진 빈도를 그 시간으로 나눈 수치를 변인으로 한다. 따라서, 비율은 평균 빈도 값으로서 빈도보다 더 강한 기초선 측정이 된다. 시간대가 짧으면(예: 1분, 5분, 1시간 등) 효과적이어서, 종종 학급의 학습 활동을 기초선화(baselining) 하는데 유용하다.

다음 단계를 밟아 기초선 측정이 이루어진다. ① 적절한 시간표집 방법을 선택한다. 대개 고정 시간 표집법(fixed time sampling)을 선택한다. ② 표적 행동을 관찰하는 시간대를 적절히 선택한다. ③ 관찰 시간대에 발생하는 표적행동의 빈도수를 계산하고 경과된 시간대수로 나눈다. ④ 격자표에 기록한다.

다음은 Corine이라는 학생의 표적 행동(읽기 속도)에 대한 기초선 측정 예이다(Stellern, Vasa, & Little, 1976, p.254). 관찰이 세 번 이루어졌고 각 관찰 시간대는 5분, 4분, 8분이었다. 읽은 단어의 수를 관찰 시간으로 나누어 3회에 걸쳐 분당 평균 읽은 단어 수, 각 100, 90, 100 단어를 계산하여 읽기 속도 측정치로 삼았다.

날짜	책	단어 수	시간	분당 읽기비율
11/1	책 A 3-5쪽	500	5분	100
11/8	책 A 5-7쪽	360	4분	90
11/15	책 A 7-9쪽	800	8분	100

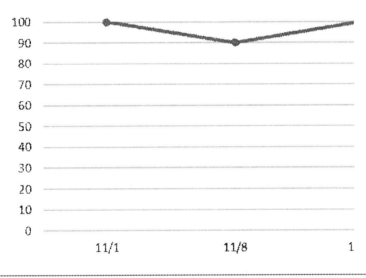

Corine의 분당 읽기 비율 변화

[그림 2-5] 표적행동에 대한 기초선 측정(읽기 비율)

셋째, 퍼센트(percentage)이다. 표적행동이 학생의 학습 진보의 증거인 경우 적절하다. 예를 들어, 학업 수행의 정확도로 퍼센트 단위가 사용될 수 있다. 다음 단계를 밟아 기초선 측정이 이루어진다. ① 적절한 시간 표집법을 선택한다. 대개의 경우 계수 표집법(tally sampling)을 선택한다. ② 표적 행동을 관찰하는 적절한 시간대를 선택한다. ③ 정확한 반응의 빈도를 계산하고 기록한다. 아울러 부정확한 반응까지 포함한 전체 빈도도 계산하고 기록한다. ④ 정확한 반응 빈도를 전체 반응 빈도로 나누고 100을 곱하여 퍼센트를 구한다. ⑤ 격자표에 기록한다.

다음은 Betsy이라는 학생의 표적 행동(두 자리 수 덧셈 문제 풀기)에 대한 기초선 측정 예이다(Stellern, Vasa, & Little, 1976, p.255).

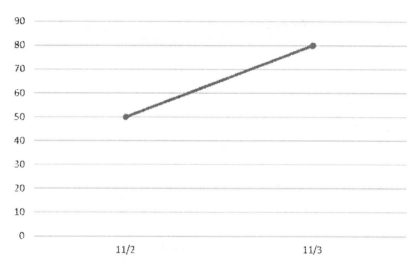

[그림 2-6] 표적행동에 대한 기초선 측정(퍼센트)
출처: Stellern, Vasa, & Little(1976). p.253

Betsy는 11월 2일에 10문제 중 5문제를 정확하게 풀어 50%가 기초선이었다. 11월 3일에 10문제 중 8문제를 풀어 80%로 계산 능력이 향상되고 있음을 나타내고 있다.

다음은 퍼센트를 측정 단위로 삼은 두 번째 예로서 주의 집중이 산만한 학생의 표적 행동을 "워크시트와 눈 맞추기"로 정의하고 기초선을 측정한 예이다(Stellern, Vasa, & Little, 1976, p. 255). 하루에 5분 단위로 5회에 걸쳐 한 번 빠르게 관찰하고, 워크시트와 눈을 맞추고 있으면 +로(주의 집중), 그렇지 않으면 o으로(부주의)표시하였다. 주의 집중한 빈도(4회)를 관찰한 횟수(5회)로 나누고 100을 곱하여 80%라는 수치를 기초선으로 얻었다(관찰 횟수의 80%를 주의 집중함). 이렇게 시간에 기초한 퍼센트 추출은 교사로 하여금 표적행동을 기록하기 위해 계속적으로 관찰하지 않고 주어진 시간에 한 번 빠르게 관찰함으로써도 측정과 기록을 충분히 가능하게 한다는 이점이 있다.

<표 2-1> 기초선 측정(시간)

시간	반응
9:00	+
9:05	0
9:10	+
9:15	+
9:20	+
시간 %	80%

넷째, 기간(duration)이다. 퍼센트 계산 절차의 한 변형으로, 표적행동이 빈번하게발생하지는 않으나 장기간 지속되는 경우(예: 손가락 빨기)에 적절하다. 표적행동에 임한 시간의 양을 측정하고 기록하기 위해 초시계가 필요하다. 다음 단계를 밟아 기초선 측정이 이루어진다. ① 적절한 시간표집 방법을 선택한다. 대개 고정 시간 표집법을 선택한다. ② 표적 행동을 관찰하는 시간대를 적절히 선택한다. ③ 표적행동에 임한 시간의 양을 측정한다. ④ 학생 관찰에 경과된 시간의 양을 측정한다.

⑤ 표적행동에 임한 시간을 관찰에 경과된 시간으로 나누고 100을 곱하여 퍼센트를 구한다. 어떤 학생을 15분 동안 관찰했더니 손가락 빨기에 10분을 사용했다면, 그의 퍼센트는 약 67%로 기초선 측정치이다. ⑥ 격자표에 기록한다.

다음은 학습부진아의 읽기와 수학 지도에서 개입을 위해 기초선을 측정한 예이다(Stellern, Vasa, & Little, 1976, p.256-9).

첫째, 읽기에서의 기초선 측정은 단어 인식(word recognition), 낭독(oral reading), 독해(reading comprehension)의 세 가지 요소적 능력을 기초선으로 측정하고 지도하는 예이다.

단어 인식 능력의 경우, 다음과 같은 순서를 밟는다.

① 지도할 단어 목록을 만들고, 제시 순서를 정한다. 그 순서는 교육과정에 나타난 순서를 따른다.

② 단어 인식 교수(단어를 바르게 읽고 뜻을 알기)를 시작한다. 아래 그림의 예에서 우측 칸을 보면 11월 3일에 시작한 것을 나타낸다.

③ 바르게 인식한 경우는 그 단어에 +표, 인식하지 못한 경우는 0표하고, 정확하게 인식한 단어의 비율을 퍼센트로 나타낸다. 아래 그림 예에서 11월 3일의 경우, 5개 단어 중 1개를 인식하여 단어 인식 능력은 20%가 된다.

④ 세 번 이상 정확히 연속적으로 인식한 경우는 ---로 표시한다. 아래 그림 예에서 his라는 단어의 경우, 11월 6일부터는 ---표시가 기록되어 있다. 따라서, 이 단어는 더 이상 지도하지 않아도 된다는 것을 의미한다.

<표 2-2> 기초선 측정(단어 인식 능력)

수	단어	반응				
		11/3	11/4	11/5	11/6	11/7
1	his					
2	live					
3	was					
4	street					
5	just					
정답률(%)						

낭독 능력의 경우, 다음과 같은 순서를 밟는다.

① 기초선 측정은 낭독에서의 오류를 확인한다. 오류는 단어 치환(substitution), 단어 생략(omissions), 단어 오발음(mispronunciation), 단어 사이에 5초 이상 머뭇거리기의 4가지로 정의한다.

② 적절한 시간 표집 방법을 선택한다. 대개 고정 시간 표집법을 사용한다.

③ 표적행동(낭독)이 관찰될 적절한 시간대를 선택한다.

④ 개입 전 표적 행동의 빈도를 설정한다. 아래 표와 같은 낭독 기록지를 마련한다.

<표 2-3> 기초선 측정(낭독 기록지)

날짜	세션	책	페이지	읽은 단어	오류	정답률 (%)	시간	분당 읽은 단어
1-5	1	A	14-16	200	10	95	2	100

⑤ 읽은 전체 단어수와 나타난 오류의 수를 계산하여 기록한 후 정확도를 퍼센트로 나타낸다. 위 표에서 200개 읽은 단어 중 10개 오류가 관찰되었으므로, 정확도는 (200-10)/200X100=95%이다. 표에 누가 기록하여 정확도의 진보를 확인할 수 있다.

⑥ 분당 읽은 단어의 수를 기록한다. 위 표에서 200개를 2분에 읽었으므로 분당 100개 단어를 읽은 것이다. 이에 대한 정보를 누가 기록하면 낭독의 속도 측면에서의 진보를 확인할 수 있다.

독해 능력의 경우, 다음과 같은 순서를 밟는다.

① 독해는 다음 4가지 요소적 능력을 가지고 있어, 독해에서의 오류를 진단하려면 각 요소에 대하여 적어도 하나의 질문은 제시되어야 한다.

- 기억(recall)으로 읽은 글의 중요한 개념들을 기억해 내는 능력이다.
- 계열(sequence)로서 읽은 글에 나타난 순서로 중요한 개념들을 기억해 내는 능력이다.
- 요약(summarization)으로 읽은 글의 중요 아이디어들을 개념적으

로 요약하는 능력이다.

· 추론(inference)으로 읽은 글의 개념들 사이에 존재하는 인과 관계를 찾아내는 능력이다.

② 적절한 시간 표집법을 선택한다. 대개 고정 시간 표집법을 사용한다.

③ 표적행동(독해)이 관찰될 적절한 시간 간격대를 선택한다.

④ 읽을 재료를 제시하고, 위 4개 요소별로 적어도 하나의 질문을 한다.

⑤ 아래 표와 같이 질문에 바르게 대답한 경우 +표를, 바르지 못하게 대답한 경우 0표를 하고, 정확도를 퍼센트로 나타낸다.

<표 2-4> 기초선 측정(독해 요소)

				기억	계열	요약	추론	
날짜	이야기	페이지	단어	1	2	3	4	이해율 (%)
1/31	L	36-38	250	+	+	+	0	75%

철자 쓰기 지도의 경우도 철자 오류의 빈도를 측정하는 것만 다를 뿐 나머지 기초선 측정의 원리는 같다.

둘째, 수학에서의 기초선은 정확하게 문제를 해결한 퍼센트와 문제를 해결하는데 소요된 시간을 표적 행동을 하여 설정한다.

① 적절한 시간 표집법을 선택한다. 대개 고정 시간 표집법을 사용한다.

② 표적행동(수학문제해결)이 관찰될 적절한 시간 간격대를 선택한다.

③ 수학 과제 검사를 시행하여 정확히 해결한 답의 수를 계산한다.

④ 정확히 해결한 문제의 수를 전체 문제의 수 또는 푼 문제의 수로 나누고 정확도를 퍼센트로 나타낸다. 아래 표의 경우 15/20×100=75%이다.

⑤ 문제를 해결한데 사용된 시간을 기록한다. 아래 표의 경우 40분이다. 그리고 필요하면 분당 푼 문제 수를 기록한다. 푼 문제의 수를 과제를 해결하는데 든 시간으로 나누면 20/40=5개(분당)이다.

<표 2-5> 기초선 측정(과제 해결)

날짜	시험지	과제	문항수	배점	정답	정답률 (%)	시간	분당 해결 문제 수
11/14	1	20	20	100	15	75	40	.5

바. 모니터링

기초선을 설정한 후에는 처방 프로그램을 투여하고 학생의 진보 상황을 모니터링 하고, 처방 프로그램의 계속적인 투입 여부를 결정한다.

진보 상황 모니터링은 단기적 모니터링과 장기적 모니터링으로 나눈다 (Shapiro, 1996).

　단기적 모니터링은 처방 프로그램이 목표를 성취하고 있는지를 점검 하기 위해 이루어진다. 주 2회 반복해서 목표의 측정치(정답률, 분당 정 확히 읽은 단어의 수 등)를 계산한다. 그래프로 표기하고, 측정치에서 향상을 보이면, 단기적 목표가 성취되는 방향으로 개입이 이루어지고 있다고 판단할 수 있다.

　장기적 진보 모니터링은 해당 학년의 교육과정 목표들이 성취되고 있는지를 점검하기 위해 이루어진다. 교육과정 목표들을 반영하는 교육 과정 내용 재료를 가지고 반복적으로 측정한다. 예를 들어, 수학 계산에 학습부진을 보이는 3학년 학생의 경우, 3학년 수학 계산 교육과정 목표 들을 반영하는 내용들을 20-30개 추출해서 평가한다.

　모니터링은 단기적이든 장기적이든 세 가지 성격을 띤다(Marston & Magnusson, 1988; Marston & Tindal, 1995). 첫째, 직접적이어야 한다. 결과를 직접적으로 관찰한다. 둘째, 반복적이어야 한다. 개입 기간에 여 러 번에 걸쳐 이루어져야 한다. 셋째, 시간 계열 분석(time series analysis)으로 통합되어야 한다. 즉, 개입 시간에 따른 변화를 그래프화 해야 한다.

　다음은 단기적 진보 모니터링 예이다(Shapiro, 1996, pp.260-264).

① 학습부진아
　- 이름: Marla
　- 나이: 9년 9개월, 생년월일: 77년 10월 1일, 학년: 3 학년
　- 개입 일시: 87년 1월 7일
　- 학습부진 영역: 읽기

② 기초선 설정
- 현재 Marla는 읽기에서 3학년 1학기 읽기 교재 수준인데, 이 수준은 Marla에게 어려워, 2학년 2학기 읽기 교재 수준이 적절하다는 것이 발견되었다.
- 기초선 설정을 위해 5일 동안 2학년 2학기 읽기 교재를 읽힌 결과, 평균 읽기 속도가 분당 53.2 단어, 읽기 오류는 분당 6.3 단어로 나타났다.

③ 단기 목표 설정
- Marla의 단기적인 읽기 목표를 설정하기 위해 또래들인 3학년 학생들의 2학년 2학기 읽기 교재 수준에 대한 평균을 조사하였다. 그 결과 또래들은 읽기 속도가 분당 98개 단어이고, 읽기 오류는 4 단어 이하이고, 독해 평가에서는 적어도 90%의 정답을 내고 있었다.
- 이 데이터를 토대로 Marla의 단기적인 읽기 목표를 읽기 속도는 분당 75개, 읽기 오류는 4 단어 이하, 독해 평가에서는 적어도 80%의 정답을 내는 것으로 정했다.

④ 처방
· Marla를 2학년 2학기 읽기 교재 수준에 재배치하는 것이 적절하지만, 그 수준에는 Marla만 홀로 배치되어야 하기 때문에, 대안으로 3-1 수준에 남겨 또래들과 소집단 학습을 하도록 하고, 매일 30-45분 동안 이루어지는 개별 학습 시간에는 2학년 2학기 수준의 워크북 연습과제를 공부하도록 하였고, 매일 15분 동안 2학년 2학기 수준을 상위 읽기 집단에 속하는 또래와 함께 읽기 연습을 하도록 하였다.

· 동시에 건너뛰고 연습하기(skip-and-drill) 기법을 사용하여 개
  입하였는데 구체적인 절차는 다음과 같았다.

- 2학년 2학기 읽기 교재 수준 전체 내용을 열 개 단계로 나누
  고, 각 각 단계는 약 20 페이지 정도로 구성하였다.

- 2학년 2학기 읽기 교재 각 단계를 읽힐 때, 글의 중간 부분에
  서 100단어를 읽고, 단기목표를 만족시키면(읽기 속도가 분당
  75개 이상이고 읽기 오류가 4 단어 이하인지 평가하고, 독해
  문제에서 80이상 정답률) 그 노력을 칭찬하고 남은 부분은 읽
  지 않고 그 다음 단계로 넘어가도록 하였다.

- 그러나, 그 준거를 만족시키지 못하면, 읽기 오류를 보인 단어
  들을 목록화 하여, 정확히 읽을 때까지 다시 연습을 시켰다. 각
  단계를 다시 읽혀 단기 목표를 성취할 때 까지 반복했다. 독해
  의 경우는 답지 중 틀린 부분을 표시하고, 정답을 낼 때까지
  다시 글을 읽혔다.

⑤ 진보 상황 모니터링

- 다음 그래프와 같이 기초선에 비해 읽기 속도가 빨라지고 읽기
  오류는 줄어드는 것으로 나타났다.

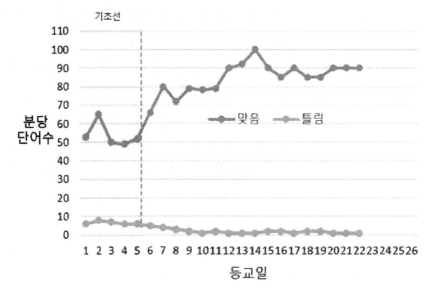

[그림 2-7] Marla의 모니터링 기록

출처: Shapiro(1996). pp.260-264

사. 평가

처방의 마지막 단계에서는 진보 상황 모니터링 결과를 기초로 투입한 처방프로그램을 종료하고 다른 유형의 개입을 새로이 투입할지 결정한다. 위 Marla의 경우처럼, 진보가 성공적으로 이루어졌으면 다른 유형의 개입을 계획할 수 있다. 그러나 진보 상황이 성공적이지 못한 경우에는 교사의 처방프로그램이 문제가 있었는지, 아니면 기능적 분석에서 나타났던 방해 요인이 그대로 존재했는지를 점검하고, 필요한 조치를 취한다. 양자의 경우 모두 학생과의 면담을 필요로 한다.

Part 3 학습부진아의 기본 학습 기능 지도

Part 3 학습부진아의 기본 학습 기능 지도

Chapter 1. 읽기 지도

Chapter 2. 쓰기 지도

Chapter 3. 수학 지도

학습부진은 소위 3Rs라고 하는 읽고(Reading), 쓰고 (Writing), 산수(Arithmetic)하는 기본 기능이 부족한 영향을 많이 받는다. 따라서 학습부진에 개입해서 지도하는 내용도 주로 이런 기본 학습 기능을 향상시키는데 초점을 둔다. 본 장에서는 교사가 학습 부진아의 기본 학습 기능을 지도하는 방법에 대해 살펴본다.

Chapter 1. 읽기 지도

읽기에서의 문제는 읽기 유창성(reading fluency)과 독해 (comprehension) 문제로 나뉜다. 학생 중에는 글을 유창하게 읽으나 글의 내용을 이해하지 못하는 학생이 있는데, 이들을 "단어 발음자(word caller)"라고 부른다(Shapiro, 1996). 이는 읽기 유창성, 즉 낭독 능력과 글을 읽고 의미를 파악하는 독해 능력이 다를 수 있다는 점을 시사한다. 이런 배경에서 Adams(1990), Chall(1979), Singer(1981), Weaver & Resnick(1979)는 읽기 지도를 읽기 위한 학습(learning to read)과 학습하기 위한 읽기(reading to learn)로 나눈다. 읽기 위한 학습은 단어를 발음하는 방법, 즉 글자를 소리 내는 방법을 학습한다. K-3학년에서 읽기 지도는 이 번역 과정을 자동화(automaticity)하도록 하는데 초점을 둔다. 학습하기 위한 읽기는 읽어서 필요한 정보를 얻는 방법을 지도한다. 이 학습은 글을 이해하고 평가하는 일을 포함하는데, 4학년 이상에서의 읽기 지도는 이 점을 초점으로 한다. 한마디로 읽기 위한 학습은 낭독에, 학습하기 위한 읽기는 독해에 초점을 둔다. 이에 본 장에서도 학습부진아들의 읽기 지도를 낭독 지도와 독해 지도로 나누어 살펴본다.

1. 낭독 지도

학습부진아들이 보이는 낭독의 문제는 단어들을 소리로 번역하는데 있어 더듬거리며 상당한 시간을 사용하면서, 읽은 내용을 잘 기억하지 못하는 것이다. 이런 낭독에 문제를 보이는 학생들을 읽기 유창성 부족 혹은 읽기 유창성 장애자(dysfluent readers)라고 부른다(Shapiro, 1996).

낭독은 네 가지 인지 과정을 필요로 한다. 네 가지란 음성학적 인식 (phonological awareness), 해독(decoding), 의미 접근(meaning access), 문장 통합(sentence integration)이다(Mayer, 2003). 낭독에 어려움을 보이는 학생을 지도할 때, 교사는 각 인지과정을 거치며 지도한다.

가. 음성학적 인식 능력 지도

음성학적 인식이란 단어들은 요소 음(component sounds), 소위 더 이상 나눌 수 없는 소리 단위인 음소(phoneme)로 구성되어 있고, 단어들은 음소가 합쳐져 구성된다는 것을 아는 것이다. 이에 따라 음성학적 인식 능력이란 음소에 대한 지식으로, 음소들을 듣고 발음할 수 있는 능력이다. 미국 표준 영어의 음소는 42개, 국어의 경우는 44개이다.

Bradley & Bryant(1978)는 유아와 초등학생들을 대상으로 음소분류 검사(같은 소리를 포함하지 않은 단어 찾기 검사)를 실시한 결과, ① 어릴 적의 낮은 음성학적 인식 수준은 초등학교 저학년에서의 낮은 읽기 수준과 관계가 있고, ② 글을 유창하게 잘 읽는 학생들은 그렇지 못한 학생들보다 음성학적 인식 능력이 높고, ③ 학년이 낮으나 글을 잘 읽는 학생들은 학년은 높으나 글을 잘 읽지 못하는 학생들에 비해 음성학적 인식 능력이 높다는 것을 발견했다. 그들은 이점을 기초로 음성학적 인식은 읽기 학습의 선행 조건이라고 주장하는 소위 음성학적 인식 가설을 제시했다. 그리고 추후 Nation & Hulme(1997), Penningto,

Groisser, & Welsh(1993), Stanovich(1991)의 연구를 통해서 읽기에 어려움을 겪는 초등학생은 종종 음성학적 인식 기능이 부족하다는 것을 밝힘으로써 음성학적 인식 가설을 지지했다.

초등학교 저학년 시기에 음소 인식 능력이 크게 성장하며, 일반적으로 음성학적 인식 능력은 거의 완성된다(Liberman, Shankweiler, Fischer, & Carter, 1974; Juel, Griffin, & Gough, 1986). 따라서 음성학적 인식 능력의 습득은 주로 저학년의 관건이며, 초등학교 저학년 시기에 어떤 학생이 낭독 능력에서 부진을 보이면 음성학적 인식 능력을 직접적으로 길러 주는 훈련이 필요하다는 점을 시사한다.

음성학적 인식 훈련은 단어들을 그림 또는 구두로 제시하고, 음소를 찾아내도록 하는 활동을 시켜야 한다(Juel, Griffin, & Gough, 1986). 예를 들어, ① 버스 그림을 보여 주고, 첫 음이 같은 단어들을 그림에서 고르도록 하거나, ② 그림들을 보여주고, 발음이 다른 단어를 찾도록 하거나, ③ 단어들을 읽어 주고 같은 소리를 내는 단어를 고르거나, 다른 소리로 끝나는 단어를 고르도록 하는 등의 활동이다. 즉 음소들을 확인하거나, 구분하거나, 분류하는 활동을 할 수 있다.

나. 해독 능력 지도

해독이란 단어의 글자들을 소리로 번역하는 것을 말한다(Mayer, 2003). 즉 단어를 소리 내어 읽는 것으로, 낭독의 핵심 능력이다. 해독 능력을 길러 주기 위해서 전통적으로 발음중심 접근(phonics approach)과 통단어 접근(whole word approach)이라는 두 가지 교수법이 존재해 왔다.

발음중심 지도는 글자 또는 글자 무리(letter groups)를 발음하고 음들을 조합하여 단어를 만드는 법을 가르친다. 발음 중심 교수의 핵심은 글자 또는 글자 무리와 그것들의 발음 간에 상응 관계가 있다는 것을 지도하는 것이다. 예를 들어 가, 갸, 거, 겨, 나, 너, 누 등 자음과 모음을 합하여 발음하도록 하는 것이다.

통단어 교수는 단어의 글자 하나하나의 발음을 조합하여 읽는 것이 아니라 제시된 단어 전체를 하나의 단위로 보고 바로 읽도록 하는 것이다. 예를 들어 집 그림을 보여 주고 "집"이라고, 공 그림을 보여주고 "공"이라고, 강아지 그림을 보여주고 "강아지"라고 읽도록 하는 것이다. 통단어 교수는 발음보다는 의미를 중심으로 하는 접근이다.

이 두 교수법은 지금까지 읽기 교수법이나 교육 트렌드에 따라서 더 혹은 덜 강조 하는 식이었다(Adams, 1990). 미국에서 1700년대 초에는 발음중심 교수법이 강조되다가, 1800년대 중반에 들어서면서 통단어 접근 교수가 각광을 받았다. 그러다가 1880년대에 다시 발음중심 교수법으로 돌아갔다가, 1990년대 초기에는 다시 통단어 교수를 강조하는 등의 변화가 있었다. 그러나 요즘에는 총체적 언어 접근(whole-language approach)의 철학이 힘을 얻으며, 발음중심과 통단어 접근 모두가 필요하다는 관점을 취하고 있다.

학자들은 읽기 교수에서 양자가 모두 필요하고, 발음중심 접근은 특히 초등학교 저학년에게 필요하다는 관점을 제시한다. 이런 배경으로 볼 때, 학습부진아들의 읽기 지도는 두 접근 모두 필요하되, 저학년 학습부진아들의 경우에는 발음중심 접근을 보다 강조하다가, 고학년으로 올라가면서 통단어 접근을 보다 강조하는 것이 효과적이라고 보는 경향이다.

해독 기능은 자동화될 때까지 연습을 통해 습득한다. 문어든 모르스 부호의 소리이든 코드를 해독하는 학습의 핵심은 낮은 수준의 기능들을 자동화(automaticity)하는 것이다. 즉, 글자(또는 글자 무리)와 소리와의 관계를 빠르게, 그리고 자동화 하는 것이 핵심이다. 다시 말해 음성학적 해독을 큰 정신적 노력이나 소모 없이도 가능하게 하는 것이다. 이것은 연습을 통해서 성취할 수 있다. Perfetti & Hogaboam(1975)는 3학년과 5학년 학생들을 대상으로 독해 표준화 검사에서 낮은 성적을(30 퍼센타일) 보이는 학생들과 높은 성적을(60 퍼센타일) 보이는 학생들을 대상으로 화면에 단어를 제시하고 그것을 보자마자 발음하도록 하였다.

이 과제는 해독만 요구하지 이해를 요구하지는 않는 과제였다. 그결과 친숙한 단어들을 발음하는데 있어서는 두 집단 차이가 없었다. 그러나 친숙하지 않은 단어들을(가짜 단어, 즉 의미는 없으나 발음을 하기에 어려운 단어들) 발음하는데 있어서는 하위 집단이 상위집단보다 평균 1초 더 걸렸다.

이 결과는 ① 상위 집단 학생들은 의미 없는 단어라도 해독의 과정을 빠르고, 그리고 자동적으로 한다는 것과, ② 하위 집단 학생들은 필수 습득 단어가 아닌 단어들을 해독하는데 더 어려움을 가지고 있다는것, ③ 잘 연습한 해독 기능은 학생들이 글을 이해하는 데 여유를 준다는 것, 해독 기능의 연습은 자동화될 때까지 필요하다는 것을 시사한다. 즉 해독 기능은 독해의 필요조건이 된다는 의미다.

학생은 성장하면서 해독 기능이 양적으로·질적으로 변한다(Bryant & Harter, 1897). 양적 변화란 자동화 효과로 인해 해독의 속도가 매우 빨라지는 측면이다. 그리고 질적 변화란 해독의 패턴이 변한다는 말이다. Bryan & Harter는 아이들이 해독 훈련 중인 기간(약 16주에서 20

주 사이)에 학습 곡선(learning curve)이 평평한 고원(plateau)을 보이는 것을 발견했다. 이를 기능 학습에는 단계가 있다는 증거라고 보았다. 즉 1주에서 16주까지는 속도에서 증가를 보이는데, 개별 글자와 짧은 단어들을 해독 하는 기술이 증가하는 단계였다. 고원은 해독 기능이 공고화되는(consolidation) 단계로, 해독기능이 자동화되는 단계라고 해석했다. 그리고 24주 부터는 해독 속도가 급격히 증가하여, 글자의 자동 해석이 가능하다. 글자에서 단어나 구와 같은 복잡한 언어를 해독하는 등 해독하는 초점이 변하는 고등수준의 기능 단계로 해석했다.

정보처리 이론가들은 이런 해독 기능의 자동화는 인간의 두뇌 기억 체제와 관련하여 변한다고 본다. 즉 인간이 글을 잘 읽기 위해서는 글의 의미 해석에 주의를 기울이고 시간을 투자하기 때문에 해독에서의 자동화가 필요하다는 것이다. LaBerge & Samuels(1974)는 유창하게 글을 잘 읽는 학생들은 텍스트를 자동적으로 해독하여(글자와 소리 간의 관계를 인지하기) 의미 이해 과정에 주의를 집중할 수 있었으나, 글을 잘 읽지 못하는 학생들은 해독에 보다 많은 주의를 기울이느라 의미 이해 과정에 집중할 수 없는 것으로 나타났다고 보고했다.

그리고 이들은 해독 기능 자동화는 3단계에 걸쳐 일어난다고 제시했다, 첫째는 비정확성 단계(Nonaccurate stage)로 단어 인식에서 오류를 범하는 단계이다. 둘째는 정확성 단계(Accuracy state)로 정확하게 단어를 인지하나 많은 주의를 기울이는 단계이다. 셋째는 자동화 단계(Automatic stage)로 주의를 기울이지 않고도 정확하게 단어들을 인지하는 단계이다.

해독 기능을 자동화하기 위해서는 반복적으로 읽어야 한다(Samuels, 1979). 즉, 짧고 쉬운 단락을 만족할 만한 수준의 유창성에 도달할 때까지 반복하여 읽는다. 실제로 Samuels (1979)는 단락 반복 읽기는 단어 인식 오류, 오류 낭독 비율을 크게 낮추는 효과가 있다고 보고했다.

Dowhower(1994)는 반복 읽기에 대한 연구들을 검토한 후, 처음에는 교사의 도움을 받으며 함께 반복 읽기를 하고, 나중에는 교사의 도움이 없이 홀로 읽는 패턴으로 바꾸는 것이 효과적이라고 보고했고, Koskinen & Blum(1986)도 반복 읽기를 아이들이 짝을 바꾸어가며 5개의 단락을 3번 정도 읽히는 것이 효과적이라고 보고했다. 특별히 학습부진아들의 해독 능력 향상을 위해서는 다음 몇 가지 전략이 필요하다. 첫째, 미리보기 전략이다. 일종의 읽기를 예습하는 전략이다.

Hansen & Eaton(1978)은 세 가지 유형을 제시한다. ① 구술적 미리보기(oral previewing)이다. 학습부진아로 하여금 읽기 수업 전에 글을 크게 읽도록 하고 수업이 끝난 후 다시 소리 내어 읽도록 한다. ② 조용히 미리보기(silent previewing)이다. 읽기 수업 전에 글을 묵독한 후, 수업이 끝난 후에 교사에게 소리 내어 읽는다. ③ 들으며 미리보기(listening previewing)이다. 읽기 수업 전에 교사가 글을 소리 내어 읽어준 후(또는 녹음기를 사용) 수업 후 학생이 다시 교사에게 소리 내어 읽는다.

Rose, McEntire, & Dowdy(1982), Rose(1984)는 초등학생을 대상으로 미리보기의 유형이 주는 효과를 실험하였다. 그 결과 ① 조용히 미리보기나 들으며 미리보기는 읽기 유창성 증진에 효과적이었다. ② 들으며 미리보기가 조용히 미리보기보다 더 효과적이었다. ③ 구술적 미리보기는 효과적이지 않았다.

둘째, 필수 어휘(sight vocabulary)를 익히는 전략이다. 학년별 필수 어휘를 습득한다. Freeman & McLauglin(1984)은 필수 단어 목록을 녹음기를 통해 빠른 속도로 따라서 소리 내어 읽도록 하고, 그 단어들을 사용한 글을 읽혔다. 이 교수 전략의 아이디어는 빠른 읽기 속도를 모델링하는 것이었다. 특히 교과 내용 영역의 글에 대한 읽기 유창성이 떨어지는 중등학교 학생들에게 유용하다고 판단했는데, 그 이유는 학생들이 교과 영역별 필수 어휘가 부족하였기 때문이다.

이 연구자들은 분당 정확히 읽는 단어가 50개 이하인 학생들에게 녹음기를 통해 단어 목록을 분당 80개의 속도로 소리 내어 따라 읽도록 한 결과, 교과 내용을 읽는 유창성을 크게 증진시킬 수 있었다.

셋째, "부드럽게 섞기"(folding-in)와 "샌드위치 훈련"(drill sandwich) 전략이다(Hargis, Terhaar-Yonkers, Williams, & Reed, 1988).

"부드럽게 섞기" 전략은 읽기 자료를 학생의 읽기 수준에 맞추어 정렬한다. 그래서 도전감이 있으면서도 성공 확률을 높이는 최적 조건을 제공한다. 다음과 같은 시행 절차를 거치는데, 아는 단어와 모르는 단어를 찾아낸 후, 부드럽게 섞어 읽기 훈련을 시킨다. 교사의 직접 개입이나 또래와의 협동 학습으로 개입할 수 있다.

① 학생이 읽을 글을 선정한다. 학생이 현재 학급에서 배우는 글을 선정하되, 글에는 학생이 모르는 단어가 50% 이내일 때 적절하다.

② 글 중에서 1-2 단락을 소리 내어 읽도록 하고 시간을 잰다. 1분이 지난 후 학생이 읽은 단어 부분을 표시한다. 1분 내에 정확히 읽은 단어수를 개입 전 읽기 유창성의 기초선으로 설정한다.

③ 학생이 글을 읽을 때 읽는데 어려움을 느끼거나 이해하지 못한 단어가 있으면 3개 선정하여 8cmX13cm 카드에 각각 기록하여 훈련 단어 목록으로 설정한다.

④ 학생이 아는 단어 7개 단어를 8cmX13cm 카드에 각각 기록하고 아는 단어 목록을 설정한다.

⑤ 첫 번째 개입에 들어간다. 모르는 단어 중 한 단어를 제시하며 단어의 뜻을 정의해 주고, 문장 안에서 사용한 예를 보여준다. 학생에게 정의를 반복해서 교사에게 말하도록 하고, 다른 문장을 통해 그 단어를 사용하게 한다. 그런 다음 아는 단어로 설정된 7개를 읽도록 한다. 이렇게 하면 학생은 하나의 모르는 단어와 7개의 아는 단어를 부드럽게 섞어 소리 내어 읽으면서 동시에 학습한다.

⑥ 첫 번째의 모르는 단어를 다시 읽힌 후, 두 번째의 모르는 단어를 제시하며 ⑤번의 개입을 반복한다. 이렇게 하면 학생은 두 개의 모르는 단어와 7개의 아는 단어를 부드럽게 섞어 소리 내어 읽으면서 동시에 학습한다.

⑦ 첫 번째와 두 번째 단어를 다시 읽힌 후, 세 번째의 모르는 단어를 제시하고 ⑤번의 개입을 반복한다. 이렇게 하면 세 개의 모르는 단어와 7개의 아는 단어를 세 번 반복하면서 자신감 있게 어휘 학습을 하게 된다.

⑧ 부드럽게 섞기 개입을 통해 단어 학습을 한 후에는 ② 번에서 읽었던 1-2 단락의 글을 다시 읽도록 한다. 1분이 지난 후 학생이 읽은 단어 부분을 다시 표시한다. 그리고 학생이 스스로 개입 전 기초선과 개입 후 읽은 단어 수를 그래프로 그리게 함으로써 읽기 유창성이 향상된 것을 확인하여 자신에게 보상하도록 한다.

⑨ 두 번째 개입에 들어간다. 첫 번째 개입 때에 공부했던 10개 단어를(모르는 단어 3개, 아는 단어 7개) 복습한 후, 글의 다음 부

분을 읽도록 한다. 이 때 모르는 단어가 나오면 표시한다.

⑩ 모르는 단어가 나타날 때 마다 새로운 훈련 단어 목록에 넣고, 첫 번째 개입에서 사용했던 아는 단어 목록의 7개 단어 중 하나를 탈락시키고, 훈련 단어 목록에 있었던 3개 단어 중 하나로 대체한다. 이런 식으로 모르는 단어를 새로 추가할 때까지 아는 단어 목록을 바꾸어가며 반복 연습한다.

"부드럽게 섞기" 전략은 단어 학습의 성공률을 높이면서 높은 수준으로 반복 하도록 한다. 개입 때 사용하는 내용 중 적어도 70%는 이미 알고 있는 단어이기 때문에, 학생은 높은 수준의 동기를 유지하면서 새로운 단어들을 학습하는데 집중한다. 개입을 반복할수록 이 전략은 전통적인 방법에 비해 새로운 내용을 좀 더 빠르게 학습하도록 하고 좀 더 오랫동안 보유하도록 한다.

"샌드위치 훈련" 전략은 Coulter & Coulter(1991)가 제시하는 전략으로 부드럽게 섞기 전략처럼 학생 수준에 맞추어 읽기 자료를 정렬하고 빈번하게 반복하는 학습 원리를 동원한다. 부드럽게 섞기와 같이 3개의 모르는 단어와 7개의 아는 단어로 시작하지만, 아는 단어에 모르는 단어를 세 번째, 여섯 번째, 여덟 번째 위치에 넣어서, 10개의 전체 단어를 하나씩 제시하는 방법을 쓴다. 이 단어들을 한 그룹으로 해서 여러 번 제시하는데(개입 시간 당 대개 5번), 제시할 때 마다 아는 단어들의 순서를 다시 섞는다. 그 이유는 단순히 순서를 암기하고 읽을 가능성을 배제하기 위해서다. 개입의 후반부에 글을 다시 읽힌다.

Shapiro(1992)는 6-9세의 학습부진아 4명에게 읽기 유창성을 증진시키기 위해 이 전략을 사용했는데, 이 중 한 학생의 개입 이전과 11회의 개입 종료 후의 수행을 기록했고, 개입 종료 후에 학생의 읽기 수행은 분당 정확히 읽은 단어의 수가 80개에서 120개로 향상되었다고 보고했다.

다. 의미 접근 지도

의미 접근 지도란 학생이 글을 읽을 때 단어의 뜻을 자신의 장기 기억 속에서 찾아 이해하면서 글을 읽도록 한다. 이것은 어휘 습득 훈련을 필요로 하며, 이 훈련은 의미 접근 과정의 효율성을 증진시키는 대중적인 기법이다(Pressley, 1990). 글에 친숙한 어휘들이 등장하면 단어 인지가 자동화되어 쉬워지며, 주의를 글을 이해하는데 집중해서 효과적이다(Wittrock, Marks, & Doctorow, 1975). 이런 배경에서 미국의 경우, 3학년에서 9학년까지의 학교 읽기 자료들은 88,000개의 단어들을 포함하도록 하며, 평균적으로 학교에서 학생들은 연 2,000개에서 5,000개의 단어들을 습득하한다(Nagy & Anderson, 1984; Nagy & Herman, 1987; Nagy, Herman, & Anderson, 1985). 따라서 연간 수업 일수 180일에 비추어 보면, 학생들은 학교에서 매일 11-27개의 새 단어들을 습득한다.

Nagy & Scott(2000)는 어휘를 지도하는 두 가지 교수법을 제시한다. 첫째는 몰입법(immersion approach)이다. 읽기, 쓰기, 듣기, 말하기와 같은 문해적 활동에 참여하도록 함으로써 풍성한 어휘로 둘러싸인 상황에 잠겨 어휘를 늘리도록 하는 것이다. 둘째는 직접 교수법(direct instruction approach)으로, 단어에 대한 의미를 직접적으로 학습하도록 하는 방법이다. 먼저 단어 목록을 제시하고 각 단어를 정의하도록 한다.

그리고 접두어, 접미어, 어근의 의미를 분석하여 어휘를 습득하도록 한다. 그러나 직접 교수법은 어휘의 유용성과 이해도를 증진시키는 데 어려움이 있어 학생들의 어휘 발전에 크게 기여하지 못한다(Nagy & Anderson, 1984; Nagy & Herman, 1987; Nagy, Herman, & Anderson, 1985). 따라서 각 단어들을 풍성한 경험과 지식 안에서 마음에 새기도록 해야 한다.

라. 문장 통합 지도

마지막으로, 읽기를 잘하기 위해서는 단어들을 일관된 구조로 꿰어 맞추는 활동이 필요하다. 이를 문장 통합이라고 부른다. 문장 통합 능력을 향상시키려면, 학생은 자기 모니터링 전략을 사용해야 한다. 즉, 전체 문장 속에서 단어들을 제대로 읽었고, 뜻을 이해했는지를 점검하는 것이다. 자기 모니터링을 위해서는 자기 대화(self-talk)를 사용하는 것이 효율적이다. 즉, "내가 단어들을 제대로 읽었는가?" "문장의 의미를 제대로 파악했는가?" 등의 질문을 하며 부족한 부분은 다시 점검한다.

2. 독해 지도

읽기 기능은 읽기 유창성뿐만 아니라, 독해 능력에도 의존한다. 초등학생들은 독해를 읽기 유창성만으로 생각하는 경향이 있다. 대부분의 초등학교 1학년 학생들은 읽기를 단순히 글에 있는 단어들을 말하는 것이라고 생각한다(Bondy, 1990). 중·고학년 학습부진아들 경우에도 종종 읽는 목적을 의미 이해보다는 단어 읽기, 해독하기, 텍스트를 자의적으로 해석하는데 초점을 둔다. 단어를 정확하게 발음하는 것과 텍스트의 아이디어를 정교하게 이해하는 것 간에 서로 다른 전략을 필요로 한다는 점을 이해하지 못한다(Paris, Wasik, & Turner, 1991).

독해를 잘 하려면 세 가지 지식이 필요하다(Brown, Campione, & Day, 1981). 첫째, 내용 지식(content knowledge)이다. 즉 글의 내용에 대한 정보이다. 둘째, 전략적 지식(strategic knowledge)이다. 효과적으로 독해하는 절차이다. 셋째, 메타인지 지식(metacognitive knowledge)이다. 자신의 독해 과정과 독해 목적을 달성했는지를 점검하는 지식이다. 학습부진아들의 독해 능력을 향상시키기 위해서는 이 세 가지 지식을 향상시켜야 한다.

가. 내용 지식 지도

독해는 글의 내용을 이해하는 것이기 때문에, 학생이 글의 내용에 대한 지식을 사전에 어느 정도 가지고 있을 때 독해가 보다 수월하고 효과적이다.

이런 사전 지식은 다음과 같은 측면에서 독해에 영향을 미친다. 첫째, 사전 지식은 글의 내용을 이해하고 기억하도록 하는데 능동적으로 영향을 미친다. Bartlett(1932)는 이를 스키마 이론이라고 했다. Bartlett는 대학생들을 대상으로 북미 인디언 문화에서 나온 설화를 한 학생에게 읽힌 다음 그 내용을 다시 적도록 한 후, 첫 번째 학생이 쓴 글을 두 번째 사람에게 읽히고 다시 적도록 했다. 두 번째 사람이 쓴 글을 세 번째 사람에게 읽히고 적는 같은 과정을 모든 피험자들에게 적용하여 반복했다. 그리고 원래 글이 마지막에 어떻게 변했는지 관찰했다. 결과, 마지막에는 원래의 글과는 전혀 다른 글이 된 것을 발견하였다. 이 결과는 사람의 기억은 컴퓨터 메모리처럼 작동하지 않는다는 것을 의미한다. 사람은 정보를 있는 그대로의 형태로 기억하지 않고, 자신의 사전 지식에(Bartlett는 스키마라고 불렀음) 따라 읽은 내용을 일관적이고 의미 있게 만든다. 이를 위해서 기존 정보에 다른 요소들을 부가하여 기억을 능동적으로 조직한다.

둘째, 사전 지식은 글의 비일관성과 모순을 파악하도록 도와준다. Vosniadou, Pearson, & Rogers(1988)는 초등학교 1, 2, 5학년 학생들을 대상으로 모순되는 내용을 포함한 글을 읽기 전에, "각 이야기들을 조심스럽게 읽어야 해. 왜냐하면 이야기 속에 서로 맞지 않는 내용들이 들어 있기 때문이야. 글을 읽은 후에는 다시 나에게 이야기를 해 주면서, 의미가 통하지 않는 것은 무엇이고, 왜 그런지 이야기해 줘"라고 말했다. 그 결과 학생들이 고학년일수록 모순되고 비일관적인 내용을 더 잘 포착했다. 고학년 학생일수록 사전 지식을 더 많이 갖고 있었기 때문이었다. 즉 독자가 본래 주제 내용에 대해 친숙할 때, 독자는 내용에서의 비일관적 진술들을 좀 더 쉽게 표상하여 비교한다.

셋째, 사전 지식은 읽기에서 속도와 오류 파악에 영향을 미친다. Lipson(1983)은 글 읽기 능력이 뛰어난 두 집단의 초등학교 4, 5, 6학년 학생들을 대상으로 연구를 했다. 한 집단은 유대인 학생들로, 유대인 의식에 대한 사전 지식이 높았고, 또 한 집단은 천주교 학생들로, 천주교 의식에 대한 사전 지식이 높았다. 두 집단에게 같은 오류가 있는 내용의 글을 읽혔으나, 유대인 학생들에게는 "Bar Mitzvah"(바르 미츠바, 유대교에서 13세가 된 소년의 성인식)라는 제목, 천주교 학생들에게는 "First Communion"(첫 번째 성체 배령(拜領))이라는 제목을 붙였다. 글을 읽힌 후, 읽은 글에 대한 기억 검사를 실시한 결과, 유대인 학생들은 Bar Mitzvah라는 제목을 붙인 글을 천주교 학생들보다 더 빨리 읽었고, 천주교 학생들은 First Communion이라는 제목을 붙인 글은 유대인 학생들보다 더 빨리 읽었다. 그리고 사전 지식을 가지고 있던 글에 대해서는 그렇지 않은 글의 경우보다 오류 파악이 빨랐다. 그 외 Pichert & Anderson(1977), Pearson, Hansen, & Gordon(1979), Marr & Gormley(1982)의 연구도 사전지식은 독해 속도, 기억 회생, 추론에 영향을 미치는 것으로 나타났다.

이렇게 사전 지식이 독해 능력 향상에 영향을 미친다는 사실에 근거해 볼 때, 학습부진아들의 독해 능력 향상을 위해서는 글을 읽히기 전에 사전 지식을 늘리거나 활성화시킬 필요가 있다는 시사점을 얻을 수 있다.

다음은 독해력 향상을 위해 사전 지식을 늘리거나 활성화하는 교수 전략이다.

첫째, 학생이 읽을 글에 제목을 붙인다. Bransford & Jonson(1972)은 한 집단의 학생들에게는 글을 읽기 전에 글의 제목을 붙여 주고, 또 한 집단에는 글을 읽은 후에 제목을 붙여 주고, 나머지 한 집단은 제목을 붙여 주지 않았다. 이해도와 기억 수준을 점검한 결과, 글을 읽기 전에 제목을 받은 집단의 이해도가 가장 높았고, 기억도 두 배나 많이 했다. 이는 제목이 독자들로 하여금 글의 제목과 관련하여 자신들의 사전 지식을 활성화시켜, 글을 읽으면서 글의 내용을 사전 지식과 관계를 지어 이해하는데 훨씬 도움을 주고, 독해 속도도 상승시킨다는 것을 시사한다. 그러나 사후 또는 무제의 경우에는 이런 효과가 발생하지 않는다. Pichert & Anderson(1977)의 연구에서도 학생들이 글의 제목에 따라 글의 세부 내용을 기억하는데 차이가 났다. 학생들에게 글을 읽힐 때, 글의 제목을 붙이는 것이 이해와 기억에 도움을 준다고 할 수 있다.

둘째, 글을 읽히기 전에 사전 활동을 한다. 읽기의 사전 활동 (pre-reading activities)으로 대표적인 방법은 글의 제목만 보고 학급에서 토론을 함으로써 사전 지식을 늘리거나 활성화시키는 것이다. 즉 제목에 대해 이미 알고 있는 내용들에 대해 서로 이야기를 나누도록 하는 것이다. 또 하나는 읽을 글과 관련하여 교과에서 배운 내용을 회상하도록 하는 것이다. 예를 들어, 멕시코의 마야 인디언들의 삶에 대한 민화 글을 읽히기 전에 사회교과에서 멕시코 마야 인디언에 대해 배운 내용을 회상시켜 사전 지식을 활성화시키는 것이다(Beck, McKeowm, Sinatra, & Loxterman, 1991).

나. 전략적 지식 지도

독해의 전략적 지식이란 효과적으로 독해하는 절차에 대한 지식이다. 몇 가지 독해 전략에 대해 소개하면 다음과 같다.

첫째, SQ3R 전략이다(Robinson, 1941, 1961). 오랫동안 독해 절차로 널리 알려진 전략으로 다음 절차를 밟는다.

① 개관(Survey)이다. 텍스트가 어떤 내용인지에 대한 아이디어를 얻기 위해 훑어본다. 예를 들어, 장의 처음과 끝 부분을 읽는다든지, 각 절들의 제목들을 살펴본다.

② 질문(Question)이다. 텍스트의 각 하위 제목들이나 단원에 대해 질문을 생성한다.

③ 읽기(Read)이다. 생성한 질문들에 대한 답을 얻기 위해 읽는다.

④ 암송(Recite)이다. 자신의 언어로 각 질문에 대한 답을 한다.

⑤ 검토(Review)이다. 텍스트의 각 부분들로부터 가능한 한 많은 정
보를 기억하는 연습을 한다.

둘째, 스토리 맵핑(story mapping) 전략이다(Idol, 1987; Idol &
Croll, 1987). 학생이 글에서 상호 관련된 중요 부분들에 주의를 기울이
도록 하는 전략으로, 글의 내용을 상황, 문제, 목표, 행위, 결과 등의 특
정한 부분들로 조직하도록 한다. 다음은 스토링 맵핑 구조를 익히는 판
형의 한 예이다(Idol, 1987, p.199).

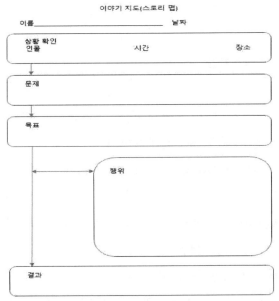

[그림 3-1] 이미지 지도(스토리 맵핑) 예

출처: Idol(1987). p.199

Idol(1987)은 3-4학년 일반학급에서 학습부진아들을 포함하여 학생 27명을 데리고 스토링 맵핑을 활용한 독해 수업을 다음과 같이 전개하였다.

① 학생들에게 글을 읽은 후 답을 해야 할 질문들을 아래와 같이 보여주었다.

<표 3-1> 답해야 할 질문

이름 :
날짜 :
1. 이 이야기는 어디에서 일어났는가?   2. 이 이야기는 언제 일어났는가?   3. 이야기의 주인공은 누구였을까?   4. 그 이야기에는 다른 중요한 등장인물들이 있었는가?   누구인가?   5. 그 이야기에서 무엇이 문제였는가?   6. 어떻게 문제를 해결하려고 했는가?   7. 문제 해결은 어려웠는가? 설명해보라.   8. 문제는 해결되었는가? 설명해보라.   9. 이 이야기를 읽으면서 무엇을 배웠는가? 설명해보라.   10. 다른 결말을 생각해 보았는가?

② 글을 묵독하도록 하였다.
③ 스토리 맵 판형을 보여주고 학급 전체 학생들과 함께 스토리 맵을 완성하는 것을 시범 보였다.
④ 학생들 각자가 글을 읽으며 스토리 맵 판형의 빈 공간을 채워 독

립적으로 완성하도록 하였다.

스토링 맵핑 수업을 한 결과, 학생들은 독해 점수에서 큰 향상을 보였고, 특히 학습부진아들에게 과적이었다. 그 외 다른 연구에서도 스토리 맵핑의 효과를 확인하였다(Baumann & Bergeron, 1993; Billingsley & Ferro-Almeida, 1993; Davis, 1994).

셋째, 자기 교수(self-instruction) 전략이다(Smith & Van Biervliet, 1986). 이 전략은 학생들이 스스로 다음과 같은 일련의 질문에 답을 하거나 수행하면서 글을 읽도록 하는 것이다.

① 이 글의 제목은 무엇인가?

② 삽화나 도해에 어떤 내용이 담겨 있는가?

③ 글의 주요 아이디어들은 무엇인가?

④ 사건들은 어떻게 전개되고 있는가?

⑤ 글은 어떻게 마무리되고 있는가?

Meichenbaum & Goodman(1971)은 학습부진아들을 대상으로 자기 교수 전략을 활용한 수업의 절차를 다음과 같이 제시하였다.

① 교사는 큰 소리로 말을 하면서(talking aloud) 자기 교수 전략의 사용을 모델링한다.

② 학생들은 교사의 모델링에 따라 수행하도록 한다.

③ 교사는 목소리를 죽여 나지막이 말하고, 그 대신 학생들은 큰 소리로 말하면서 수행한다.

④ 학생들은 목소리를 죽여 나지막이 말하면서 수행한다.

⑤ 마지막으로 학생들은 입을 다물고 조용히 수행한다.

자기 교수 전략은 독해 능력을 향상하는데 효과가 있으며, 학습부진 아들을 대상으로 한 경우에는 상당히 익숙한 수준까지 연습해야 효과가 있는 것으로 나타났다(Miller, 1986).

넷째, 산문 구조에 기초한 요약 전략이다. 독해는 운문(verse)보다는 산문(prose)에서 필요한 능력이다. 산문은 위계적 구조를 가지고 있어, 주요 아이디어 문장들과 설명하는 보조적인 문장들로 구성한다. 즉 산문은 중요한 내용과 덜 중요한 내용을 체계적으로 조직한다. 이로 인해 산문에는 수준 효과(levels effect)라는 것이 발생한다(Gernsbacher, 1994; Kintsch, 1976; Meyer, 1975; Meyer & McConkie, 1973; Brown & Smiley, 1978). 그것은 독자들이 덜 중요한 내용보다는 중요한 내용을 더 잘 기억하는 현상이다.

따라서 학생들에게 산문 구조에 대한 인식을 향상시키고 주요 아이디어들을 중심으로 글을 요약하는 연습을 시키면, 독해 능력을 향상시킬 수 있다.

Brown & Smiley(1978)는 3, 5, 7학년 학생들과 대학생들을 대상으로 산문 구조에 대한 인식 조사를 한 결과, 3학년과 5학년 학생들은 산문의 주요 아이디어들의 중요성을 구분하지 못했으나, 7학년과 대학생들은 아이디어들의 상대적 중요성에 대한 인식이 높았다. 이는 산문 구조 인식에 대한 능력은 나이가 많을수록 높다는 것을 말해 준다.

Taylor(1980)도 읽기 능력이 좋은 4학년, 읽기 능력이 떨어지는 6학년, 읽기 능력이 좋은 6학년 학생들을 대상으로 연구한 결과, 읽기 능력이 높은 6학년생들의 59%가 독해 기억력 검사에서 산문의 최상위 구조(top-level structure)를 사용하는 것으로 나타났다. 산문의 최상위 구조는 주요 토픽들의 핵심적 개요, 주요 아이디어들을 말한다. 이에 비해 읽기 능력이 낮은 6학년들의 18%, 읽기 능력이 높은 4학년생들의 12% 만 최상위 구조를 사용하는 것으로 나타났다. 산문 구조 인식에 대한 능력은 나이 외에도 읽기 능력이 높을수록 높다는 것을 시사하는 연구이다.

산문 구조에 기초한 요약하기 훈련은 산문의 하위 구조의 보조적인 내용보다는 상위 구조에 주목하여 주요 아이디어들을 추출하고 그 내용들로 요약문을 쓰는 활동을 한다(Brown & Day, 1983). 초등학교 학생들을 대상으로 산문 구조에 기초하여 요약 훈련을 할 수 있다.

Taylor & Beach(1984)는 6-7학년 학생들을 대상으로 사회과 텍스트를 읽을 때, 상위 구조에 주목하여 요약문을 쓰는 훈련을 시켰다. 먼저 글의 최상위 구조인 주제문을 파악하고, 하위 부분별로 주요 아이디어 진술문들을 찾아내고, 각 주요 진술문들을 지지하는 보조 문장들을 확인해 내도록 한 후, 요약하는 글을 쓰도록 했다. 사전, 사후로 기억 검사와 질문에 답하기 검사를 투여하고 사전-사후 학습량의 차이를 조사한 결과, 훈련을 받은 집단이 사전-사후 학습량의 차이에서 훨씬 우수한 것으로 나타났다.

Brown & Smiley(1978)은 초등학교 5학년 학생들을 대상으로 산문 구조에 기초한 요약을 할 때 중요한 내용에 밑줄 긋기(underlining) 기법을 사용하도록 하고, 어떤 내용을 잘 기억하는지 검사한 결과, 학생들을 중요한 내용들을 덜 중요한 내용들보다 더 잘 기억하는 것으로 나타났다. 이 연구들은 초등학교 학생들에게도 산문 구조에 기초한 요약 훈련이 가능하다는 것을 시사한다. 학습부진아들에게는 좀 더 쉬운 내용을 가지고 산문 구조에 기초하여 요약하는 전략 그 자체에 익숙해지도록 한 후, 좀 더 어려운 내용으로 전이하도록 한다.

다섯째, 다시 말하기 전략(oral retell strategy)이다(Shapiro, 1996). 독해 능력을 향상시키는 간단한 전략으로, 산문을 읽힌 후 자신의 말로 읽은 내용을 말하도록 하는 것이다. 말한 내용에서 주제, 문제, 목표, 상황 등과 같은 이야기의 요소들이 있는지 없는지를 점검한다. 교사 또는 또래의 피드백을 받으며 자신의 독해가 정확했는지 검토하도록 한다.

다. 메타인지 지식 지도

독해의 메타인지 지식(metacognitive knowledge)이란, 자신의 독해 과정과 목적을 달성했는지를 점검하는 지식이다. 이를 독해 모니터링 지식이라고도 한다. Mayer, 2003(p.100)는 독해 모니터링을 "자신이 읽고 있는 것에 대해 이해하고 있는지에 대한 인식"이라고 정의한다. 즉, 자신이 제대로 이해하고 읽고 있는지에 대한 인식이다. 독해 모니터링 은 읽기에서의 메타인지라고도 하는데 독해에서 최상위 능력이다 (Brown, Campione, & Day, 1981).

초등학교 학생들은 자발적으로 독해 모니터링을 수행할 만한 능력을 갖고 있지 않지만 지도는 가능하다.

Markman(1979)은 초등학교 3, 5, 6학년 학생들에게 글을 읽고 불일 치를 파악하라고 하였다. 글에는 분명하게 적혀있는 불일치(명시적인 불일치)와 글에 분명히 적혀있지는 않으나 암시되어 있는 불일치(암시적인 불일치)가 포함되어 있었다. 그 결과 학생들의 반 정도는 명시적 불일치를 발견해 내었으나, 암시적인 불일치를 지적해 낸 학생은 거의 없었다. 이는 초등학교 학생들은 자신이 읽고 있는 텍스트를 이해할 수 없다는 사실을 자발적으로 인지하지 못한다는 것, 특히 암시적 불일치의 경우 그러하다는 것을 말해 주고 있다.

Markman은 두 번째 실험으로 들어가 학생들에게 "이 글에는 잘 이해가 안 되고 혼란스럽고 까다로운 부분들이 있어. 글을 읽고 문제가 되는 부분을 찾아내서 지적해 주었으면 좋겠어."라고 이야기 한 결과, 3학년 학생들은 이런 지시에도 불구하고 명시적 또는 암시적 불일치를 발견하는데 큰 차이가 없었다. 그러나 6학년생들에게는 영향을 미치는 것으로 나타났다. 이는 초등학교 고학년 학생들은 독해 모니터링을 할 수 있으나, 자발적으로는 실행하지 않는다는 것을 말해 준다.

Myers & Paris(1978)도 2, 6학년 학생들의 독해 모니터링 지식에 대해 알아보기 위해 "글을 읽다가 문장이 의미하는 것을 알아내기 위해 처음 부분으로 되돌아간 적이 있니? 왜 그랬지?"라는 질문으로 면접을 실시한 결과, 6학년생들의 약 60%는 왜 되돌아가서 읽었는지 설명했으나(예: 문맥에서의 단서를 찾기 위해 돌아간다), 2학년생들의 경우 그런 설명을 제시한 학생들은 10%도 안 되었다. 이는 초등학교 저학년 아이들은 독해 모니터링의 역할을 잘 인식하지 못한다는 것을 말해 준다.

그러나 초등학교 아이 들에게 독해 모니터링을 지도할 수 있다. Elliot-Faust & Pressley(1986)는 3학년 아이 들을 대상으로 비일관적인 내용이 포함된 4가지의 이야기를 읽히고, 각 이야기 마다 "이야기가 이해가 되니?"라고 질문을 하고, 대답이 "아니오"이면 어떤 부분이 이해가 안 되는지 지적하는 독해 모니터링 훈련을 시켰다. 그 결과, 훈련을 받은 학생들은 이런 훈련을 받지 않은 학생들에 비해 비일관적인 문장들을 파악해 내는데 훨씬 더 우수한 성취를 보였다. 이는 초등학교 3학년 학생들에게도 독해 모니터링 훈련이 가능함을 말해 준다.

아울러 독해 모니터링 지도는 읽기에 학습부진을 보이는 학생들에게도 가능하다.

Markman & Gorin(1981)은 3-4학년 아이 들 중 읽기 학습부진아들을 대상으로 독해 모니터링을 지도했다. 먼저, 일관적 또는 비일관적인 내용이 포함된 일련의 이야기들을 듣도록 하고, 각 이야기 마다 내용이 이해하기 쉬웠는지 아니면 이해하는데 어떤 어려움이 있었는지를 물었다. 그리고 어떻게 불일치를 발견하는가에 대한 짧은 예를 제시한 후, 글을 읽고 비일관적인 부분들을 찾아내도록 했다. 그 결과, 학습부진아들의 독해 모니터링 능력이 향상되었는데, 학습부진아들이 이 전략을 알고 있었으나 이런 교수가 있기 전에는 그것을 사용해야 한다고 충분히 인식하지 못하고 있었다는 것을 보여 준다.

Rubman & Waters(2000)도 3학년 읽기 학습부진아들을 대상으로 물고기에 대한 글을 읽히기 전에 독해 모니터링과 관련된 질문들을 하였다. 예를 들어, ① 이야기의 모든 내용이 이해가 되는가? ② 이야기에서 잘못된 것이 있는가? ③ 어류들은 어떤 색깔의 먹이를 먹는가? ④ 어류들은 먹이의 색깔을 어떻게 구분해 내는가? ⑤ 바다 바닥은 어두운가 아니면 밝은가? ⑥ 어류들은 어둠속에서 먹이의 색깔을 본다고 생각하는가? 등의 질문을 하였다. 그리고 글을 읽고 글에서 비일관적인 내용이 있는지 찾도록 하였다. 그 결과 학생들의 비일관적인 내용 부분들을 찾아내는 능력이 향상되었다.

이렇게 글의 비일관성을 찾으며 자신의 독해 과정에 대한 인식 능력을 향상시키는 직접적인 방법 외에 Markman(1985)는 학생들의 독해 모니터링 능력을 길러 주는 간접적인 방법을 다음과 같이 제시하고 있다.

① 논리적, 인과적, 시간적 관계를 포함하고 있는 글을 다양하게 읽힌다. 교과서는 종종 비구조화되어 있고, 많은 글들이 사실적 문

장들로 구성되어 있어 이런 관계들을 제시하지 못함에 따라 학생들이 자신들의 이해를 점검하는 연습을 시키기에 부족하다.

② 글을 읽으면 다음에 나타날 논리적 사건 또는 등장인물의 행위를 예언하고, 사건들을 인과적 계열의 순서대로 추론하고, 사건의 원인을 추측하거나, 등장인물의 행위 동기를 추론하는 질문들을 자주 제시한다.

③ 글을 읽으면서 자신에게 스스로 질문할 수 있는 일반적인 진술 목록을 제시해 준다. 예를 들어, "내가 이해하고 있는가? 요점이 무엇인가? 기타 어떤 것이 관계되어 있는지 내가 알고 있는 것은 무엇인가?" 등의 질문을 하도록 한다.

④ 교사가 적절한 독해 모니터링 전략들을 자주 모델링 해 준다.

⑤ 글에서 제시된 설명들을 평가하는 연습을 자주 시킨다. 예를 들어, 가능한 설명 중에서 가장 설득력이 있는 것은 무엇인지 선택하는 연습을 시킨다.

그 외 메타인지를 사용하여 학습부진아들의 독해 모니터링 능력을 길러 주는 기법이 보고되고 있다.

첫째는 클로즈 기법(cloze technique)이다(Ward & Traweek, 1993)으로 글의 매 5번째 단어를 빈칸으로 만들고 학생이 글을 읽으며 그 빈칸을 메우도록 하는 것이다. 그리고 생각 사고법(think-aloud technique)을 통해 학생들이 생략된 단어와 그 단어를 선택한 이유에 대한 자신의 생각을 말로 표현하면서 빈칸을 채우도록 했다. 그 결과, 이 기법을 훈련한 집단은 통제집단에 비해 독해력 향상이 우수한 것으로 나타났다.

둘째는 이유 대기 기법이다(Benito, Foley, Lewis, & Prescott, 1993).

생각 사고법과 유사한데, 교사는 학생들에게 질문을 제시하고 답을 선택한 이유를 말하도록 하는 것이다. 이 기법도 5학년 학생들을 대상으로 사회과 교재 독해력 검사에서 성적 향상에 효과가 있는 것으로 나타났다.

Chapter 2. 쓰기 지도

쓰기 지도는 맞춤법에 맞게 쓰기와 작문으로 나눈다. 맞춤법에 맞게 단어를 쓰는 것과 단어들을 연결해서 쓰는 능력은 서로 다르다. 맞춤법에 맞게 단어를 쓰는 것은 시행착오적 과정을 거쳐 사회가 정해 놓은 철자법에 익숙해지도록 하는 초보적 쓰기 단계이다. 그러나 작문은 문법 규칙과 같은 언어 지식, 전달할 특정 내용에 대한 토픽 지식, 잠재적 독자들의 관점에 대한 지식을 필요로 하는 고등 수준의 사고를 요구한다(Applebee, 1982).

1. 맞춤법 쓰기 지도

맞춤법에 맞게 글을 쓰기 어려워하는 학습 부진을 교정하는 전략들이 몇 가지 있다. 이는 사후 활동에 초점을 둔다. 즉 학생이 쓰기를 한 결과를 가지고 교정하는 기법들을 적용한다. 다음과 같은 기법들이 보편적으로 채택하는 맞춤법 증진 개입 전략들이다.

가. 유관 강화

가장 단순한 맞춤법 증진 전략으로 교사 또는 또래가 철자를 바르게 쓰도록 강화하는 것이다.

Delquadri, Greenwood, Stretton, & Hall(1983)은 3학년 학생 전체를

대상으로 단어 철자 쓰기 게임을 하면서, 철자 쓰기 또래 튜터링을 시켰다. 또래 튜티가 단어의 철자를 바르게 쓰면 교사는 튜터와 튜티에게 보상 점수를 부여했다. 그리고 오류가 발생하면 튜터가 시범적으로 단어를 바르게 쓰고 튜티에게 피드백을 제공하면서 다시 쓰도록 하였다. 그 결과 금요일 마다 하는 철자 쓰기 게임에서 학급 전체 학생들의 철자 쓰기 오류가 크게 줄어들었다.

Foxx & Jones(1978)은 29명의 4-8학년 학생들을 대상으로 주초에 20개의 단어 목록을 제시하고 맞춤법 쓰기 사전 검사를 한 후, 틀린 단어를 과제로 학습하도록 하고 주말에 사후 검사를 하였다. 사전-사후 검사에서 맞춤법 쓰기 향상을 보이면 보상 점수를 부여한 후, 일정 점수를 쌓으면 원하는 활동을 하도록 보상하였다. 그 결과 맞춤법에 맞게 쓰는 능력이 향상되었다.

Goldberg & Shapiro(1995), Shapiro & Goldberg(1986, 1989)도 맞춤법에 부진을 보이는 6학년 학생들을 대상으로 준거지향 유관 강화 기법을 도입했다. 즉 사전에 학습할 단어 목록을 제시하고 일주일 뒤 개인별로 맞춤법 점수 준거를 만족시키면 보상 점수를 주었다. 그 결과 맞춤법에서 심각한 부진을 보이는 학생들도 상당히 향상되었다.

나. 프롬프팅(prompting)과 모델링

철자 오류가 나타날 때, 바른 철자 쓰기를 모델링 하는 것이다. 잘못 쓴 철자가 나타나면, 틀린 부분을 동그라미로 표시하여 그 부분을 바르게 고쳐 쓸 기회를 준다. 이를 단서화 또는 '프롬프팅'이라고 한다. 또 바르게 쓴 단어 카드를 모델로 보여 주고, 학생이 틀린 부분을 고쳐 쓰도록 하기도 한다.

　Gettinger(1985)는 또래들끼리 이 모델링 기법을 사용하여 맞춤법 쓰기를 지도했는데, 단순히 학생에게 책을 보고 바르게 철자 쓰기를 연습하라고 한 경우보다 훨씬 효과가 있었다.

다. 단어 추가하기(Add-a-Word) 기법

　Pratt-Struthers, Struthers, & Williams(1983)가 제시한 기법이다. 그들은 철자 쓰기에 어려움을 겪는 9명의 5-6학년 학생들을 대상으로 다음과 같은 절차로 지도했다.

① 교사가 제시한 10개의 단어 목록을 그대로 베껴 쓰도록 한다.

② 각 단어를 보이지 않게 종이로 덮고 다시 쓰도록 한다.

③ 각 단어를 맞춤법에 맞게 썼는지 점검한다.

④ 틀리게 쓴 단어는 반복해서 쓰고 목록에 남겨둔다.

⑤ 이틀 연속 정확하게 쓴 단어는 목록에서 삭제하고 새로운 단어로 대체한다.

　Pratt-Struthers, Struthers, & Williams(1983)은 이 기법을 이용하여 맞춤법 쓰기를 한 학기 동안 지도한 후 학생들에게 글짓기를 시켰다. 9명의 학생이 글 속에서 쓴 철자를 점검한 결과, 모두 맞춤법이 이전에 비해 크게 향상되었다.

　McLaughlin, Reiter, Mabee, & Byram(1991)도 이 단어 추가 기법을 9명의 12-14학년 중도 학습 장애를 지닌 학생들의 맞춤법 지도에 적용한 결과, 다른 형태의 수업보다 우수한 효과가 있음을 재확인했다. 그 외 이 기법의 우수성은 다른 연구들에서도 나타났다((McAuley & McLaughlin, 1992; Struthers, Bartlamay, Bell, & McLaughlin, 1994; Struthers, Bartamay, Williams, & McLaughlin, 1989).

2. 작문 지도

작문을 하는 능력은 맞춤법에 맞게 글을 쓰는 능력과는 다르다. 초등학생들은 작문의 목표가 단순히 단어를 바르게 쓰는 것이 아니라, 작문의 규칙을 사용하여 자신의 생각을 표현하는 것이라는 점을 잘 이해하지 못한다(Scardamalia & Bereiter, 1986). 그리고 작문에서 효과적인 전략들을 잘 사용하지 못한다(Graham, 1982; Graham, MacArthur, Schwartz, & Page-Voth, 1992; Graham, Harris, MacArthur, & Schwartz, 1992; Graham & Miller, 1980).

예를 들어, 초등학생이 작문 할 때, 글의 토픽과 쓸 내용 간의 관계를 잘 고려하지 못하고, 하나의 질문에 초점을 두고 응답하는 글을 쓰곤 한다. 그리고 글을 쓸 때 자신이 가진 지식을 충분히 활용하지 못하고, 쓴 글을 잘 교정하지 못하고, 작문 기능이나 질적 수준이 다소 비현실적이다.

작문을 잘 하려면, 기본적으로 세 가지의 지식이 필요하다(Applebee, 1982). 첫째는 언어에 대한 지식이다. 즉 문법 규칙들을 알아야 한다. 둘째, 토픽에 대한 지식이다. 쓸 글의 토픽에 대한 내용을 알아야 한다. 셋째는 독자에 대한 지식이다. 자신이 쓴 글을 읽을 독자들의 관점을 알아야 한다. 그 외 수기(handwriting) 또는 워드프로세서 사용법, 창의성, 표현력 등 관련 여러 기능들을 필요로 한다. 이런 점에서 작문은 고등수준의 능력이다. 이 중 학습부진아의 작문 지도는 비교적 간단하다. 주로 모델링 기법을 쓰는데, 학생이 쓴 글씨를 교과서의 글씨와 비교하면서 교정하도록 한다(Kerr & Lambert, 1982).

초등학교에서부터 교과서 글씨체로 정형화하면 개인의 글씨 개성을 죽이는 것이라고 염려하는 사람들이 있다. 그러나 다른 사람이 알아 볼 수 있게 글을 쓰는 것이 우선이며, 아이들은 바른 글씨체를 기초로 하고, 성장하면서 개성을 살리는 글씨체를 발달시키므로 이런 염려를 할 필요는 없다. 중요한 것은 자신의 생각을 글로 표현하는 작문 능력이다. 지금까지의 쓰기 교수에서는 전형적으로 철자, 구두점, 문법지도를 중심으로 하고, 산출물을 강조해 왔다. 즉, 이런 일련의 쓰기 과정에는 관심을 덜 두었다. 그리고 적절한 문장을 만드는 것을 너무 강조해 왔다. 그러나 작문은 의미를 창출하는 하나의 문제해결 과정임을 유의할 필요가 있다. 즉 작문도 다른 분야와 마찬가지로 목표를 설정하고, 그것을 성취하기 위한 작업을 해야 한다. 문제해결 과정이라는 차원에서 지도가 필요하다. 아울러 지금까지의 작문 교수는 자신이 알고 있거나 생각하고 있는 것을 독자들에게 제시하는 지식 전달 접근(knowledge-telling approach)을 너무 강조해 왔다.

이에 상대적으로 그것들을 선정하고 수정하면서 하나의 일관된 메시지로 계획하고 조직해서 독자와 의사소통하는 지식 변형 접근(knowledge-transformation approach)을 소홀히 해 왔다. 앞으로 작문은 결과만큼이나 과정을 중시하고, 의사소통을 통한 하나의 문제해결 접근으로 지도를 할 필요가 있다.

이런 점에서 작문은 일종의 고등 수준의 문제해결과정이며, 작문은 계획하기(planning), 번역하기(translating), 검토하기(reviewing)의 세 가지 과정을 필요로 한다(Mayer, 2003).

가. 계획하기 지도

계획하기는 글을 생산할 준비를 하는 것이다. 계획하기는 작문을 효과적으로 하는데 영향을 준다(Kollogg, 1994). 이유는 계획을 잘 세우면, 다음 단계인 번역하기에서 활동기억을 충분히 활용하여 일사분란하게 글을 쓰도록 집중하게 하기 때문이다.

Pianko(1979)는 5학년, 10학년 학생들과 성인들에게 짧은 작문 과제를 부여하고, 계획하기 활동이 어떻게 차이가 나는지 비교했다. 그 결과 대부분의 5학년, 10학년 학생들은 과제를 받자마자, 바로 쓰기에 들어갔으나, 성인들은 글의 개요를 먼저 작성하는 등, 글을 쓰기 전의 사전 활동을 하였다. 시간을 좀 더 주자, 성인들은 학생들에 비해 좀 더 자세한 개요를 작성하는 시간을 가졌다.

Stotsky(1990), Zbrodoff(1985)의 연구도 같은 결과를 얻었다. 이 연구들이 시사하는 것은 경험 많은 사람들은 작문에서 글을 쓰기 전에 먼저 전반적인 계획을 하고, 그 계획 활동이 질 높은 작문을 하는데 중요하다는 것을 말해 준다.

계획하기는 세 가지 하위 과정을 거친다. 첫째는 생성하기(generating)로 글의 토픽과 관련하여 자신의 장기 기억에서 관련 정보를 회생해 내거나 다른 사람이 쓴 글에서 정보를 수집하는 것이다. 둘째는 조직하기(organizing)로 회생하거나 수집한 정보들 중 적절한 것들을 쓰기 계획으로 구조화하는 것이다. 셋째는 목표 설정하기로서 실제로 글을 쓸 때 그것을 안내할 일반적 준거들을 설정하는 것이다. 예를 들어, 글을 통해 표현하고자 하는 것들이 제대로 되었는지 평가하는 준거를 설정하거나, 예상 독자들이 내용에 대한 친숙하지 않을 것이라고 생각되면, 군더더기가 없도록 단순하고 명료하게 쓰고자 하는 것이다.

생성하기 과정에서 교사는 학생들로 하여금 글을 쓰기 전에 적절한 정보를 회복하거나 수집하는 활동에 임하도록 지도한다. 글의 토픽과 관련하여 자료 노트를 마련한다든가, 학급 전체 학생들을 대상으로 토픽에 대해 토론을 시킨다. 이런 활동은 독해의 경우와 마찬가지로 글의 토픽과 관련한 사전 지식을 활성화하는 것으로 학생들은 이런 활동을 통해 좀 더 많은 아이디어들을 생성한다(Voss & Bisanz, 1985; Caccamise, 1987).

조직하기 과정에서 교사는 생성하기 과정에서 생성된 아이디어들을 일관된 구조로 조직하는 훈련을 한다. 글의 개요를 작성하는 것은 좋은 조직 훈련이다. 그리고 글쓰기의 다음 과정인 번역하기 과정에서는 이 개요에 기초하여 글을 쓰는지 스스로 모니터하도록 한다. 그리고 목표 설정하기 과정에서 교사는 자신의 글을 써나갈 방향을 정하고 쓴 글을 평가할 준거들을 만드는 훈련을 시킨다. 그리고 글쓰기의 마지막 과정인 검토하기 과정에서 설정된 목표대로 글이 작성되었는지 평가하고 또래와 상호 토론하도록 한다.

Bereiter & Scardamalia(1987)은 여러 연령대의 학생들의 아이디어들을 분석하고 초등학교 입학 전, 초등학교 시기, 초등학교 이후로 나누어 계획하는 능력의 발달적 특징을 확인했다. 먼저 초등학교에 입학하는 아이들은 대부분 어떤 아이디어든지 아이디어 자체를 생성해 내는데 어려움을 가졌다. 따라서 이 시기는 계획하기의 가장 기본적인 하위 과정인 "아이디어 생성하기"가 힘든 단계라는 점을 시사해 준다. 초등학생(6-12세까지)은 지식 전달자로(knowledge teller)의 단계이다. 즉, 아이디어들을 평가하거나 조직하지 않고, 표현하고 전달하는 데 초점을 둔다. 아이디어 생성하기는 습득하나, 평가하기나 조직하기와 같은 다른 하위 과정에 대해서는 아직 습득하지 못하는 단계다. 초등학교 이후에는 지식 변형자(knowledge transformer) 단계로 접어들면, 아이디어 생성하기, 조직하기, 평가하기를 습득한다.

Graham, Harris, MacArthur & Schwartz, S.(1992)는 4-5학년 학습부진아들을 대상으로 계획하기의 마지막 과정인 목표 설정하기 단계에서의 능력을 향상시키기 위해 PLANS라는(Plan goals, List ways to meet goals, And, make Notes, Sequence notes) 사전 쓰기(pre-writing) 전략을 지도했는데, 그 절차는 다음과 같았다.

① 산출물 목표(product goal)를 설정한다. 산출물 목표로는 목적(purpose), 구조(structure), 유연성(fluency)에 대해 설정한다. 목적에서는 주장하는 글을 쓸지, 설명하는 글을 쓸지, 아니면 재미있는 글을 쓸지 결정한다. 구조에 대해서는 모든 부분을(서론, 본론, 결론) 가진 글을 쓸 것인지, 아니면 한 부분만 쓸 것인지 결정한다. 유연성에서는 대략 몇 개의 단어를 사용할 것인지에 대해 결정한다.
② 이 목표들을 달성하는 방법들을 열거한다.
③ 글을 쓰는데 필요한 자료 노트를 만든다.
④ 자료 노트들을 글을 쓸 순서대로 정렬한다.

Graham 등은 이러한 계획 활동이 글쓰기에 미치는 효과를 검증하고 다음과 같은 결과를 얻었다.

① 글의 이야기 요소의 수와 질적인 측면에서 글쓰기가 향상되었다.

② 사전 쓰기 전략 지도 전에는 계획 시간이 5초 이내였으나, 전략 지도 후에는 8분으로 늘어났고, 전체 글쓰기 시간도 12분에서 20분으로 늘어났다.

③ 다른 교과 영역의 글쓰기에도 전략을 전이하여 여러 교과 영역에서의 글쓰기에서도 향상을 보였다.

Zipprich(1995)은 13명의 9세-12세 학습부진아들을 대상으로 작문 능력 향상을 위해 사전 쓰기 활동으로 다음 그림과 같은 스토리 웹(story web)이라는 전략을 사용하였는데(p.6), 다음과 같은 절차를 밟았다.

① 이야기의 요소들을(제목, 상황, 문제, 행위, 결과) 확인하는 수업을 하였다.

② 최선의 글을 30분 동안 쓰도록 하고 기초선으로 삼았다.

③ 교사는 미리 만들어진 스토리 웹을 아래 그림과 같이 제시하고 자신들이 쓴 이야기의 구성요소들을 확인하도록 하였다.

④ 교사는 학생들이 스스로 스토리 웹을 작성하도록 하였다.

⑤ 학생들은 자신들의 스토리 웹을 또래들과 공유하고 수정·보완하도록 하였다.

⑥ 학생들에게 스토리 웹을 사용하여 30분 동안 글을 쓰도록 하였다.

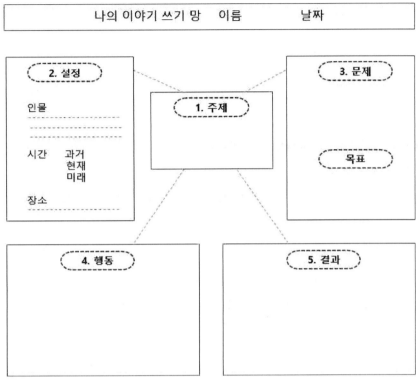

[그림 3-2] 나의 이야기 쓰기 망

출처: Zipprich(1995). p.6

Zipprich(1995)은 스토리 웹의 효과를 검증한 결과, 학생들은 기초선에 비해 글쓰기 준비 과정에서 보다 많은 시간을 투자했고 작성한 글의 질적 수준도 크게 향상되는 것을 발견했다.

나. 번역하기 지도

번역하기란 계획하기 단계에서 설계한 것에 따라, 즉 계획에 따라 실제로 글을 쓴다. 번역하기를 만족시키는 준거로 다음 다섯 가지가 있다(Nysrand, 1982). 교사는 학생들이 이런 준거들을 만족시키는 글을 쓰도록 글 쓰는 과정을 점검하면서 지도한다.

첫째, 어의적(semantic) 준거이다. 읽는 사람에게 의미를 전달할 수 있는 글을 쓰도록 한다.

둘째, 구문적(syntactic) 준거이다. 문법, 구두점, 문장 구조가 읽는 사람에게 적절하게 쓰도록 한다.

셋째, 텍스트(textual) 준거이다. 일관된 단락과 구문으로 문장들이 함께 묶여지게 쓰도록 한다.

넷째, 맥락적(contextual) 준거이다. 읽을 사람의 수준과 관점을 고려하여 적절한 스타일로 글을 쓰도록 한다.

다섯째, 그래픽(graphic) 준거이다. 읽는 사람에게 알아 볼 수 있도록 글을 쓰도록 한다. 읽는 사람에게 친숙한 글자의 크기, 필체, 글자 배치, 글자 간격, 글의 길이가 적절하도록 지도한다.

교사는 번역하기 단계에서 학생들이 이런 준거를 만족시키면서 글을 쓰도록 하되, 그 외 몇 가지 유의할 점이 있다.

첫째, 초등학교 저학년들이나 학습부진아들을 대상으로 번역하기를 지도할 때는 위의 번역하기 준거들에 너무 집착하여 지도하지 않도록 한다. 번역하기는 이들에게는 아직 자동화되지 않은 관계로, 상당히 주의를 집중해야 하므로, 쓰기 그 자체를 어려워 할 수 있기 때문이다. 그리고 이들에게 번역하기의 조건들에 너무 얽매이도록 하면, 글을 쓰는 즐거움을 상실하게 할 우려가 크다. 아울러 이들에게는 정확한 철자와 문장 쓰기도 너무 강조하지 않는다. 이들에게는 정보처리 능력이 제한

되어 있어, 이런 표준과 형식을 강조하면, 글의 질이 떨어진다(Read, 1991; Scardamalia, Bereiter, & Goelman, 1982).

둘째, 글의 초고를 완벽하게 완성하도록 강요하지 않는다. Glynn, Britton, Muth, & Dogan(1982)은 초등학교 학생들을 대상으로 한 집단에게는 초고를 완벽하게 작성하라고 요구했고, 또 다른 한 집단에게는 초고를 작성하되 그런 요구를 하지 않았다. 그리고 초고를 완성한 두 집단에게 글의 내용, 순서, 문장 형성, 문법, 구두점들과 같은 기계적 측면에 유의하여 최종본을 작성하라고 요청했다. 그 결과 초고를 완벽하게 작성하지 않은 집단의 글이 더 완벽했고, 기계적 측면에서의 오류도 더 적었다. 이 결과를 근거로 연구자들은 초고를 완벽하게 작성하게 하는 것은 계획하기 단계에서 생성하기, 조직하기, 평가하기를 할 시간을 빼앗아가기 때문에 좋은 글을 쓰기 어렵게 만든다고 해석한다.

셋째, 초등학교 저학년들과 학습부진아들은 글 쓰는 집중력이 약해 교사의 지속적인 격려와 조언을 필요로 한다. Scardamalia, Bereiter, & Goelman(1982)는 4학년과 6학년 학생들을 대상으로 글을 쓰게 하고, "잘하고 있구나. 그런데 약간 거칠구나. 좀 더 쓰면 좋은 글이 되겠다. 계속 집중해서 글을 쓰도록 해라."라고 격려한 결과, 통제 집단에 비해 글의 양도 50% 이상이나 늘었고, 질적 측면도 향상된 것을 발견했다. 특히, 4학년 학생들은 글을 쓰는 도중 중단하는 경우가 많아 교사의 격려가 특별히 필요했다. 이런 연구 결과는 학습부진아들의 번역하기 지도에서는 특별히 교사의 격려와 조언이 필요함을 시사한다.

다. 검토하기 지도

검토하기란 쓴 글을 다시 읽으며 수정하고 보안하여 글을 향상시키는 것이다. 초등학교 학생들은 검토하기를 통해 오류를 발견하고 수정하는 것을 어려워한다.

Barlett(1982)는 초등학교 4 - 5학년생들을 대상으로 쓰기 능력이 평균 이상인 집단과 평균 이하인 집단으로 나누어 검토하기 단계에서 교정 내용을 비교하였다. 그 결과 쓰기 능력이 평균 이상인 집단이 평균 이하 집단보다 2배나 많이 오류를 교정하였다. 그리고 5학년 학생들이 4학년 학생들보다 2배나 많이 오류를 교정하였다. 그러나 쓰기 능력이 높고, 고학년이라도 오류를 36% 밖에 교정하지 못하는 것으로 나타났다. 검토하기 단계에서 글 교정 지도는 급우들끼리 서로 바꾸어 교정하도록 하면 효과가 있다.

Barlett(1982) 초등학교 4 - 5학년생들을 대상으로 자신이 쓴 글과 다른 사람이 쓴 글을 수정하라고 요청했다. 두 글 모두 오류를 많이 포함하고 있었다. 그 결과 학생들은 자신의 글보다 다른 사람의 글에서 오류를 더 잘 발견해 내었다. 이것은 글의 검토는 또래들끼리 바꾸어 오류를 발견하도록 하는 것이 효과적이라는 것을 시사한다.

Fitzgerald & Markman(1987)는 6학년 학생들을 대상으로 실험집단에는 또래와 짝을 지어 글의 내용을 추가하고, 삭제하고, 대체하고, 재정렬 하는 교정방법을 지도했다. 그리고 통제집단은 단순히 문학책을 읽도록 하였다. 그 결과 실험집단은 비교집단에 비해, 추가는 61%, 삭제는 69%, 대치는 27%, 재정렬은 42% 더 많이 했고, 글의 질이 높았다.

Stoddard & MacArthur(1983)는 교사가 또래 집단을 사용하여 글을 교정할 때의 지도 절차를 다음과 같이 제시하였는데, 글의 기계적 오류를 감소하고 내용의 질을 향상시키는 효과를 가져왔다.

① 교사는 학생들에게 일련의 질문을 제시하고 글을 교정하는 방법을 지도했다.

② 또래는 편집자의 역할을 담당하여 짝이 쓴 글에서 주요 아이디어를 요약하고 교정이 필요한 사항을 일지에 적도록 하였다.

③ 또래 편집자와 글을 쓴 학생은 그 교정 제안들에 대해 토론하도록 하였다.

Chapter 3. 수학 지도

대부분의 초등학생들은 수학의 목표가 수들 간의 관계를 이해하는 것이라는 것을 이해하지 못한다. 수학을 주로 수학 활동지를 하거나, 문제풀이로 생각한다. 따라서 수학을 이해해야 할 일련의 원리라기보다는 그저 정해진 절차에 따라 계산하는 활동이라고 생각하는 경향이 있다. 수학학습부진 문제는 주로 두 가지로 나타난다. 하나는 계산을 못하는 것이고, 다른 하나는 문제를 해결하지 못하는 것이다. 초등학생의 수학 학습부진은 계산 문제가 좀 더 빈번하다. 이런 학생들은 기본적으로 가감승제에 능숙하지 못하다. 문제 해결도 시간, 측정, 기하 등을 포함하는 문장제 문제를 해결하지 못하는 어려움을 가지고 있다.

1. 계산 기능 지도

수학 학습부진아들의 계산 기능 지도 방법으로 여러 가지 개입 전략들이 있는데, 이 전략들을 통합해서 지도해야 보다 효과적이다.

가. 반복적인 연습과 유관 강화

반복적인 연습(drill & practice)과 유관 강화는 가장 자주 사용하는 개입 전략이다(Shapiro, 1996; Mayer, 2003). 즉 계산에 필요한 절차적 지식을 자동화할 수 있도록 반복 연습을 시키고 정확하게 계산할 때 강화를 제공한다. 계산 기능을 자동화해야 한다. 그래야 계산에 신경을 쓰지 않고 수학 문제 해결에 집중할 수 있다. 계산 기능의 자동화를 위해서는 정확하게 계산할 때, 강화하고 부정확하게 계산할 때, 교정 피드백을 반복적으로 제공해야 한다.

반복 연습과 유관 강화 전략의 효과를 지지하는 연구들은 많다.

Kirby & Shields(1972)는 곱셈 계산 기능 속도가 느린 13세 학생들에게 정확한 계산을 했을 때 칭찬을 제공하고 부정확 할 때 즉시 교정 피드백을 제공해서 곱셈하는 속도를 향상시킬 수 있었다.

McLaughlin(1981)는 일일 학습지 풀이 속도를 증진시키기 위해 점수를 누적시켜 일정 점수가 쌓이면 좋아하는 활동에 참여하도록 하는 토큰 경제 프로그램을 운영한 결과, 수학 계산 능력이 크게 향상되는 것을 발견하였다.

Terry, Deck, Huelecki, & Santogrossi(1978)는 일일 학습지 풀이에서 100% 성공하면, 자유 시간을 주자 거의 한 문제도 풀지 못하던 아이가 100% 계산하는 등 그 효과가 빠르게 나타났다고 보고했다. Johnston & McLaughlin(1982)은 7세 여학생이 일일 학습지 풀이를 시작하기 전에 자유 시간을 얻기 위해 몇 문제를 성공해야 하는지를 알려주고, 3일간 계속해서 유관 강화를 시작해서, 교사가 정한 성공 수준에 도달했다.

Luiselli & Downing(1980)은 학습장애를 겪고 있는 10세 남학생에게 특정 수의 수학 계산 문제를 풀게 하고 피드백을 제공하고 정답에 대해 칭찬을 해 주자, 계산 속도가 향상되어 푸는 계산 문제가 점진적으로 늘어나는 것을 발견했다.

학습부진아들에게 반복적으로 계산하는 연습을 시키는 것은 계산 기능을 자동화시키는데 효과적이지만, 이를 수의 개념적 지식과 분리해서 지도하면, 학생들은 수학을 의미 없는 절차로 오해할 수 있다. 따라서 반복적으로 계산 연습을 할 때 나타나는 이런 단점을 극복하기 위해서, 수직선을 사용하여 수 개념 지도를 함께 할 수 있다(Case & Okamoto, 1996; Griffin, Case, & Capodilupo, 1995; Griffin, Case, & Siegler, 1994). 수직선을 이용해서 수 개념을 지도할 때 수직선 게임을 도입하면 효과적이다. Griffin & Case(1996)은 두 학생이 각각 주사위를 던져서, 누가 높은 수를 얻었는지 정하고, 그 학생이 보드의 수직선상에서 토큰을(예: 바둑돌이나 말) 움직이게 하여, 두 수의 크기를 비교하고, 수직선을 따라 전후로 계산하도록 하였다. 그 결과 학생들은 수 개념을 더 잘 인식하였고 계산 성공률도 더 높았다.

나. 모델링(modeling)

모델링 지도는 교사가 계산하는 과정을 생각 보고법(think aloud)으로 시범보이고, 학생이 따라 하도록 한 다음, 오류가 발생하면 교정 피드백을 제공해 주는 것이다.

Blankenship(1978)은 뺄셈에서 아래와 같이 도치오류(inversion error), 즉 감수(subtrahend)에서 피감수(minuend)를 빼는 오류를 보이는 10명의 학습부진아들에게

$$
\begin{array}{r}
37 \\
-9 \\
\hline
32
\end{array}
\qquad
\begin{array}{r}
466 \\
-89 \\
\hline
423
\end{array}
$$

① 받아 내림하는 절차를 모델링하고, ② 교사가 보는 앞에서 교사의 모델링을 따라 예제 문제를 정확하게 풀게 한 후, ③ 일련의 연습문제들을 제시하고 풀게 한 다음 그 정확성에 대해 피드백을 주었다. 그 결과 모든 학생들이 계산한 정답률이 0%에서 100%로 급격한 향상을 보였다.

Skinner, Bamberg, Smith, & Powell(1993)는 교사가 직접 모델링을 하지 않고, 계산 과정을 보여주는 문서를 가지고 모델링을 실시하였다. 3명의 3학년 학습부진아들을 대상으로 나눗셈 계산 문제를 풀 때 다음과 같은 절차에 따라 지도하였다.

① 교사는 계산 문제와 해결과정과 정답이 쓰인 종이를(모델 종이) 나누어 준다.
② 학생은 색인 카드 여백에 문제를 적고 모델 종이를 덮는다.
③ 학생은 색인 카드 여백에 문제를 푼다.
④ 색인 카드를 치우고 모델 종이에 쓰인 해결과정과 정답을 드러낸다.
⑤ 학생은 자신의 해결책과 정답을 모델 종이의 해결책 및 정답과 비교·평가한다.

연구자들은 문서 모델링 전략으로 개입한 결과, 학습부진아 3명 중 2명은 완전 학습 수준으로 나눗셈을 정확하게 해 냈으며, 개입 8개월 후 추수 조사 결과, 3명 모두 나눗셈을 하는 것을 확인했다.

다. 자기 대화(self-talking)

자기 대화는 교사가 제시한 계산 절차를 따라 학생이 자기 자신에게 대화를 하며 그 절차를 밟도록 하는 것이다. Cullinan, Lloyd, & Epstein(1981)은 교사가 계산 절차를 제시하고 그것을 따라가는 것을 시범 보인 후, 학생이 문제를 풀도록 하였다. 이 때 학생은 교사가 제시한 계산 절차를 바르게 따라가고 있는지 자신에게 말로 이야기하면서 풀도록 하였다. 학생이 이 절차를 따라하는데 익숙해지면, 나중에는 속으로 하도록 하였다. 결과 학습부진아들의 계산 기능이 많이 향상되었다.

2. 수학 문제해결 지도

문장제 문제를 해결하기 위해서는 번역하기(translating), 문제 통합하기(problem integration), 해결책 계획하기(solution planning), 계산 규칙 적용하기(appling the rules of arithmetic) 네 가지 기능이 필요하다(Mayer, 2003). 수학 문장제 문제 해결에 어려움을 보이는 학습부진아들은 이 네 가지 기능 중 어느 하나 이상이 부족할 수 있기 때문에, 각 기능을 나누어 지도하고, 나중에는 통합해서 수행하도록 지도한다.

가. 번역하기 지도

문장제 문제 해결에서 번역하기란 문제의 각 진술들을 내적 표상(internal representation)으로 바꾸는 것이다. 여기서 언어적 지식과 세상에 대한 지식을 필요로 한다. 따라서 문장제 문제를 번역하는 능력은 국어의 언어적 지식과 타 교과의 지식을 필요로 한다.

번역하기는 문장들 간의 관계를 나타내는 진술들이(relational statements) 있을 때 가장 어렵다(Loftus & Suppes, 1972). 예를 들어 "나리는 2년 전에 민지보다 두 배나 나이가 많았다. 나리는 현재 40살이다. 민지는 몇 살인가?"처럼, 나이 관계를 나타내는 말을 번역하기 어려워한다. 번역하기에서 관계적 진술들을 잘 이해하기 위해서는 언어적 지식이 필요하다.

Hegarty, Mayer, & Monk(1995)는 문제해결 능력이 떨어지는 학생들은 수학 문제 해결 능력이 높은 학생들보다 번역하기에서 어의적 오류(semantic error)를 4배나 많이 하는 것을 발견했다(39% 대 9%). 이는 수학 문장제 문제 해결 능력은 독해 능력과 관련이 있음을 시사한다. 아울러 번역하기는 사실적 지식을 필요로 한다.

Loftus & Suppes(1972)는 척도 변환을 포함한 문제들은 그렇지 않은 문제들보다 더 어렵다는 것을 발견했다. 이유는 척도 변환은 사실적 지식을 필요로 하기 때문이다. 예들 들어, 30센티미터를 0.3미터로 바꾸려면, 1미터는 100센티미터라는 사실을 알아야 한다.

훈련을 통해서 학습부진아들은 번역하기를 연습할 수 있는데, 이는 수학 문장제 문제를 해결하는데 도움을 준다. Lewis(1989)는 수학 문장제 문제에서 관계를 진술하는 부분을 찾아 밑줄을 긋고 그 관계를 수직선을 사용하여 파악하는 훈련을 시켰다. 그 결과 번역하기를 잘 할 수 있었고 종국에는 문제를 성공적으로 해결했다. 이를 바탕으로 Lewis는 번역 기능은 전형적으로 수학교육과정에서 강조하지 않기 때문에 교사는 번역하기를 지도해야 하며, 학습부진아들 중에는 언어적 지식과 사실적 지식이 부족한 채, 수학 문제 해결에 임하게 되는데, 이들에게는 특히 번역하기 훈련이 필요하다고 주장했다.

아울러 Mayer(2003)는 번역하기 훈련으로는 ① 문제의 진술을 자신의 말로 바꾸어 말하기(paraphrasing), ② 문제에서 주어진 것들을 가지고 해결 목표를 생성하여 자신의 말로 재진술하기, ③ 문제의 문장에 상응하는 도해 그림을 그리기 등을 추천한다.

나. 문제 통합하기 지도

문제의 각 진술들을 일관된 문제표상(problem representation)으로 통합해야 한다. 문장제 문제를 해결하려면, 번역하기를 통한 정확한 내적 표상만으로는 부족하다. 문제 요소들의 관계 구조를 일관되게 통합해 내는 능력이 필요하다. 즉, 번역하기와 달리 문제 통합은 또 하나의 수학 문제해결 과정이다. 예를 들어, Paige & Simon(1966)는 다음과 같은 불가능한 문제를 풀도록 요청했는데,

> "어떤 사람이 가지고 있는 25센트 동전(quarter)의 개수는 그가 가지고 있는 10센트 동전(dime)의 개수의 7배인데, 이 사람이 가지고 있는 10센트 동전들의 값은 25센트 동전들의 가치보다 $2.50 많다. 이 사람은 각 동전을 몇 개씩 가지고 있는가?"

이 문제를 Quarter는 Q로, Dime은 D로 표시하여 등식으로 표상하면 다음과 같다.

$$Q = 7D$$
$$D(.10) = 2.50 + Q(.25)$$

그러나 이 문제는 문제 요소들 간의 관계를 통합하여 일관적인 문제로 인식하고자 할 때, 모순이 있다는 점을 이해하게 된다. 문제번역은 가능하지만, 문제통합이 불가능하다는 점을 이해하면, 문제통합은 문제번역과는 또 다른 수학 문제해결의 한 요소라는 것을 알 수 있다.

Ma(1999) 또한 초등학교 교사들에게 $"1\frac{3}{4} \div \frac{1}{2} = _____"$ 라는 분수 계산 등식을 제시하고, 이에 상응하는 문장제 문제를 만들도록 했다. 그 결과, 교사들의 96%는 잘못된 문제를 제시하거나 문제를 전혀 제시하지 못하는 것으로 나타났다. 이 결과 또한 문제에 상응하는 구체적 상황을 정신적으로 표상하는 능력(문제통합)이 수학 문제해결에서 중요하다는 점을 시사한다.

문제통합 능력을 지도하려면 다음 두 가지를 지도해야 한다. 첫째, 문제 유형을 파악하는 훈련을 시키는 것이다. Hinsley, Hayes, & Simon(1977)은 중등학교 학생들을 대상으로 18개 유형의 대수(algebra) 문장제 문제들을 제시하고 분류하도록 한 결과, 대수를 잘하는 학생들은 거의 즉시적으로 문제 유형을 분류하였으나 대수를 잘 못하는 학생들은 어려워하는 것을 발견하였다. 이를 통해서 수학을 잘 하는 학생들은 문제 유형에 대한 지식을 가지고 있다고 주장했다.

Mayer(1981) 또한 학생들은 교과서에서 등장 빈도가 높은 문제들은 유형별로 잘 분류하나, 등장 빈도가 낮은 문제 유형들은 그렇게 하지 못하는 것을 발견했다. 이를 기초로 학생들은 좀 더 전형적인 문제 유형에 대해서는 사전 지식(문제 유형 스키마라고 부름)을 가지고 있어서, 문제 표상이 보다 쉬워 문제해결을 성공적으로 할 가능성이 높으나, 적절한 문제 유형 스키마를 가지고 있지 못한 문제들을 만나면, 문제에 대한 표상이 어려워 문제해결에 실패할 가능성이 높다고 주장했다.

문제 유형을 파악하는 지도를 할 때는 문제의 외형적 측면보다 문제의 구조적 측면을 파악하도록 하는 것이 중요하다.

Quilici & Mayer(1996)는 통계학과 고학년 대학생들과 신입생들에게 12개의 통계 문장제 문제를 제시하고 유형에 따라 분류하도록 하였다. 결과 신입생들은 외형적 특징(예: 문제에 등장하는 직업)에 기초하여 분류하고, 고학년 대학생들은 구조적 특징(예: 관여하고 있는 집단의 수, 종속 변인의 종류 또는 유목 변인, 사용하는 통계기법(t 검증, 상관 검증 등)에 기초해서 분류하는 차이를 보였다. 그러나 신입생들도 통계 과목을 들으면서 통계 지식을 더 많이 습득하면서 문제 분류 방식을 외형적 특징에서 구조적 특징으로 변화시킨다는 것을 발견하였다.

Silver(1981)도 7학년 학생들에게 16개의 문장제 문제들을 유목화하라고 요청했는데, 수학 실력이 떨어지는 학생들은 문제의 외형적 특징에, 수학 실력이 높은 학생들은 구조적 특징에 기초하여 분류하였다.

수학 문제해결 시 문제의 구조를 파악하는 일은 시간이 걸린다. Hegarty, Myer, & Monk(1995)는 수학을 잘하는 학생들과 잘 못하는 학생들을 대상으로 수학 문장제 문제를 컴퓨터 화면을 통해 읽고, 해결 계획을 세우도록 하고, 눈동자 움직임(eye movements)을 관찰했다. 그 결과 수학을 잘 못하는 학생들은 주로 숫자나 키워드들을 보았고(외형적 접근), 수학을 잘 하는 학생들은 문제의 요소들을 찾아 그것들 간의 관계를 파악하느라(구조적 접근) 시간을 좀 더 많이 사용하는 것으로 나타났다. 이와 같은 연구들은 문제통합 능력을 향상시키기 위해 문제 유형을 파악하는 훈련이 중요하며, 문제 유형 파악에서는 문제의 외형적 특징보다 구조적 특징(문제에 기저 하는 원리 또는 관계)을 파악하도록 지도해야 한다는 것을 시사한다. 아울러 수학 문제를 해결 할 때, 시간을 들여서라도 문제의 구조적 특징을 파악하는데 관심을 두도록 지도할 필요가 있음을 시사한다.

어린 아이들의 문제 유형에 대한 지식은 발달적인 차이가 있다. Greeno(1980), Riley, Greeno, & Heller(1982)는 K-3학년 학생들을 대상으로 '2+4 = _____'라는 등식으로 해결되는 문제를 다음 세 가지 유형으로 제시하고 풀게 하였다.

- 원인/변화 문제(cause/change problem)
  - 종수는 두 개의 공깃돌을 가지고 있다. 다빈이 종수에게 4개의 공깃돌을 주었다. 종수는 몇 개의 공깃돌을 가지고 있는가?
- 조합 문제(combination problem)
  - 종수는 두 개의 공깃돌을 가지고 있다. 다빈이는 4개의 공깃돌을 가지고 있다. 두 사람의 공깃돌은 모두 몇 개인가?
- 비교 문제(comparison problem)
  - 종수는 두 개의 공깃돌을 가지고 있다. 다빈이는 종수보다 4개의 공깃돌 더 많이 가지고 있다. 다빈이가 가지고 있는 공깃돌을 몇 개인가?

결과, 모두 원인/변화 문제는 잘 해결하였다. 그리고 K-1학년은 조합과 비교 문제는 잘 해결하지 못했으나, 2-3학년은 잘 해결하였다. 이는 ① K-1학년과 같이 어린 아이들은 단 하나의 스키마를 가지고 있고 (원인/변화 스키마), 이 스키마를 모든 문제 유형에 적용하려고 한다는 것, ② 2-3학년들은 문제 유형에 따른 스키마를 가지고 있어(조합과 비교 스키마), 어린 아이들에게도 문제 유형에 대한 지식은 발달적으로 차이가 있다는 것을 말해 준다. 따라서 교사는 초등학교 학생들의 문제 유형의 구조적 특징을 파악하는 훈련을 시킬 때 발달 단계에 맞게 문제를 제시하고 지도할 필요가 있다.

둘째, 문제에 주어진 정보에서 필요한 것과 불필요한 것을 구분해 내도록 훈련을 시킨다. Low(1989)는 고등학교 학생들을 대상으로 다음과 같이 두 집단으로 나누어 실험을 하였다.

① 실험집단에는 문제 내에 문제 해결에 필요한 정보가 충분히 있는지, 불필요한 정보가 있는지, 부족한 정보가 있는지를 가리고, 그것이 무엇인지를 지적하는 훈련을 80분 동안 시켰다.
② 일반집단에는 실험집단에 주어진 문제들과 유사하나 문제 내에 충분한 정보가 있는 문제들을 제시하고, 80분 동안 풀도록 한 후, 교사가 피드백을 제공했다.
③ 통제 집단에게는 이런 종류의 교수를 하지 않았다.

모든 집단에 사전, 사후 검사를 하고, 충분한 정보를 지니거나 부적절한 정보를 지닌 문장제 문제들을 해결하도록 했다. 그 결과, 각 집단에서 수학을 잘 하지 못하는 학생들은 사전 검사에서 약 문제의 1/4을 해결했는데, 사후 검사에서는 일반 집단과 통제 집단은 약 10퍼센트의 향상을, 실험집단은 약 25퍼센트의 향상을 보였다. 이 연구는 ① 문제에 담겨 있는 정보의 적절성과 필요성을 판단하도록 하는 문제 통합 훈련은 일반적인 문제해결 훈련보다 더 효과적이다. ② 학생들은 수학 문제 통합 기능을 학습할 수 있으며, 수학문제 해결에 도움을 받을 수 있다는 것을 말해 주고 있다. 따라서 학습부진아들에게도 진술한 수학 문제를 자세히 읽고, 적절한 정보와 부적절한 정보를 파악하는 훈련을 통해서 문제통합 능력을 길러 주는 일이 필요하다.

3. 해결책 계획하기 지도

수학 문제에 쓰여 있는 각 진술들을 내적으로 표상하고(번역하기), 각 진술들을 일관된 문제표상으로 통합한 후에는(문제표상하기), 세 번째 단계로 문제를 해결할 계획을 세운다.

Schoenfeld(1979)는 학생의 문제 해결 계획 세우기를 도우려면, ① 해결해야 할 문제와 유사한 이전의 문제를 찾아 해결책을 가져오기, ② 문제를 재 진술하여 새로운 각도에서 해결책에 대한 아이디어를 얻기, ③ 문제를 하위 목표들로 분해한 후, 각 하위목표별로 해결책을 세워 단계별로 집행하기, 세 가지 방법을 제시했다. Schoenfeld는 이 훈련의 효과를 검증한 결과, 이 훈련을 받은 집단의 학생들은 수학 문제해결 능력 사전 검사에서는 성공률이 20%였으나 사후 검사에서는 65%로 향상 된 반면에, 통제 집단은 사전, 사후 검사 모두 25% 성공률을 보여 향상이 없었다고 보고했다.

위 세 가지의 해결책 중에서 보다 집중적인 연구가 있었던 것은 첫 번째다. 즉 해결해야 할 문제와 유사한 이전의 문제를 찾아 해결책을 구안하는 것이다. 이것을 비유적 전이(analogical transfer)라고 부른데,

문제(target problem, 표적문제)의 해결책을 구하기 위해, 이전에 성공했거나 아니면 사용할 수 있는 문제(base problem, 기본 문제 또는 동형문제라)를 이용하여 문제 해결책을 추출한다.

Mayer(2003)는 이 비유적 전이의 절차를 3단계로 제시한다. ① 인지 (recognition) 단계로 표적문제와 유사한 이전의 문제(base problem)를 찾는다. ② 추출(abstraction) 단계로 이전의 유사한 문제로부터 해결책을 추출한다. ③ 맵핑(mapping) 단계로 표적 문제(target problem)에 추출한 해결 방법이나 원리를 적용한다. 해결책을 찾기 위해 동형 문제를 사용하여 비유적 전이를 성공적으로 해내려면 문제의 외형적 특징이 아니라 구조적 특징을 주목하여 양 문제간의 구조적 유사성을 발견하도록 지도하는 것이 중요하다.

4. 계산 규칙 적용하기 지도

수학 문제해결의 마지막 단계는 계산 규칙을 적용하여 문제의 답을 내는 것이다. 이것은 수학 계산의 절차적 지식을 필요로 하는데, 학생들이 성장하면서 이 절차적 지식을 점점 정교화시키고 자동화시킬 수 있도록 해야 한다. 그 지도는 앞에서 계산 기능 훈련 방법을 참고할 수 있다.

Part 4 학습부진아의 자기 주도적 학습 지도

Part 4 학습부진아의 자기 주도적 학습 지도

Chapter 1. 자기조절 능력(self-regulatory ability) 지도

Chapter 2. 학습기술(study skills) 지도

Chapter 3. 마음습관 지도

학습이란 교사나 부모의 도움을 받으면서 하기도 하지만, 근본적으로 자기가 한다. 이를 위해 자기 주도적 학습 능력이 필요하다. 자기주도 학습(self-directed learning)은 자기조절 학습(self-regulated learning)이라고도 부른다. 이 연구는 1980년대에 학습 전략의 습득과 사용에 관심을 가지면서 본격적으로 수행했다. 연구를 하는 주요 동기는 교육의 기본 목적이 학생들로 하여금 자기 주도적으로 학습할 수 있는 사람으로 성장하도록 하는 것이었기 때문이었다(Paris, Byrnes, & Paris, 2001).

자기주도 학습(self-directed learning)은 "학습자가 과제 관련 학업적 기능에 자신의 정신 능력을 변환시키는 자기 주도적 과정"이다(Zimmerman, 2001, p.1). 즉 학습자가 자신의 학습을 스스로 주도하는 행동으로, 자신의 학습 과정에서 메타인지, 동기, 행동의 측면에서 능동적으로 참여하는 활동이다. 그렇게 했을 때 학생은 학습에 대한 책임을 자기 자신에게 지우며, 자기 주도적으로 학습할 수 있다.

지식이 폭발적으로 증가하는 정보화 시대에 교사와 부모가 지식을 다 지도할 수 없기 때문에 필요할 때, 필요한 지식을 자기 주도적으로 학습할 수 있는 능력은 모든 학생들에게 필요하며, 특히 타인에 대한 학습 의존성이 높은 학습부진아들에게는 더욱 필요하다.

학습부진아들도 언제까지 자신의 학습을 남에게 의존할 수는 없는 노릇이기 때문이다. 학습부진아들은 3장에서의 기초 학습 기능을 완전 습득한 후에는 그 기능을 여러 교과의 학습에 적용하며 자기 주도적으로 학습 할 수 있도록 해야 한다.

Chapter 1 자기조절 능력(self-regulatory ability) 지도

자기 주도적으로 학습 하려면 학생이 자신의 여러 행동을 스스로 조절할 수 있는 자기조절 능력이 필요하다. 그리고 자기조절 능력을 자기주도 학습에 적용하여야 한다. 여기서는 자기조절의 정의, 발달 단계, 지도 방법에 대해 살펴본다.

1. 자기조절의 정의

자기조절은 학생이 자신의 행동에 스스로 피드백 정보를 제공하는 순환적 과정으로, 자기 주도적 피드백 루프(self-oriented feedback loop)라고도 한다(Carver & Scheier, 1981; Zimmerman, 1989, 2000). 이 루프는 학생들이 학습을 포함하여 자신의 행동의 방법이나 전략의 효과성을 모니터하고 자신의 지각에 대한 암시적 변화에서부터 명시적으로 전략을 바꾸는 변화에 이르기까지 다양한 방식으로 피드백 하는 순환적 과정이다.

이 피드백 루프에 작용하는 것은 인지적 능력만 관여하는 것이 아니다. 의지가 관여한다. 즉 학습의 과정을 점검하고 향상시키기 위해 자신의 정서와 태도를 관여시키는 정의적 노력이 필요하다. 따라서 학습 상황에서 자기조절은 학습자가 "자신의 인지, 집중력, 동기, 정서를 총체적으로 조직하고 통제하는 고등 수준의 과정이다."(Corno &

Mandinach, 1983, p.95). 자기조절은 이런 고등 수준의 활동이기 때문에 자기주도 학습은 어린 아이들보다 청소년기에 더 잘 나타나는 현상이고, 학업 성취가 낮은 학생들보다 학업 성취가 높은 학생들이 더 효과적으로 사용하는 편이다(Zimmerman, 1989). 그리고 자기조절 학습이라고 해서 사회적으로 고립된 상태에서 혼자 학습한다는 의미는 아니다. 자기조절 학습은 집단 속에서 일어나며 자기조절 학습의 핵심적 이슈는 학습에서 개인적 주도성(personal initiative), 인내심(perseverance), 적응적 기술(adaptive skill)을 발휘하는지의 여부이다(Zimmerman, 2009).

2. 자기조절 능력 발달 단계

자기조절 능력은 다른 지적, 정서적 능력의 발달과 같이 일련의 단계를 거치며 발달한다. Higgins(1991)는 학생들의 자기 주도적 학습 능력은 초기와 중기 두 단계를 거쳐 질적인 차이를 보이며 발달한다고 주장했다. 초기의 발달적 특징은 타인들이 지니고 있는 자신에 대한 목표와 표준에 민감성을 증진시키고, 그 표준들을 만족시키고 그 역량을 외부로 증명하려는 동기를 가진다. 그러다가 중기에 들어서면서 외적 기대로부터 점차 벗어나 이상적인 자신을 추구하기 시작한다.

그러나 중기에는 학교생활을 통해 이상적 자아와 실제적 자아 사이의 차이를 인지하고 낙심이나 자기 존중감에 타격을 입기도 한다. 자신이 원하는 사람이 될 수 없다고 느끼면 슬퍼하고 낙담하고, 자신이 되어야만 한다고 생각하는 사람이 될 수 없다고 느끼면 근심과 위협을 느낀다. 이런 부정적 반응들은 낮은 기대 수준, 사회적 회피, 무력감과 같은 부정적인 자기조절 행위를 야기한다.

예를 들어, 학교에서 성공적이지 못한 학생들은 성적, 성취, 미래 학교생활에 대한 성인의 허락이나 기대와 연계된 정체성을 경멸하거나 무시하는 것을 선택하는 방향으로 자기조절을 할 수 있다. 이것은 미래에 있을 수 있는 실패에 대한 근심을 야기 시키고 자긍심에 위협을 가하기 때문에 교사의 권위에 저항하고, 학업적 목표를 부인하고, 학습전략의 사용을 거부하고, 학업 성취 목표에서 벗어나도록 대안적 정체성을 선택한다. 그리고 이런 선택은 학업 대신 다른 영역으로 방향을 돌려 자기 정체성을 찾도록 자기를 조절한다. 훌륭한 운동선수나 음악가, 또는 불량 또래 집단의 리더가 되어서 또래들의 승인을 받으려는 노력을 할 수도 있다(Paris, Byrnes, & Paris, 2001). 그러나 자신이 원하는 자아와 또 자신이 되어야만 한다고 생각하는 자아를 성공적으로 만들어가고 있다고 느끼면 만족감과 자긍심 같은 긍정적 반응을 얻게 되고 긍정적인 자기 조절 행위를 한다.

Schunk & Zimmerman(1997), Zimmerman(2000)은 자기조절 능력을 성숙에 따라 자동으로 발달하는 것도 아니고 환경으로부터 수동으로 습득하는 것이 아니라고 보았다. 그들은 자기조절 능력이 발달하는 단계를 4단계로 제시하였다.

<표 4-1> 자기조절 역량 발달의 사회인지 모델

사회인지 발달 단계	사회적 영향	내적 영향
관찰(observational)	구두설명 모델	
따라잡기(emulative)	사회적 안내와 피드백	
자기통제 (self-controlled)		내적 규준에 의한 강화
자기조절 (self-regulated)		자기조절 과정에서의 효능감과 신념

제1단계는 관찰 단계다(observational phase). 관찰을 통해 자기조절 기능들의 주요 특징들을 배우나 그 기능들을 발달시킨다. 이 단계에서는 외부의 피드백을 동반한 연습을 필요로 한다.

제2단계는 따라잡기 단계다(emulative phase). 부모나 교사, 또는 또래가 자기 조절하는 일반적인 형태를 모방하려고 노력한다. 모델의 행동을 복사하는 것이 아니라 모델의 일반적인 자기조절 패턴이나 양식을 따라한다. 관찰 단계와 차이가 나는 것은 관찰 단계에서는 학생이 자기조절 기능의 단순한 습득에 초점을 두지만, 따라잡기 단계에서는 자기조절 기능을 수행하는 능력에 초점을 둔다.

제3단계는 자기통제 단계다(self-controlled phase). 자기조절 기능과 전략들을 독립적으로 사용하는 단계다. 자기조절 기능과 전략들을 내면화하기 시작하는데 그 내면적 표상은 모델의 수행, 즉 모델의 이미지와 언어의 의미를 따라 패턴화 된다. 아이는 아직 독립적인 표상을 형성하지 못하거나 자신이 효과적이라고 믿는 것에 기초하여 모델의 수행을 내적으로 수정하기 시작한다.

제4단계는 자기조절 단계다(self-regulated phase). 개인적 조건과 맥락적 조건의 변화에 따라 자기조절 기능과 전략들을 체계적으로 적응시킨다. 아이는 자기조절 기능과 전략들을 주도할 수 있고, 그것들을 상황에 기초하여 적응적으로 통합하고, 개인의 목표와 그 목표를 성취할 수 있다는 자기 효능감을 통해 수행 동기를 유지한다.

종합하면, 자기조절 능력 발달의 1-2단계는 주로 사회적 자원(social sources)에 영향을 받아 교사, 부모, 또래의 격려와 모델링, 학습 과제의 구조에 의존하다가 3-4단계는 자기 자원(self-sources)에 의존하여 자기통제로 변한다.

Higgins의 발달 단계 이론이 시사하는 점은 초등학생이 자기주도성을 발달시키는 것은 매우 중요한 과업이며, 그 과제의 성공은 긍정적인 자기조절로 이어지고 과제의 실패는 자기조절의 부재 또는 부정적인 자기조절이라는 방어기재를 형성하게 한다는 것이다. 그리고 Schunk와 Zimmerman의 발달 이론이 시사하는 점은 성인 주도로 지시하거나 모델링하고 피드백을 제공함으로써 자기조절 행위를 습득한 후에는 자기 주도로 표준을 설정하고, 자기조절 행위를 하여 자기 스스로 자신을 강화하고, 자기 효능감을 키우는 방향으로 지도해야 한다는 것이다.

그러나 학생들 중에는 자기조절 능력의 발달 단계에서 성취해야 할 인지적 능력과 정의적 능력을 습득하지 못하고, 추후의 성장 과정에서 능력들의 부재가 누적되어 자기조절을 잘하지 못하는 경우가 있다. 특히, 학습부진아들에게 그런 현상이 두드러지게 나타난다. 그렇다면 학생들로 하여금 단계별로 성취해야 할 자기조절 능력을 습득하지 못하게 하는 원인은 무엇인가? 학자들은 자기조절 능력 부족의 원인을 학생 개인 요인에게서 찾기보다는 교사 및 부모와의 상호작용과 같은 환경 요인에서 찾는다.

예를 들어, Zimmerman(2001)은 자기조절과 관련하여 학습자를 다음과 같은 관점에서 본다. 첫째, 학생들은 메타인지와 동기 전략을 선택적으로 사용함으로써 개인적으로 학습 능력을 증진시킬 수 있다고 본다. 둘째, 학생들은 자기 주도적으로 이익이 되는 학습 환경을 선택하고, 구조화하고, 창조할 수 있다고 본다. 셋째, 학생들은 자신들이 필요로 하는 교수의 형태와 양을 선택하는데 있어 중요한 역할을 할 수 있다고 본다.

그러나 학생들은 성장하면서 학습 환경의 구조 및 교사와 부모와의 상호작용을 통해 자기조절 능력 발달에 부정적인 영향을 받기도 한다. 예를 들어, 상대적 평가에 기초한 학습 목표 구조와 성적 지상주의 풍토, 학생에게 학습에서 독립심과 주인 의식을 심어 주지 못하는 교사, 전제적 양육 방식으로 자녀에게 모든 것을 지시하는 부모 등 학생이 처한 교육의 구조와 성인과의 상호작용 방식이 자기조절 능력 향상에 부정적인 영향을 미친다. 아이들은 가정과 학교생활을 통해 성장하면서 비교적 어린 나이에도 자신의 학습을 스스로 조절하고자 하는 동기를 상실하고, 그 효과성에 대해서도 회의적인 생각을 갖는다. 특히 그런 부정적인 동기와 생각이 자기주도 학습 능력이 발달하는 중요한 시기인 초등학생 시절에 심화된다는 것이다. 이런 관점과 발달 상황에 대한 이해를 바탕으로, 자기 주도적 학습 이론가들은 학습부진아들이 자기주도 학습 능력이 부족한 원인을 학생 개인에게서 보다 학생의 외부 환경에서 찾는다.

3. 자기조절 능력 지도

Zimmerman(1998)은 학습부진아들을 포함하여 학생들이 학습에서 자기 조절하는 능력을 향상시키기 위한 교사의 지도 절차를 3단계, 즉 준비단계, 수행(또는 의지) 통제 단계, 자기반성 단계로 제시한다.

첫째, 준비 단계(forethought phase)다. 학생이 자기조절 행위를 하기 전에 준비를 시키는 단계이다. 교사에게 두 가지 지도 활동을 추천한다.

하나는 목표 설정(goal setting) 활동이다. 학생으로 하여금 자기조절 행위를 할 표적 행동 목표를 설정하도록 한다. 그리고 그 목표를 성취할 수 있도록 자기 효능감을 증진시키고 그 목표를 성취하는데 헌신하도록 격려한다. 교사는 학생이 목표를 설정하도록 할 때에는 네 가지 측면을 고려한다. ① 목표의 특정성 측면이다. 학생이 특정한 수준에서의 수행을 명시적으로 보이도록 목표를 설정한다. ② 목표의 근접성 측면이다. 장기목표보다는 단기목표를 설정하도록 한다, 그 이유는 초등학생들은 즉각적인 결과일 때 동기화되는데, 그 이유는 이 시기에는 시간 개념의 틀이 짧아 장기 결과를 표상하기 어려워한다. 초등학교 고학년이 되면 장기적인 목표도 표상할 수 있고, 이를 단기적인 목표로 세분화한다. 그리고 단기목표가 먼 장기목표보다 수행의 동기를 부여하는데 효과적이다. 따라서 장기목표의 경우에도 그 목표를 몇 개의 단기목표들로 설정하도록 한다. ③ 목표의 난이도 측면이다. 학생이 너무 쉽거나 어려운 목표를 설정하지 않도록 하고, 도전적이면서 성취할 수 있는 목표를 설정하도록 지도 한다. ④ 목표의 중요성 측면이다. 학생 자신에게 중요한 목표를 설정하도록 한다.

또 하나는 모델링(modeling) 활동이다. 교사 직접적으로 성공적으로 자기 조절 하는 행위를 보여주거나, 또래 친구가 성공적으로 자기조절 행위를 하는 사례를 보여 주는 것이다. 그리고 추후에 학생이 자기 모델링(self-modeling)을 통해 자기 자신의 자기조절 행동을 관찰하도록 한다. 예를 들어 수학 문제를 자기 주도적으로 푸는 행동을 촬영하고, 촬영 영상을 관찰하도록 해서, 자기조절 행위를 성찰하고 교정하도록 지도 한다.

둘째, 수행(또는 의지) 통제 단계(performance or volitional control phase)이다. 학생이 의지를 가지고 자기조절 행위를 수행으로 옮기는 단계이다. 이 단계에서는 교사는 세 가지 활동을 할 수 있다.

① 사회적 비교(social comparison)이다. 학생으로 하여금 자기 또래들의 수행 표준과 비교하여 자신의 자기조절 행위를 통제하도록 한다. 초등학생은 자기중심성이 인지와 판단을 지배한다(Higgins, 1981). 따라서 초등학생들은 또래와 비교하여 자신을 평가할 수는 있지만 스스로 비교하지는 못한다. 그러나 성장하면서 사회적 비교에 점진적으로 흥미를 가지며, 그 비교 정보를 자신의 능력을 자기 평가 하는데 사용한다(Ruble, Boggiano, Feldman, & Loebl, 1980). 초등학교 1학년은 또래와의 사회적 비교 정보를 통해 동기를 유발할 수도 있지만, 그 동기는 개인적 능력을 평가하기보다는 실용(예: 정답을 얻기)에 두며, 자신의 능력을 평가하는 비교 정보로 사용하는 능력은 초등학교 4학년 이상이 되어야 가

② 귀인 피드백(attribution feedback)이다. 학생에게 자기조절 행위의 성공은 능력과 노력으로, 실패는 능력 부족이 아니라 노력 부족으로 귀인하도록 한다. 그렇게 했을 때 성공 할 때 자기조절 수행 동기나 자기 효능감을 높이고, 실패해도 자기조절을 하려는 노력을 유지할 수 있다.

③ 전략의 자기 언어화(self-verbalization of strategies)이다. 자기조절에 효과적인 전략들을 학습하고 자기 자신에게 말로 표현하여 마음에 새기는 것이다. 이를 자기 언어화라고 하는데, 처음에는 외부로 드러나는 명시적 언어화로부터 시작하여 점진적으로 내면화하여 내부에서 나오는 암시적 언어화로 이동하도록 한다.

셋째, 자기반성 단계(self-reflection phase)이다. 학생으로 하여금 자신이 수행한 자기조절 행위를 반성하도록 하는 단계다. 교사에게 세 가지 활동을 제시한다.

활동① 자기점검(self-monitoring)이다. 학생이 자기조절 행위를 스스로 관찰하고 점검하도록 한다. 자기점검 학습 초기에는 자기점검이 어려울 수 있으므로, 또래나 교사와 같은 외부 점검이 필요하다.

Schunk(2001)는 자기점검이란 자기관찰(self-observation)과 자기판단(self-judgment)으로 구성한다고 본다.

자기관찰은 자신의 행동을 양(quantity, 얼마나 많이), 질(quality, 어떤 수준으로), 기원(originality, 무엇 때문에)을 관찰한다. 자기 관찰은 학생에게 정보를 전달하고 행동 유지 또는 행동 수정 동기를 부여한다.

이유는 첫째, 자기 관찰이 자신이 설정한 목표를 향해 얼마나 잘 진보하고 있는지를 판단하는 정보를 제공해 주기 때문이다. 둘째, 자기 관찰은 행동을 시작하게 된 조건을 고려하고, 이런 정보는 행동수정을 할 때 유용하게 사용할 수 있기 때문이다. 예를 들어 학생이 어떤 학습일탈 행위를 보이는 것이 혼자 공부할 경우보다 친구와 함께 공부할 때 더 자주 발생한다면, 이 관찰 정보를 기초로, 혼자서 공부할 수도 있다. 셋째, 자기 관찰은 행동 변화를 일으키도록 하는 동기를 제공한다. 예를 들어 학습 습관이 나쁜 학생이 자신의 행동을 관찰한 결과, 비학업적 활동에 너무나 많은 시간을 사용하고 있음을 인식하고, 이런 시간을 줄여야 겠다는 동기를 스스로에게 제공한다. 자기 관찰은 행동이 발생한 장소, 시간, 기간을 기록한 것 보다 정확성이 높다. 자기 관찰을 기록이 아니라 기억에 의존하고 자신의 행동에 대한 충실한 정보를 얻기 어렵기 때문이다.

자기 판단은 자신의 현재 행동을 자신이 설정한 목표와 비교하는 것이다. 자기판단은 표준의 유형, 목표의 특성, 목표 성취가 갖는 중요성, 결과에 대한 귀인과 같은 요인들의 영향을 받는다. 표준의 유형은 준거지향 표준과 규준지향 표준의 두 유형이 있는데, 표준은 자기판단에 필요한 정보와 동기를 제공한다. 예를 들어 어떤 학생이 준거지향 표준인 (10분 내에 30개의 수학 문제를 풀이하기)을 5분에 완수했다면, 진보하고 있다고 판단하며, 이 판단은 동기와 자기효능감을 증진시킨다. 그리고 이 정보를 기초로 성취 목표를 좀 더 상향 조정한다. 규준지향 표준의 경우도 마찬가지이다. 다른 학생들이 성공할 수 있는 과제이면 자신도 할 수 있다는 정보를 얻고, 과제를 하려는 동기를 높일 수 있다.

학습부진아들을 포함하여 학생들에게 목표는 특정성, 근접성, 난이도, 가치성을 고려하여 설정해야 자기 판단에 도움을 줄 수 있다 (Bandura, 1988, 1997; Locke & Latham, 1990). 즉, 목표가 특정 수준을 명확하게 나타내면, 학생은 그 명시적 목표를 향한 진보를 측정하기 쉬워지기 때문에 자기판단을 보다 용이하게 할 수 있다. 그리고 목표는 장기목표보다는 단기목표로 제시해야 근접성이 높고, 학생은 단기목표를 향한 자신의 진보를 보다 쉽게 측정할 수 있어 자기 판단을 보다 용이하게 할 수 있다. 따라서 교사가 학생에게 장기과제를 제공할 때, 몇 개의 단기과제로 나눠서 제시하고 진보를 점검하도록 하여 수행 동기를 높이는 것이 자기조절 전략으로서 좋다. 아울러 목표는 학생에게 도전적이면서도 적절해야 한다. 목표가 너무 쉽거나 어려우면 수행 동기를 떨어뜨리고, 목표 수행 동기와 자기 판단을 떨어뜨린다. 마지막으로 목표는 학생에게 중요한 가치를 지니고 있는 것이어야 한다. 학생이 목표를 중시하면 수행을 신중하게 판단하고, 목표의 성취가 중요하지 않으면 별 관심을 두지 않고 자기 판단을 등한히 하게 된다.

활동② 유관 강화(reward contingency)이다. 교사는 학생이 자기조절 행위를 성공적으로 수행했을 때 직접 강화한다. 처음에는 자기조절 행위의 습득을 위해 그 성공적 행위를 즉각 강화하고 또 행위가 성공적일 때마다 일 대 일로 강화한다. 그리고 자기조절 행위의 유지를 위해 점진적으로 지연강화와 간헐 강화로 바꾼 후, 궁극적으로는 학생이 스스로 자기 강화를 하도록 강화 전략을 바꾼다.

활동③ 진보 피드백과 자기 평가(progress feedback and self-evaluation)이다. 교사는 학생이 자기조절 목표를 추구하는 과정에서 성취한 진보 상황을 피드백 해주어, 목표를 성취할 수 있다는 자신감을 불러 넣어 준다. 그리고 점진적으로 성취한 목표를 자기가 스스로 평가하도록 하여 자기효능감을 갖도록 해 준다.

Mace, & Belfiore, & Hutchinson(2001)는 한 학습부진아의 자기조절 행동을 향상시키기 위해 지도한 사례를 소개한다. 안 교사는 병찬이라는 4학년 남학생의 담임교사였다. 병찬이는 보통 수준의 지능을 가졌으나, 학기가 시작 한 후 학업이나 행동이 계속 악화되었다. 숙제, 자습, 읽기와 수학 성적이 보통 수준에서 하위 수준으로 떨어지고 있었고, 학급에서 자리를 임의적으로 일탈하고, 친구들을 괴롭히고, 자습 도중 소리를 지르고, 교사의 허락 없이 발표하는 등 학습 일탈행위가 늘었다.

안 교사는 1단계로 자기조절 행동 목표를 설정하기 위해 병찬이와 면담을 했다. 안 교사는 병찬이에게 교사로서 어려운 점과 바라는 점을 설명하고 자기조절 프로그램에 참여할 것을 요청했다. 병찬이의 승낙을 확인하고, 함께 표적 행동을 설정했다. 그리고 안 교사는 표적행동을 명확히 알려주고, 어떤 표적 행동은 증진시키고 어떤 표적 행동은 감소시켜야 하는지를 분명히 했다.

예를 들어, 병찬이가 증진시켜야 할 표적 행동으로 ① 과제와 시험에서의 정확성의 백분율, ② 하루 수업 중 바르게 행동할 시수를 명시하고, 감소시켜야 할 표적 행동으로 ① 교사의 허락을 받지 않고 자리를 이탈하는 횟수, ② 교사의 허락 없이 발표하는 횟수, ③ 친구를 괴롭히는 횟수를 명시하였다. 2단계로 자기조절 행동을 해 보도록 동기를 부여했다. 학급에서 병찬이의 표적 행동과 관련하여 모범적인 학생들의 행동과 비교하는 활동을 토론을 통해 지도했고, 본인의 노력이 있으면 얼마든지 그런 모범적인 학생으로 변화할 수 있다고 말해줌으로써 자기조절 행위의 주인의식과 책임감 형성을 도왔다. 3단계로 자기조절 행동을 할 때 자신에게 '나는 할 수 있다'라는 말을 하면서 표적 행동들을 증진시키거나 감소시키는 행위를 스스로 하도록 하였다. 표적 행동 목록표를 만들어 책상 앞에 붙여 놓고 스스로 자기점검하고 기록하도록 하였다. 그 결과 한 달이 지나자 표적 행동에서의 진보가 이루어졌고, 한 학기가 지난 후에는 학급 내 모범학생들의 행동과 거의 유사할 정도로 향상되었다.

Chapter 2. 학습기술(study skills) 지도

학습부진아들에게 자기조절 능력을 향상시키면서 동시에 학습기술, 소위 공부하는 방법을 지도한다. 학습부진아들은 자신들의 학습부진을 극복하기 위해 교사나 부모와 같은 성인들의 도움도 받아야 하지만, 궁극적으로는 스스로 자신의 학습을 책임져야 한다. 이에 학습기술 지도는 학습부진아들이 학습 영역에서 자기조절 능력을 발휘할 수 있도록 하는 중요한 '도구'를 갖는 것이다.

1. 학습기술의 정의

학습기술은 학습전략(learning strategies)이라고도 부르는데, Dansereau(1985, p. 210)는 "정보의 습득, 저장, 활용을 촉진시키는 일련의 과정"으로, Mayer(2003, p.362)는 "학습자가 지적으로 능동적인 학습을 하도록 돕는 기술"로 정의한다. 공부란 농사일과 비슷하여, 즉 기본적으로 노동을 해야 수확을 하는 것처럼, 공부도 스스로 노력해야 소기의 성과를 얻을 수 있는 활동이다. 그러나 같은 소출을 얻는데 있어 효율적이고 효과적인 가령, 과학적인 영농 방법을 동원하듯이, 공부도 같은 노력과 시간을 들이더라도 더 나은 학습 효과를 얻을 수 있는 방법을 동원한다. 이것이 학습기술(learning skill 또는 study skill)이다. 예를 들어 노트필기하기, 지식을 관리하기, 기억술, 집중력 높이기, 시간 경영하기, 공부 스트레스 관리하기 등을 들 수 있다.

학습기술은 지식이 기하급수적으로 늘어나는 정보화 시대에 중요성이 더 커지고 있다. 이유는 학생들이 정보화 시대에 더 많은 지식을 모두 습득할 수 없는 것이 현실이기 때문이다. 대신에 필요한 때 필요한 지식을 동원하여 문제를 해결하는데 적용하는 능력이 중요해졌다. 이런 배경에서 Norman(1980)은 인간이 자신의 지적 과정을 통제하는 방법에 대한 연구를 하는 인지적 엔지니어링(cognitive engineering)이란 학문 영역을 주장하고, 이후 더 많은 심리학자들과 교육자들이 학습기술을 포함하여 학습하는 방법에 대한 교육을 주장하고 있다.

우리는 학생들이 학습하기를 바라면서 학습에 대해서는 거의 가르치지 않고 있다. 이것은 이상한 일이다. …우리는 학생들에게 상당한 양의 내용을 기억하기를 요구하면서 정작 기억술에 대해 가르치지는 않는다. 우리는 이런 결함을 보완해야 할 시점에 있고, 학습에 대한 응용학문을 개발해야 할 시점에 와 있다. … 우리는 학습하는 방법, 기억하는 방법에 대한 일반적 원리들을 개발할 필요가 있으며, 이런 관점에서 응용 과목들을 개발하고 정규 학교 교육과정에 자리 잡도록 해야 한다.

(Norman, 1980, p.97).

교사들은 일반적으로 학습기술은 학업성취가 높은 학생들이 가진 기술이라고 생각하는 경향이 있다. 그러나 학습부진아들은 학습기술 훈련을 더 필요로 한다(Weinstein & Mayer, 1986). 아니 오히려 학습기술은 학습부진아들에게 더 필요하다. 이유는 학습기술 훈련은 학업성취가 높은 학생보다 학업 성취가 낮거나 중간 정도인 학생들에게 효과가 더 크기 때문이다(O'Neil, Jr., & Spielberger, 1979; Dansereau, McDonald, Collins, Garland, Holley, Diekhoff, & Evans, 1979; Dansereau, 1985).

이런 결과가 나타나는 이유는 학업성취가 높은 학생들은 나름대로 자신의 학습기술을 터득하여 사용하지만, 학업성취가 낮거나 중간인 학생들은 자신의 학습기술을 알아차리지 못한 상태이고, 이에 훈련을 통해 학습기술을 습득하고 사용하기 시작하면서 학습기술을 습득하기 때문이다. 그리고 학습기술이 주는 효과가 훈련 이전과 이후에 큰 차이가 나기 때문이다.

2. 학습기술의 발달 단계

학습기술도 다른 인지적·정의적 능력과 마찬가지로 일반적인 발달 단계가 있다. 아이들은 초등학교에 입학하기 오래 전에, 학습기술에 기초가 되는 행동을 한다. 2-5세의 아이들이 사물과 사건을 기억하기 위해 다양한 전략들을 사용하는 것도 이런 사례이다(Wellman, 1988).

아이들은 그 전략들이 목표 지향적이고, 도구적이고, 자신의 노력에 의존한다는 것을 이해하게 되는데, 이것은 전략의 기본적인 개념이 형성된다는 것을 의미한다(Paris, Newman, & Jacobs, 1985). 그 후 학교 생활을 통해 아이들은 정교한 전략들을 발달시킨다.

예를 들어, 기억하고, 의사소통하기, 주의 기울기 등 다양한 전략들을 정교화 하는데, 특히 5-13세에 이를 발달시킨다(Schenider & Bjorklund, 1997, Brown, Bransford, Ferrara, & Campione, 1983; Paris & Lindauer, 1982). 아울러 학교에서 다양한 경험을 통해서 아이들은 읽기, 쓰기, 계산하기, 공부하기, 시험보기 등의 특정한 전략들을 형성한다(Pressley & Levin, 1987; Weinstein & Mayer, 1986). 즉, 지적 발달, 학업 과제 연습, 특정 교수를 통해서 학습을 위해 필요한 전략들을 갖추도록 촉진한다.

학생들은 이런 경험을 통해 학습기술에 대한 세 가지 유형의 지식을 형성한다(Paris, Byrnes, & Paris, 2001).

첫째는 선험적 지식으로, 전략들이 무엇인지에 대한 인식을 형성한다. 즉 일련의 전략들이 지닌 기능과 목적들에 대한 개념적 이해를 형성한다.

둘째는 절차적 지식으로, 전략들을 사용하는 방법을 이해한다. 즉, 전략들을 시행하는데 필요한 행위들을 이해한다.

셋째는 조건적 지식으로, 전략들이 언제, 왜 효과적인지를 이해한다. 이에 기억 전략에 대해 공부한 학생은 더 이상의 교수가 없어도 비슷한 조건을 가진 여러 과제에 이 전략을 전이하여 사용한다.

3. 학습기술 지도

학습기술을 일차적 학습기술과 지원적 학습기술로 나눈다(Dansereau, 1985). 일차적 학습기술은 텍스트의 내용을 이해하기 쉽고 기억하기 좋도록 처리하여 보유하는 전략이다. 예를 들어, 독해 전략, 노트필기 하기, 지식 관리 전략, 시험 준비와 대처 전략, 기억술 등이다. 지원적 학습기술은 학습의 분위기를 긍정적으로 조성하여 인지 기능을 활성화하는 전략이다. 예를 들어, 꿈 설정하기, 시간 관리하기, 집중하기, 스트레스 관리하기 등이다.

학습기술은 교과 내용을 다루는 지식이어서 절차적 지식으로 부른다. 절차적 지식을 지도하는 두 가지 이론이 있다(Mayer, 2003). 하나는 사전 자동화 이론(prior automation theory)이다. 낮은 수준의 기능들을 습득 한 후에 고등 수준의 기능을 지도하라는 이론이다. 즉, 낮은 수준의 기능들이 잘 숙지되어 어떤 정신적 노력이 없이도 자동적으로 처리할 수 있는 수준까지 도달했을 때, 고등수준의 기능을 지도해야 한다는 주장이다. 예를 들어, 독해 기능을 지도하기 전에 필수 단어 해독 기능을 자동화 수준까지 습득한 후에 지도하여야 고등수준의 기능을 학습할 때 모든 인지적 자원을 투자할 수 있게 된다는 것이다.

다른 하나는 제약 제거 이론(constraint removal theory)이다. 낮은 수준의 기능들이 자동화될 때까지 기다리지 말고 고등수준의 기능을 습득하는데 제약이 되는 조건들을 제거하면서 지도하라는 것이다. 예를 들어, 독해기능을 필수 단어 해독 기능을 완전 습득할 때 까지 기다리지 않고 지도한다. 단, 텍스트를 읽히고 독해기능을 지도할 때, 텍스트에 나오는 필수 단어들을 함께 익히게 함으로써 독해기능 습득에 어려움을 제공할 수 있는 제약 조건들을 제거하면 된다. 두 이론은 다 나름대로 일리가 있으나, 요즘에는 제약제거 이론이 좀 더 힘을 얻고 있다. 이유는 사전 자동화 이론에 의하면 학업성취가 낮은 학생들이나 학습부진아들에게는 고등수준의 학습 기술을 지도하는 일은 요원한 일이고, 효과적인 학습을 할 수 있는 자기 주도적 학습 능력 형성이 더 늦어진다고 보기 때문이다.

그리고 실제로 학습기술은 모든 학생들에게 지도가 가능하며, 특히 학습부진아들에게는 학업 향상에 기여하고, 학습에 대한 자기효능감을 높여주며, 교사가 일일이 학습을 지시하지 않아도 학생 지도에 들어가는 교수의 노력과 시간을 줄일 수 있도록 해 준다(O'Neil, &

Spielberger, 1979).

가. 일차적 학습기술 지도

학습부진아들이 자기 주도적으로 학습을 해 나가도록 하려면 독해 전략이 가장 필요하다. 즉, 자기 스스로 텍스트를 읽고 그 내용을 이해하고 오래 동안 보유하도록 돕는 전략이다. 이를 위해 몇 가지 독해 전략이 필요하다.

1) 이해하지 못한 부분 표시하기

텍스트를 읽고 이해하지 못하는 부분을 밑줄을 긋고 물음표를 하거나, 형광펜으로 표시하는 전략이다. 매우 간단한 학습기술이지만 아는 것과 모른 것을 구분하는 것은 학습의 기본이자 출발점으로 중요하다. 이 표시는 추후에 다시 이해하기 위해 공략하거나 도전하거나 교사에게 질문을 하여 답을 얻고, 무엇 때문에 이해하지 못했는지 확인하도록 하는 단서로 사용한다. 아울러 표시한 부분은 시험에 대비하여 각별히 신경을 써서 살펴보고 준비하는 단서로도 활용할 수 있다(Dansereau, McDonald, Collins, Garland, Holley, Diekhoff, & Evans, 1979).

2) 패러프레이징(paraphrasing)과 이미지 표상하기

텍스트의 글을 읽고 그 내용을 자신의 말로 고쳐 쓰거나 말하면서 읽는다. 내용을 이미지나 그림으로 표상하는 것이다. 패러프레이징과 이미지 표상하기는 모두 지도하되, 텍스트의 내용과 학생의 학년 수준에 따라 두 기법의 비중을 달리하여 사용하도록 하면 효과적이다. 예를 들어, 초등학교 저학년 학생들에게는 이미지를 그림으로 표상하는 활동을 보다 많이 하도록 하고, 중·고학년 학생들에게는 패러프레이징 활동을 더 많이 하도록 한다. 그러나 양자를 학년에 따라 비중을 달리하여 조합하는 것이 효과적이다. 이 두 기법은 모두 텍스트를 읽고 상당한 시간이 경과한 후 그 텍스트의 내용을 장기간 기억하는데 효과가 있다 (Dansereau, 1978; Dansereau, Long, McDonald, & Actkinson, 1975).

3) 텍스트를 분해하여 표기하기

텍스트를 읽으며 여러 가지 기호를 사용하여 핵심 문장과 보조 문장을 구분하며 텍스트의 내용을 분석하는 것이다. 텍스트에 주요 아이디어들을 표시할 때는 다음과 같은 일곱 가지의 방법을 사용한다(Pauk & Owens, 2011).

첫째, 핵심적인 단어나 구, 또는 문장을 두 줄로 밑줄을 긋는다(두 줄 긋기).

> 삼권분립이란 국가권력의 작용을 입법·행정·사법의 셋으로 나누어, 각각 별개의 기관에 이것을 분담시켜 상호간 견제·균형을 유지하여 국가권력의 집중과 남용을 방지하려는 통치 조직 원리이다.

둘째, 핵심적인 내용을 **지원하는** 단어나 구를 한 줄 밑줄을 긋는다 (한 줄 긋기).

> 삼권분립이란 국가권력의 작용을 입법·행정·사법의 셋으로 나누어, 각각 별개의 기관에 이것을 분담시켜 상호간 견제·균형을 유지하여 국가권력의 집중과 남용을 방지하려는 통치 조직 원리이다.

셋째, 일련의 주장, 사실, 아이디어들에 번호를 매긴다(번호 매기기).

> 입법부의 지위는 ① 국회는 국민 대표 기관으로서의 지
> 위 ②입법기관으로서의 지위 ③ 국정통제기관으로서의 지
> 위를 가진다.

넷째, 별표(*)를 아이디어의 중요성에 따라 매긴다(별표(*) 매기기). 중요한 아이디어에는 한 개를, 매우 중요한 아이디어에 대해서는 두 개를, 원리나 높은 수준의 일반화에 대해서는 세 개를 여백에 붙인다.

> * 핵폭발이 일어나면~
> ** 낭만파의 주요 특징은~
> *** 인플레이션의 주요 원인은~

다섯째, 키워드나 핵심 용어들을 동그라미표 한다(동그라미 하기).

> (유자전란) 부모에서 자식으로 물려지는 특징, 즉 형질을 만
> 들어 내는 인자로서 유전 정보의 단위이다.

여섯째, 열거 단어(enumeration words)와 전환 단어(transition words)는 네모를 친다(네모 치기). 열거 단어란 내용을 순서적으로 나열하는 단어이고, 전환 단어란 앞의 내용의 바꾸거나 정교화 하는 단어이다.

> 첫 번째로 공급의 부족은 …(열거 단어)
> 더 나아가 이 부족은 …(전환 단어)

일곱째, 이해하지 못한 진술들이 있을 경우 의문 부호(?)를 여백에 표기하고 추후 선생님에게 질문할 단서로 남기도록 한다(물음표 하기).

최근의 ...

불경기에는 ....

약 1,000, 000 ...

오늘날에 이르기까지도 ...

4) 네트워킹(networking)

기억은 인간이 아이디어 또는 개념(node)과 그것들 간의 관계를 명명하는 것(link)을 기초로 하여(Quillian, 1969; Diekhoff, 1977), 내용을 노드(node)와   링크(link),   지도(mapping)화   혹은   네트워크화 (net-working)   하는   것이다(Dansereau,   1978;   Dansereau,   Long, McDonald, & Actkinson, 1975). 다음 그림에서 "새, 앵무새, 화려하다"는 노드를, 화살표(유형)와 선(서술)은 링크를 말한다.

[그림 4-1] 네트워킹의 예

출처: Dansereau(1978); Dansereau, Long, McDonald, & Actkinson(1975).

네트워킹은 여러 가지 효과가 있다(Holley, Dansereau, McDonald, Graland, & Collins, 1979). 먼저, 텍스트의 내용 전반을 그림처럼 한 눈

에 볼 수 있도록 도와준다. 둘째, 링크로 부호화한 것이 기억 회생의 사용 단서를 제공한다(위 그림에서 '앵무새는 새의 한 종류'라는 것(유형), '앵무새는 화려하다"(서술)는 것을 회생하도록 해 준다). 셋째, 교사도 강의를 준비할 때 선행조직자 또는 개요의 대안으로 사용할 수 있다. 넷째, 글을 쓸 때, 네트워킹을 사용하면 가독성 수준을 높일 수 있다.

네트워킹의 응용 기법으로 Mayer(2003)는 개념 맵핑(concept mapping)과 지식 맵핑(knowledge mapping) 전략을 소개한다.

개념 맵핑은 텍스트의 주요 내용을 파악하고 그 관계를 도해화한 것이다. 다음은 초등학교 1학년 학생이 개념 맵핑에 대한 30분간 훈련을 하고 그린 개념 망이다(Novak & Gowin, 1984, p.177).

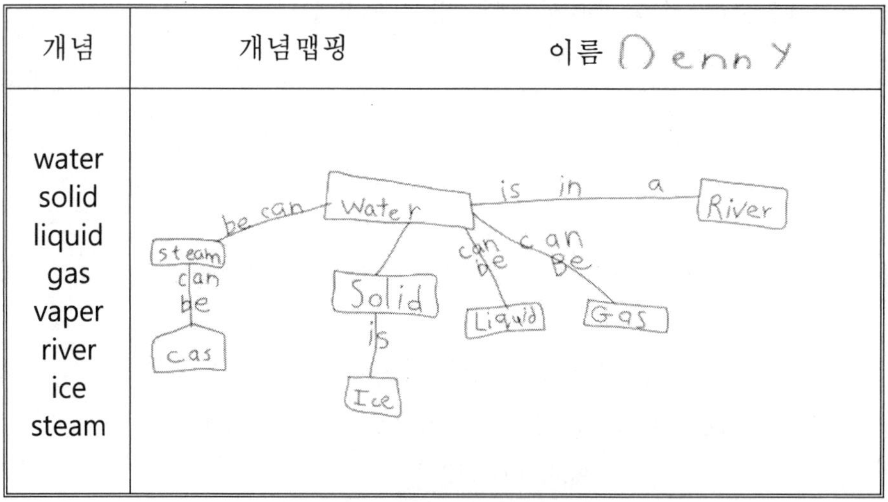

[그림 4-2] 개념맵핑의 예
출처: Novak & Gowin(1984). p.177

지식 맵핑은 초등학교 고학년 이상에게 적절한 네트워킹 전략으로 텍스트의 주요 내용의 구조적 관계를 파악하고 도해화 하는 것이다. 다음은 아래와 같은 유조선의 해양 오염 가능성의 문제와 그 해결책에 대한 텍스트를 읽고 그 내용의 구조적 관계를 지식 맵핑한 것이다 (Mayer, 2003, p. 378-9).

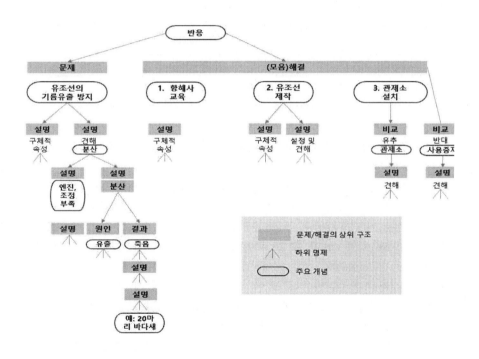

[그림 4-3] 유조선 운행에 대한 구조적 지식 맵핑

출처: Mayer(2003). p.378-9

대형 유조선의 운행

우리가 신경 써야 할 <u>중요한 문제는</u> 대형 유조선에서 기름이 유출되는 것을 막는 것이다. 대형 유조선은 보통 축구장 5개 면적의 크기에 50만톤 이상의 기름을 수송한다. 이 대형 유조선이 난파하게 되어 석유를 바다에 흘리게 된다면, 이로 인해 인근 해상의 어류들과 새, 그리고 미세 식물들까지 죽이게 된다. *<u>예를 들어,</u> 영국의 한 해안에서 유조선에 사고가 났을 때, 20만 이상의 죽은 바다새들이 해안으로 밀려왔다.* 기름 유출은 또한 *해양 생명에 식량을 제공하고 세계 산소 공급의 70%를 생산하는 미세한 식물 생물을 죽이게 된다.*

이러한 사고들의 대부분은 폭풍과 같은(비상사태시) 때를 대비하여 방향을 전환할 동력과 운전능력의 **부족** 때문이다. 유조선들은 배를 움직이기 위해 하나의 프로펠러와 하나의 엔진만을 갖고 있을 뿐이다.

전 세계 석유 공급의 약 80%가 초대형 유조선에 의해 운반되기 때문에, 바다에서 **대형 유조선의 운행을 당장 중단하는 것은** <u>이 문제의 해결책</u>이 아니다.

<u>**하지만, 해법은 있다.**</u> 유조선 항해사의 훈련, 이런 문제를 대비한 유조선의 건설, 그리고 유조선들을 안전하게 안내할 해안근처의 지상 관제소 설치가 그것이다. <u>첫째,</u> 대형 유조선의 항해사들은 그 **배를 조종하고 운영하는 데** 있어 **최고의 훈련**을 받아야 한다. <u>둘째,</u> 유조선의 추가 제어용 프로펠러와 비상용의 백업 엔진이 **마련**되어야 한다. <u>셋째,</u> **지상통제소는 대형 유조선이 해안 가까이 오는 곳에 설치해야** 한다. 이 통제소들은 비행 관제탑처럼 작동하여 분주한 운송선을 따라 그리고 위험한 경로를 피해 유조선들을 안내할 수 있다.

참고: 굵은 글씨 = 메시지, 일반 글씨 = 주요 세부 정보, 기울임 꼴 = 부가적 세부 정보, 밑줄 = 강조에 사용됨

From Meyer, Brandt and Bluth (1980)

개념 맵핑과 지식 맵핑은 텍스트의 주요 내용을 공간적으로 펼쳐 놓아 한눈에 볼 수 있도록 도해화한 것이 공통점이나, 개념 맵핑은 반드시 사전에 설정된 어떤 지식 유형을 따를 필요가 없이 자유롭게 만든다는 것이다. 따라서 개념 맵핑은 초등학교 어린 학생들에게 적절하며 지식 맵핑은 텍스트의 주제에 대한 어느 정도 상당한 수준의 사전 지식을 필요로 하여 초등학교 중·고학년 이상에 적절한 기술이라는 것이 다르다.

6) 글의 구조를 파악하기

텍스트의 구조를 알게 한 후 그 구조를 생각하며 읽도록 한다. 글은 상위 구조, 하위 구조로 나뉘며, 상위 구조는 글의 핵심 내용, 하위 구조는 그 핵심 내용을 보조하여 설명한다. 글의 구조 유형은 다음 표와 같이 일반화(generalization), 열거(enumeration), 계열(sequence), 분류(classification), 비교/대조(compare/contrast)라는 5가지 구조를 갖는다 (Mayer, 2003, pp.382-384).

<표 4-2> 과학 텍스트에 나타나는 다섯 가지 산문 구조

구분		예시
일반화	1. 구절 안에는 언제나 핵심이 있다. 2. 이 구절의 다른 문장들은 대부분 증거를 통해 핵심 내용을 명확히 하거나 확장하기 위해 제공한다. 　a. 예시나 그림을 사용하여 핵심을 설명하십시오 핵심을 명확히 해 줍니다. 　b. 핵심에 대해 자세히 설명하십시오 더 확장될 것입니다.	자극성은 그 자체 밖의 조건에 반응하는 유기체의 능력으로 정의된다. 유기체는 환경으로부터의 자극에 반응한다. 자극은 빛, 온도, 물, 소리, 화학 물질의 존재 또는 생명체에 대한 위협일 수 있다. 유기체의 반응은 자극에 반응하는 방식이다. 예를 들어, 식물은 성장 반응을 가질 수 있다. 뿌리가 물 쪽으로 밀리거나 줄기

	3. 찾아야 할 것: 정의, 원리, 법칙 4. 읽기 목표: 주요 아이디어를 이해하십시오. 자신의 언어로 설명할 수 있고 근거를 통해 활용할 수 있습니다.	가 고르지 않게 자라 빛 쪽으로 휘어졌을 때 이런 현상이 발생한다.
열거	1. 사실을 차례차례 나열한다. 2. 열거에는 일반적인 두 종류가 있다. 　　a. 명기된 사실-번호를 매겨 나열한다. 　　b. 명기되지 않은 사실-문단에 각 사실과 함께 하나 이상의 문장으로 명시됨. 3. 정보를 정확하게 요약해서 하나의 진술을 만드는 것은 매우 어렵다. 4. 읽기 목표: 일반적인 주제를 정리하라, 각 하위 주제나 개별 사실보다 더 중요하다.	고체의 일반적인 성질은 다음과 같다. 1. 끈기는 고체가 떨어져 나가는 것에 대한 저항의 척도다. 2. 경도는 물질의 다른 물질로 긁는 능력을 측정하는 것이다. 3. 가단성은 고체가 망치로 두들겨 패거나 얇은 시트로 펴질 수 있는 능력이다. 4. 연성은 와이어의 형태로 뽑아낼 수 있는 능력이다.
순서	1. 연속적이고 연결된 일련의 사건이나 과정의 단계를 기술한다. 2. 순서의 예로 성장, 생물학적 과정, 실험의 단계 또는 어떤 사건의 진화에 따른 변화를 들 수 있다. 3. 신호 단어: "첫 번째 단계", "단계", "그 다음 단계" 4. 읽기 목표: 　　a. 각 단계의 순서를 설명할 수 있다. 　　b. 각 단계 또는 단계 간의 차이를 구별 할 수 있어야 한다.	청력은 다섯 단계로 설명할 수 있다. 첫째, 음파는 귀의 외부 부분에 포착된다. 바깥귀의 기능은 이러한 음파를 집중시키거나 집중시키는 것이다. 2단계에서는 음파가 청각통로(두골뼈에 박혀 있는 관)를 따라 내려가 중풍막이나 고막을 때린다. 세 번째 단계는 고막의 진동이 몇 개의 작은 뼈에서 일련의 유사한 진동을 시작할 때 발생한다. 이러한 진동은 4단계 동안 내이(코클레아라고 한다)로 전달된다. 이때 진동은 뇌로 전달되는 신경 자극으로 바뀐다. 청각과정의 5단계와 마지막 단계는 뇌의 소리 패턴 해석으로 나타낸다.
분류	1. 자료를 분류 또는 묶음으로 분류한다. 2. 아이템 분류를 위해 사용할 분류 체계를 개발한다. 3. 분류표시: "분류가능", "그룹화 가능", "두 유형 가능" 4. 읽기 목표: 　　a 분류 또는 그룹화의 요소를 알거나 할 수 있다. 　　b. 분류한 것들의 차이를 인식한다.	실험 변수는 조작 변수 또는 제어 변수 두 가지 범주 중 하나로 분류할 수 있다. 직접 행동할 수 있는 변수를 조작 변수라고 한다. 증기가 방으로 유입되는 것은 조작 변수의 예로서, 직접 조절할 수 있기 때문이다. 대조적으로, 직접적으로 행동할 수 없는 변수를 제어 변수라고 부른다. 방의 온도는 다른 변수를 조작하여 얻어야 하기에 제어가 가능한 변수의 예다. 이

	c. 새로운 정보로 분류할 수 있다.	경우 증기의 흐름을 조작하여 달성해야 한다.
비교 대조	1. 일차적인 목적은 둘 이상의 사물들의 관계를 조사하는 것이다. 2. 비교 평균은 유사점과 차이점 모두를 분석하는 반면 대조는 차이점에만 초점을 맞춘다. 3. 신호 단어: "와 대조적으로", "의 차이" 등이 있다. 4. 읽기 목표: 사물의 유사성/차이를 논할 수 있는 능력	지구의 기원에 대해서는 두 가지 다른 가설이 있는데, 그 두 가지 가설이 있는데, 그것은 바로 '성운 가설'과 '혜성 생성 가설이다. 성운 가설은 우리 행성이 성간 가스와 먼지의 집합체에서 시작되었다고 주장한다. 이 이론은 점점 더 받아들여지고 있다. 이와는 대조적으로 혜성 가설은 지구가 혜성에 의해 뜯어진 태양의 조각에서 시작되었다 설정하였다. 첫 번째 가설은 지구가 더 큰 원소로 결합된 작은 원소로 시작되었다고 가정한다. 후자의 가설은 지구가 본질적으로 현재의 특성은 이미 형성되었다고 주장하는 것이다.

From Cook and Mayer (1988)

읽기 능력이 뛰어난 학생들은 글의 구조에 대한 나름대로의 사전 지식을 갖고 있으나 학습부진아들은 그렇지 못하다. Meyer, Brandt, & Bluth(1980)는 9학년 학생들을 표준화 읽기 검사 점수를 기준으로 고득점자와 하위득점자로 구분한 후, 몇 개의 글을 읽히고 즉시 검사와 지연 검사를 한 후, 그들이 글의 상위 구조를 파악하는 능력을 조사했다. 그 결과 고위득점자들은 ① 글의 상위 구조에 기초하여 글을 내용을 조직하며 읽었고, ② 하위 성취자들 보다 글의 내용을 더 잘 기억해 내었다. 그러나 하위득점자들은 ① 글의 하위 구조의 사실적인 보조적 내용을 중심으로 나열하여 조직하였고 ② 상위 성취자들보다 글의 내용을 잘 기억해 내지 못했다. 이 결과는 독해 능력과 글의 구조를 파악하는 능력은 상관이 있다는 것을 말해준다.

아울러 이 연구 결과는 학습부진아들에게 사전에 텍스트 내용의 구조를 알도록 지도한 후, 그 구조를 생각하며 글을 읽히면 정보의 습득과 저장에 효과가 있음을 시사한다. Cook & Mayer(1988)는 글 읽는 능력이 부족한 대학생들에게 과학 분야의 글이 가진 위 5개 구조(일반화, 열거, 계열화, 분류, 비교/대조)를 파악하는 훈련을 시키고 20개의 과학 관련 텍스트를 읽히고, 글에 대한 정보 습득에서 효과가 있는지 사후 검사를 투여했다. 그 결과, 실험집단의 대학생들은 그런 훈련을 받지 않은 통제 집단에 비해 사후 검사에서 79%의 성공률을 보인 반면에 통제 집단은 61%의 성공률을 보여 유의한 차이가 났고, 사실적 정보의 회상과 같은 낮은 수준의 사고보다는 문제 해결과 같은 고등 수준의 사고에 있어 더 효과적이었으며 전이 효과도 높은 것으로 나타났다.

6) 요약하기

텍스트의 내용을 읽은 후에는 그 내용을 학생이 이미 알고 있던 기존의 지식과 연계하여야 그 내용이 의미가 있으며 오래 동안 보유할 수 있다. 이렇게 글의 내용을 학습자의 기존 지식과 통합하여 새롭게 지식 체계를 생성하고 확장시켜 나간다는 의미에서 Mayer(2003)은 생성 전략(generative strategies)이라고 부르며, 두 가지의 대표적인 생성 전략으로 요약하기(summarizing)와 질문하기(questioning) 기술을 제시했다.

요약하기란, 텍스트의 내용을 읽고 그 주요 내용을 자신의 언어로 개요화 하여 진술하는 것이다. 이것은 기존에 학습자가 가지고 있던 지식과 새롭게 읽은 텍스트의 내용을 통합하는 것으로 기억 보유에 효과가 있다. 요약하기 훈련은 대학생, 고등학생은 물론 초등학교 학생들에게도 지도가 가능하며 효과가 있는 것으로 보고되고 있다.

Peper & Mayer(1978)는 대학생들과 고등학교 학생들을 대상으로 실험집단에는 컴퓨터 프로그래밍에 대한 글을 읽히고 요약하도록 했고, 통제집단은 그냥 글을 읽혔다. 사후에 기억 검사와 문제해결 검사를 투여했는데, 기억 검사에서 실험집단은 특정 세부 사항에서는 통제집단과 차이가 없었으나, 개념적 정보의 기억에서 우수했다. 문제해결 검사에서도 실험집단이 통제 집단에 비해 더 우수한 성적을 거두었다. 이 결과는 요약하기가 텍스트의 내용을 기존의 지식과 통합하여 새롭게 지식을 확장시킴으로써 개념적 정보의 습득과 문제해결에서 효과적임이라는 것을 시사한다.

Slotte & Lonka(1999)의 연구도 같은 결과를 얻었다. 이들은 대학생들을 대상으로 철학에 대한 텍스트를 대학생들에게 읽히며 자유롭게 노트 필기하도록 했는데, 통제집단은 텍스트의 단어와 구들을 있는 그대로 사용하여 노트하도록 하였고, 실험집단은 자신들의 언어로 주요 아이디어들을 요약하도록 했다. 그리고 논술 문제를 투여하고 두 집단의 차이를 비교했다. 그 결과 자신의 언어로 요약한 실험집단은 통제집단에 비해 개념적 원리에 대한 기억과 창의적 문제해결에서 통제집단보다 우수했다.

Mayer & Cook(1981)도 대학생들에게 레이더가 어떻게 작동하는지에 대한 글을 읽도록 하고, 같은 방법으로 실험을 한 결과, 자신의 언어로 요약을 한 집단이 통제집단 보다 주요 개념 회상과 문제해결에서 우수한 결과를 보였다고 보고하였다.

Doctorow, Wittrock, & Marks(1978)는 초등학교 학생들을 대상으로 글을 읽힌 후 요약 훈련을 한 결과, 단순히 글을 읽힌 통제집단에 비해 텍스트의 주요 내용을 50% 더 많은 정보를 보유하는 것으로 나타났다. 이 결과는 요약하기는 초등학교 학생들에게도 정보를 깊이 처리하도록 하여 기억 보유에 효과적임을 시사한다.

일차적 학습기술 지도의 일반적 절차는 4단계를 거친다(Tomlinson, 2005). ① 기능 습득(skill building) 단계로서 교사가 학습기술을 모델링하고 학생이 따라서 연습하도록 한다. ② 구조화된 독립성(structured independence) 단계로서 교사가 학습 상황과 조건을 제공하고 그 안에서 교사의 지시에 따라 학습기술을 수행하도록 한다. ③ 소집단을 구성하여 학습기술을 사용하여 협동적으로 문제를 해결하며 함께 연습하며 구성원 상호간에 피드백을 받도록 한다. ④ 자기 주도적 독립성(self-guided independence)로서 학생이 스스로 학습기술을 사용하여 자신의 학습을 해 나가도록 한다.

좀 더 구체적으로 학교에서 교사들이 학습기술을 지도할 때 사용될 수 있는 명시적 교수 모델의 한 예를 소개한다(정지선, 정선미, 강충열, 2014). 본 교수 모형은 40분의 단위 수업을 위한 모형이 아니라 학습기술을 지도하는데 필요한 총 시간을 하나의 블록 단위로 하여 이루어지는 수업 모형이다. 따라서 이 교수 모형은 한 차시 수업을 통해 모든 단계를 밟아나가는 것이 아니라 연속된 차시 수업을 통해 밟게 되는 전체 단계를 표현한 것이다.

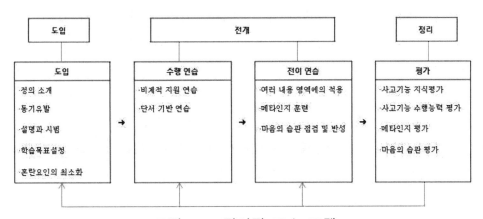

[그림 4-4] 명시적 교수 모델

출처: 정지선, 정선미, 강충열(2014)

도입 단계에서는 지도할 학습기술에 대한 정의를 소개하고 학습 동기를 유발시키고, 설명과 함께 사용 시범을 보이고, 학습 목표를 설정하는 활동을 한다.

좀 더 구체적으로 첫째, 학습기술의 명칭을 직접적으로 사용하여 그것이 무엇인지 말해준다.

둘째, 동기유발 활동에서는 학생들이 과거에 특정 학습기술을 일상생활과 학교에서 직접 사용해 보았거나, 다른 사람의 수행을 보고 느꼈던 경험, 교과서를 비롯한 책이나 실제 삶의 경험에서 그것들이 수행된 경우를 서로 이야기하도록 한다. 아울러 그것들을 사용한 절차, 성공했던 경험, 실패했던 경험, 유용하다고 느꼈던 점, 부족했다고 느꼈던 점을 발표하도록 한다. 또한 학습기술과 관련하여 유명인들의 사례를 소개시켜 주어 학습 동기를 유발시킨다. 그리고 그것들이 언제 왜 필요한지 설명해 주어 그것들이 지닌 유용성의 측면을 인식시킨다.

셋째, 설명 및 시범 활동에서는 모델링 기법을 통해 학습기술을 절차와 성공 준거를 말해 준다. 각 단계를 수행해나가면서 교사는 머릿속에서 일어나는 일을 말로 진술하는 독백(獨白) 기법(think-aloud 기법, 생각을 하면서 그 생각을 입 밖에 내어 말하는 기법)을 사용하여 학생들이 교사가 수행해 나가는 과정과 그 성공 결과를 이해할 수 있도록 한다. 아울러 또래 모델링을 통해 또래 학생들이 학습기술을 성공적으로 수행하는 모습을 독백 기법으로 보여줌으로써 학생들에게 보다 자신감을 불러일으킬 수 있다.

넷째, 학습기술 그 자체를 학습하는데 방해요인으로 작용할 가능성이 있는 것들, 예를 들어 어려운 교과내용, 그런 교과와 관련된 부정적 정서, 최근에 학습한 다른 학습기술들과의 혼란을 최소화한다.

수행 연습 단계에서는 학습기술 그 자체를 습득하여 수행할 수 있는 능력을 형성시켜 주는 활동을 한다. 교사는 그것들의 수행에 대한 안내와 피드백을 제공하는데, 그 안내의 구조화 정도가 수행 연습 초반부에는 강하고 후반부는 약해진다. 그에 따라 초반부의 연습은 매우 구조적이고 집중적인 성격을 띠며 후반부의 연습은 덜 구조적이고 간헐적인 성격을 띤다.

수행 연습의 초반부에서 이루어지는 구조화는 학습기술 수행 절차 체크리스트를 사용하여 학생들의 수행을 사고를 안내하고 그에 따른 피드백을 제공하는 것이 특징인데, 이를 비계적 지원이라고 부른다. 교사는 학생들이 이 비계적 지원을 통해 학습기술을 연습할 때 피드백을 제공하며 상호작용을 함으로써 학생들의 수행 절차에 대한 기능을 명시적으로 증진시킨다. 학습기술 용어를 명시적으로 사용하여 설명하면서 모델링과 독백기법을 통해 사고 절차에 따르는 수행의 바른 모습을 직접적으로 보여주면서 학생들의 수행을 교정하거나 보완한다. 학생들도 소집단 활동을 통해 같은 기법을 사용하여 상호간에 자신들의 수행 절차를 비교하고 반성하면서 교정하거나 보완하도록 한다.

수행 연습의 후반부에서의 구조화는 초반부와는 달리 교사의 직접적이고 집중적인 개입이 간접적이고 간헐적인 성격으로 바뀐다. 교사는 단서 또는 힌트를 제공하여 학생이 보다 주도적으로 학습기술을 수행하도록 하고 교사는 그것에 대해 피드백을 제공하는 정도로만 관여한다. 단서 또는 힌트는 학습기술의 용어를 사용하거나 약호(略號)화된 기억술 도구(프롬프트라고 불리는데 예를 들어, 의사결정 사고전략의 경우, PMI(Plus, Minus, Interest)를 말해줌으로써 학생이 이전 단계에서 학습한 사고기능 수행 절차를 상기시키고 그것을 수행하도록 돕는다. 아울러 학습기술의 수행 연습 단계에서는 학생들이 지루함이나 어려움을 느끼고 그에 따른 부정적인 마음 습관이 나타날 수 있기 때문에, 긍정적인 마음 습관을 유도하고 강화한다. 이 단계는 교사가 제시하는 단서에 의해 학생이 주도적으로 수행하여 학습기술 자체에 대한 완전학습이 이루어지도록 유도함에 따라, 단서 기반 연습 단계라고 부른다.

전이 연습 단계에서는 수행 연습 단계에서 습득한 사고기능을 삶에서의 여러 상황, 교과에서의 다양한 내용에 적용하는 활동과 자기 주도적으로 그것들을 사용하고 그 과정을 반성하는 활동을 한다. 전자의 활동을 융합적 접근이라고 하고 후자의 활동을 메타인지의 체계적 훈련 접근이라고 한다. 융합적 접근에서는 전이 유도 질문과 프롬프트를 사용하여 다양한 내용 영역에 사고기능을 적용하여 문제를 해결하도록 한다. 예를 들어 "우리는 요약하기 학습기술을 배웠는데, 사회과의 정부라는 단원을 글을 읽고 요약하는데 사용하면 어떨까?"라고 전이 유도 질문을 할 수 있고, "우리 학교가 교복을 일괄적으로 구입해서 입는 정책을 세우려고 하는데 이에 대해 PMI(Puls-Minus-Interest)를 해 보자"라고 프롬프트를 제시할 수 있다. 후자의 메타인지의 체계적 훈련 접근에서는 자신의 학습기술 수행에 대한 반성적 사고를 증진시켜 자기주도적인 사고기능 수행 능력을 증진시킨다.

평가 단계에서는 학생들의 성취 수준 정도를 평가하는 활동을 하는데, 학습기술의 습득 수준을 평가한다. 학습기술의 습득 수준은 학습기술에 대한 지식, 실행 능력, 메타인지에 대한 평가로 구성한다. 학습기술에 대한 지식 평가는 선다형 지필평가나 면접을 통해 이루어지고, 학습기술을 수행으로 옮기는 능력에 대한 평가는 내용의 난이도를 통제하고 세 번 정도 평가하며, 학습기술을 여러 내용 영역에 적용하는 전이 능력 평가는 선다형과 수행평가의 형식을 취한다. 그리고 이런 평가를 통해 얻은 정보는 전 단계인 도입, 수행 연습, 전이 연습 단계 및 추후 다른 사고기능 및 마음 습관 지도에 참고할 피드백 정보로 활용된다.

나. 지원적 학습기술 지도

학습부진아들은 일차적 학습기술이 부족한 것 외에도 자신의 학습을 긍정적으로 조성하여 인지 기능을 활성화하는 지원적 학습기술도 부족하다. 지원적 학습기술도 다양하지만 여기서는 학습부진아들에게 필요하다고 생각되는 지원적 학습기술을 소개한다.

1) 꿈 설정 전략

"무엇이 나를 궁극적으로 행복하게 만들 수 있는가?"라는 질문을 자신에게 제시하고 그 답을 생각하는 삶을 사는 것은 사람에게 중요하다. 학생들에게도 마찬가지이다. 비록 공부하는 일이 힘들어도 그 공부 속에서 행복을 찾아야 한다. 그 방법이 꿈을 가지고 공부하는 것이다. 그렇지 않으면 하루하루를 보내기 힘들며 스트레스를 느끼는 동시에 방황한다. 그러나 꿈을 갖고 공부하는 목적을 뚜렷하게 세우면 하루하루 하는 공부가 의미 있고, 어려움에 부딪혀도 보다 쉽게 극복할 수 있으며 학창시절의 삶을 일관되고 행복하게 지낼 수 있다. 특히, 학습부진아들에게 꿈을 갖고 공부하는 목적을 인식하도록 해야 한다. 왜냐하면 학습부진아들은 학업 부진으로 인해 꿈을 상실하고, 공부하는 목적 없이 매일하는 공부가 힘들고 고통스러울 수 있기 때문이다.

가) 꿈을 설정하는 준거

학생들이 꿈을 갖고 희망 속에서 공부하도록 하려면, 자신에게 가장 가치롭다고 생각하는 것을 삶의 목적으로 설정하여 구현하도록 한다.

좋은 꿈은 두 가지 준거를 만족시킨다. 첫째, 꿈은 거시적(巨視的)이고, 원시적(原始的)이고, 공익(公益)인 것이어야 한다. 즉 꿈은 커야 되고, 멀리 내다보는 것이어야 하고, 사회의 발전에 이바지하는 것이어야 한다. 꿈이 이런 성격을 가질 때 그 꿈은 인생을 통해 추구하는 표적이며 자신을 고취시키는 것이 된다. 미시적이고, 근시적이고, 사적인 꿈은 이런 힘을 갖기 어렵다.

둘째, 꿈은 특정적(特定的)이고 뚜렷해야 한다. 건강, 행복, 안전, 사랑, 돈 등은 사람들이 추구하는 아이디어들이지만 꿈으로 설정하기에는 너무 모호하다. 이와는 반대로 "암 치료제를 개발하겠다", "훌륭한 부모가 되겠다", "우리나라를 경제 대국으로 만들겠다" 등은 특정적이고 뚜

렷한 목적이다. 꿈은 고정된 것이 아니고 성장하면서 학년이 올라감에 따라 변할 수 있다. 그러나 어릴 적부터 꿈을 설정하고 그 꿈을 생각하며 그것을 쫓아 생활하면 공부가 의미 있어지고 긍정적이고, 삶이 활기찰 수 있다.

나) 꿈을 마음에 새기기

꿈을 설정한 후에는 미래의 꿈이 이루어진 모습을 현재로 당겨와 마음에 새기고 하루하루 살도록 지도한다. 이를 위해서는 두 가지 활동을 한다(Pauk & Owens, 2011).

첫째, 그 꿈을 종이에 적어 늘 보이는 장소 여러 곳에 붙여 놓음으로써 자신뿐만 아니라 여러 사람들이 볼 수 있도록 한다. 이것을 '꿈의 공식화'라고 한다. 꿈을 종이에 적지 않고 머릿속에만 담아 두면, 그 꿈은 늘 모호하게 남아 있을 가능성이 높다. 그러나 꿈을 글로 쓰는 등 공식화하면 그 꿈은 내 삶의 목적을 지속적으로 생각나게 하는 단서로 작용하여 꿈을 향한 방향으로 삶을 이끌어 가며, 삶 속에서 지치더라도 다시 삶을 고취시키는 역할을 한다.

둘째, 꿈을 성취했을 때의 모습을 강력한 이미지로 마음속에 새긴다. 즉 미래에 꿈이 이루어진 모습을 현재로 끌어당겨서 마음속에 강하게 새기는 것이다. 예를 들어 "우리나라의 교육을 선진국 수준으로 높이겠다."의 꿈을 가지고 있는 경우, 학부모, 교사, 교장, 교감, 학생들을 대상으로 강단에서 강의하는 모습, 국가 프로젝트를 연구해서 발표하는 모습, 이웃을 위해 교육 기부 활동으로 봉사하는 모습 등을 상상하는 것이다. 이렇게 꿈이 이루어진 모습을 마음속에 이미지화하는 활동은 그 꿈을 향한 매일 매일의 삶들을 일관된 방향으로 이끌고, 삶에서 어려운 일에 부딪히더라도 굴하지 않고 꿋꿋하게 이겨내는 힘을 부여한다.

다) 꿈을 이룰 계획을 세우기

꿈을 설정하고 마음에 새기는 활동을 한 후에는 꿈을 이루기 위한 계획을 세운다. 꿈이 이루어진 모습을 매일 상상하고 마음에 새긴다고 꿈이 이루어지는 것이 아니다. 꿈을 이루기 위한 계획을 세워야 한다. 꿈이 도착지라면 계획은 그곳에 당도하는 길이다. 계획을 세우는 일은 지도를 그리는 일이다. 어디서 출발해서, 어디로 향하는지, 어디서 멈출지를 설계하는 것이다. 목적지에 도착하기까지의 길이 여러 가지가 있듯이, 꿈을 이루기 위한 계획도 하나가 아니라 여러 가지다. 따라서 최선의 계획을 선택하는 일이 필요하다. 자신이 원하는 것과 그것을 성취하기 위해 치러야 할 대가 사이에 균형을 잡아 효율적으로 계획을 세워야 한다. 즉, 치러야 할 대가가 너무 크지 않으면서 목적을 성취할 수 있는 효율적인 계획이 필요하다. 예를 들어 시험에 대비하여 벼락치기로 밤을 지새우는 계획을 세우는 것은 너무 비싼 대가를 치르는 것이다. 왜냐하면 밤새 공부한 지식은 곧 사라지기 쉽고, 그것을 얻기 위한 과정에서 몸도 상하고, 결과적으로 대개 성적도 나쁘게 나오기 때문이다.

그리고 최선의 계획이 처음부터 분명하게 드러나지는 않는다. 계획의 초안을 마련한 후 일정 시간을 두고 융통성 있게 사고하면서 완성해 가야 한다. 그리고 중간에 장애물이 있으면 계획을 바꿀 수도 있다. 이것을 재구성이라고 한다. 처음부터 완벽한 계획을 세우기는 어렵고, 초안을 마련한 다음 스스로 검토하거나, 친구, 부모, 선생님, 기타 멘토와 상의한다. 특히 부모님과 계획을 상의하는 것은 나중에 실천에 옮길 때 도움을 받을 수 있어 반드시 필요하다.

꿈을 이루기 위해 계획을 세울 때는 다음 그림과 같이 목표 피라미드를 사용하는 것도 좋다.

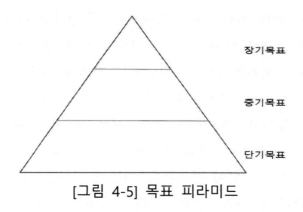

[그림 4-5] 목표 피라미드

목표 피라미드는 장기목표, 중기목표, 단기목표로 구성하는데, 장기목표로부터 시작하여 계획을 세운다. 장기목표는 목표 피라미드의 정상에 해당하는데 지금부터 3년, 5년, 또는 10년 뒤에 도착하고 싶은 위치, 또는 하고 싶은 것을 적는다.

중기목표로는 장기목표에 이루는 중간 목표들을 적는다. 이 목표들은 장기목표로 이어주는 중대 사건들 또는 단계들을 말한다. 초·중등학교 학생들에게는 학교 급별 목표 또는 학년별 목표에 해당한다.

단기목표로는 비교적 단기간 내에 성취할 수 있는 좀 더 작은 단계들을 적는다. 목표 피라미드의 맨 아래에 해당되는데, 학기별 목표, 주별 목표, 또는 일일 목표에 해당된다. 단기목표들의 성취 여부를 수시로 점검하고, 너무 높았거나 너무 낮았으면 현실적으로 재조정한다.

마지막으로, 꿈을 이루기 위해 목표 설계를 한 후에는 그 계획을 실천으로 옮기도록 한다. 그러나 계획을 실행에 옮기는 일은 쉽지 않아서 많은 사람들은 실패를 경험하곤 한다. 사람들에게는 일을 지연 또는 지체시키려는 성향이 있기 때문이다. 지연 또는 지체 현상은 왜 실천해야 하는지에 대한 이유는 알지만, 실천하지 못하는 자신의 상황에 대한 이유를 먼저 앞세워 생각하기 때문에 생긴다. 즉, 머리로는 실천의 논리적 타당성에 대해서는 인정하나, "내가 처한 환경이 이러하니 …못하고" "나는 개인적으로 이러이러하니 …못하고" 등의 핑계를 대면서 계획 실천을 지연시키는 것이다. 따라서 계획 실천을 지연시키고자 하는 마음을 극복하는 일은 지혜와 용기가 필요하다. 아래 표와 같이 계획 실천을 방해하는 환경적 요인과 개인적 요인을 찾아 글로 열거하고 해결방안을 도출해 내는 것으로 지연 현상을 극복할 수 있다.

<표 4-3> 요인분석 및 해결 찾기

계획 실천을 방해하는 요인		해결방안
환경적 요인		
개인적 요인		

2) 시간 관리 전략

꿈을 갖고 꿈을 이룰 계획을 세운 후에는 그 꿈을 성취하기 위해 시간을 관리한다. 사람에게 주어진 시간은 제한적이고, 사람은 시간을 느리게 가도록 하거나 빨리 가도록 할 수 없다. 잉여 시간을 따로 저축할 수도 없다. 인간이 시간에 대해 할 수 있는 일은 시간을 어떻게 사용할 수 있는지에 대해 결정하는 것뿐이다. 프랑스의 철학자 장 드 라 브뤼예르는 "시간을 잘못 사용하는 사람들은 늘 시간이 짧다고 불평한다."고 지적했다. 학창 시절은 시간이 정해져 있는 결정적 시기이다. 즉, 정해진 시간을 얼마나 잘 사용하느냐에 따라 미래가 결정된다.

가) 시간 계획을 세워야 하는 이유

시간을 계획해서 사용하면 훨씬 효과적으로 활용할 수 있고 삶에도 여러 가지 좋은 영향이 미친다. 다음은 시간을 잘 사용해야 하는 구체적인 이유이다(Pauk & Owens, 2011).

첫째, 게으름을 피우는 일을 덜 하게 만든다. 시간을 어떻게 사용할지에 대해 그 스케줄을 글로 작성해 놓으면 그 계획은 좀 더 실천 가능한 것이 되고 지연 없이 실천으로 옮길 수 있게 된다.

둘째, 공부를 좀 더 생산적이게 만든다. 시간 계획은 공부하는 시간 외에도 휴식, 운동, 특별활동 등 공부 외의 다른 활동에 소요되는 시간들과 균형을 맞추어 짜게 된다. 이렇게 시간 계획을 하면 그 시간을 알차게 사용할 동기가 생기고, 계획한 활동에 집중하도록 하여 그 시간을 좀 더 생산적으로 사용하게 만든다.

셋째, 우선적인 일을 먼저 하도록 돕는다. 시간 계획은 중요한 일을 우선적으로 계획하는 것이 특징이다. 중요한 일에 우선적으로 시간을 배당하면 덜 중요한 일에 시간을 많이 투자하느라 중요한 일에 시간이 부족해지는 실수를 막아 준다. 학생들은 할 일들이 많은데 이 모든 것들에 시간 계획을 하게 되면 할 일들의 순서가 매겨져서 시간적 갈등이 사라진다.

넷째, 벼락치기 공부로 인한 스트레스를 피할 수 있게 해 준다. 시간을 효과적으로 사용할 계획을 세우면 한 학기 동안 해야 할 일에 대한 전반적인 개관을 할 수 있다. 즉 한 학기 동안 해야 할 일에 대한 전체 그림을 보도록 해 준다. 이런 개관은 중요한 일들에 맞닥뜨려 서둘러 시간을 투자하지 않고 사전에 시간을 계획하여 사용하도록 함에 따라 성공 확률을 높일 수 있게 된다.

다섯째, 삶에 여유를 제공해 준다. 시간 스케줄을 머릿속에 담아 '둥둥 떠다니게' 한 것이 아니라 글로 작성을 했기 때문에 여러 가지 다른 일들로부터 자유로울 수 있게 된다. 다음에 할 일을 걱정할 필요가 없고, 일을 빠뜨려 죄의식을 느낄 필요도 없다. 쉬는 시간도 시간 스케줄에 정해 놓으면 쉬는 일도 마땅히 보상받아야 할 가치 있는 일이 되어 죄의식을 느끼지 않게 된다. 학습할 시간을 미리 정해 놓으면 학습에 대해 대한 염려를 잊는데 훨씬 더 도움이 된다. 할 일을 끝마칠 시간 계획이 없으면 그 일이 머릿속에 맴돌면서 '해야 하는데…' 라는 염려를 갖게 되고, 만약 일을 마치지 못하면 죄책감에 사로잡힐 수 있다.

여섯째, 시간을 절약해 준다. 그 이유는 스케줄대로 한 활동에서 다른 활동으로 부드럽게 이동하게 되고 다음에 무엇을 할지 걱정하거나 지연시킬 수 있는 시간이 줄어들기 때문이다. 그리고 활동 하나에 얼마나 시간이 걸리는지 추정하고 실제로 걸린 시간을 추적하도록 해 주어, 일들에 실제로 시간이 얼마나 소요되는지 알게 한다. 그에 따라 '잃어버린 시간'이 어디로 갔는지 확인하고 그 시간을 효과적으로 사용하도록 돕는다.

일곱째, 시간의 통제로부터 자유롭게 해 준다. 즉 시간의 노예가 되지 않도록 해 준다. 예를 들어 교실에서 도서관으로 그리고 체육관으로 허둥지둥 쫓아다니는 학생들, 걷거나 달려가면서 점심을 허겁지겁 먹고 때우는 학생들은 시간의 노예이자 하인이다. 시간의 덫에 걸린 학생들이다. 이에 반해 시간을 어떻게 사용할지에 대한 스케줄을 만들고 움직이는 사람은 시간을 통제하는 자유인이자 주인이자 상전이다. 일의 난이도를 현실적으로 평가하고 그에 따라 적절한 시간을 할당하게 되면, 일에서 부딪힐 수 있는 좌절감이나 일을 지연시키려는 경향을 줄여 주고, 시간의 통제로부터 자유롭게 해 준다.

여덟째, 삶에 융통성을 제공해 준다. 삶을 잘 조직해서 운영하지 못하는 사람들은 종종 시간을 너무 많이 낭비하여 삶에 융통성이 없다. 시간 계획을 통해 할 일들에 대한 우선순위를 조정하고 삶을 살게 되면 학습에 시간을 효과적으로 사용할 수 있어 좀 더 나은 성적을 얻게 되고, 다른 일들(방과 후 활동, 취미 활동 등)에 좀 더 시간을 할당할 수 있게 되면서 좀 더 현명해 지게 된다. 따라서 스케줄을 만들어 사용하는 사람들은 다양한 활동들에 대한 시간적 여유를 갖게 되고, 그에 따라 삶에 융통성이 주어진다.

나) 효과적인 시간 사용 전략

시간은 누구에게나 똑같이 주어져 있다. 문제는 시간을 얼마나 효과적으로 사용하느냐이다. 사람의 능력은 대개 비슷하기 때문에 시간을 효과적으로 사용하여 남보다 학습에 시간을 좀 더 많이 투자하면 보다 나은 학업 성취를 올릴 수 있다. 다음 두 가지 전략은 시간을 효과적으로 사용하는 중요한 전략이다(Pauk & Owens, 2011).

첫째, 숨겨진 시간을 잘 사용하는 것이다.

우리 삶에는 무심코 흘려버리는 숨겨진 시간과 자투리 시간들이 많다. 이 시간들은 하루로 보면 얼마 되지 않지만. 한 달, 일 년으로 보면 매우 많은 시간이다. 이 시간들을 잘 사용하면 남보다 더 많은 시간을 공부에 투자할 수 있게 된다. 다섯 가지의 숨겨진 시간을 잘 사용하는 전략이 있다.

① 기다리는 시간을 이용하여 학습 카드로 공부한다. 은행이나 슈퍼마켓에서 줄을 서거나, 버스나 전철을 기다리거나, 병원을 방문했을 때 기다리는 등의 숨겨진 시간은 학습 카드를 공부하기에 적절한 시간이다. 학습 카드란 주머니에 넣어 가지고 다닐 정도의 크기의 카드에 공부할 내용을 기록해 놓은 카드이다. 기다리는 시간에 학습 카드를 사용하여 공부하면 그 시간이 지겨운 시간이 될 수 있는데 그 시간에 공부도 하면서 마음 편하게 기다리는 일석이조의 효과를 거둘 수 있다.

② 자유 시간에도 공부를 병행한다. 머리를 빗거나, 면도를 하거나, 설거지를 하거나, 방청소를 할 때 학습 카드를 보기 쉬운데 붙여 놓고 동시에 공부한다. 산책을 하거나, 운동을 하거나, 운전을 하거나, 옷을 입는 등 몸을 움직이는 시간에는 녹음한 공부 내용을 들으며 동시에 두 가지 일을 할 수 있다.

③ 휴식 시간에 회상하면서 이동한다. 사람의 망각은 학습 직후에 가장 빠른 속도로 일어난다. 인간이 어떤 내용을 잘 기억하려면 이 망각을 더디게 하는 것뿐이다. 따라서 학교에서 수업이 끝난 후 주어지는 10분 쉬는 시간에 방금 전 끝난 수업에서 배웠던 것을 회상하면서 이동하는 것이 좋은 전략이다. 그리고 시간의 남으면 다음 시간에 배울 것을 잠깐 예습하는 것이 수업에서 이해를 높이는 방법이 된다. 10분간의 휴식 시간이라도 이렇게 사용하면 하루, 일주일, 한 달, 일 년이면 매우

많은 시간을 공부에 투자할 수 있게 된다.

④ 잠재의식을 사용한다. 사람들은 잠자리에 들기 전에 생각해 오던 문제에 대한 답이나 좋은 아이디어들을 얻기 위해 홀연히 생각에 잠기는 경우가 있다. 이것은 의식적인 마음이 쉬는 동안에 잠재의식이 작용하도록 하여 문제에 대한 답이나 아이디어를 얻는 것으로, 이 때 떠오르는 아이디어나 해결책을 기록하는 습관을 들인다. 창의적인 사람들은 침대 곁에 메모지와 연필을 놓고 이런 잠재의식이 주는 아이디어들을 기록하곤 했다. 예를 들어, 생리학 분야에서 노벨상을 수상했던 Albert Sxent Györgi는 "나는 항상 문제를 생각하면서 잠자리에 든다. 그러면 나의 뇌는 잠잘 때 그것에 대해 지속적으로 생각을 한다. 낮에는 생각나지 않았던 질문에 대한 답이 한 밤중에 자다가 깨면 내 앞에 앉아 있다"라고 말했다.

⑤ 하루 생활 활동일지 작성을 통해 숨겨진 시간을 찾아 효과적으로 사용한다. 하루 생활 활동일지란 아침에 기상해서 저녁 잠자리에 들 때까지의 주요 활동들에 대해 각 활동을 시작한 시간과 끝낸 시간을 소비된 시간을 기록한 일지를 말한다. 이 기록을 통해 어디에서 시간을 의미 있게 보냈고 어디에서 시간을 낭비했는지에 대한 분명한 윤곽을 그릴 수 있다. 그리고 시간을 의미 있게 보내기 위해 수정이 가능하다.

둘째, 시간 사용 습관을 긍정적으로 바꾸는 것이다.

시간 사용은 하나의 습관이다. 시간을 긍정적으로 사용하는 다음 전략들을 사용하여 습관을 들이면 그 시간이 학업성취를 비롯하여 인성 발달에도 긍정적인 효과를 가져 오게 할 수 있다.

① Parkinson의 법칙을 거꾸로 이용한다. Parkinson의 법칙이란 일이란 배당된 시간에 맞추어 늘어진다는 것이다. 예를 들어, 1시간짜리

일을 2시간 배당하면 2시간짜리 일로 늘어진다는 것이다. 그래서 사람들은 시간이 부족하고 일이 많다고 불평을 한다. 시간 부족을 피하려면 이 법칙을 거꾸로 이용한다. 즉, 각 과제를 만족스럽게 완수하는데 도전이 될 만한 마감시간을 정하고 그 마감시간을 지키기 위해 노력하는 것이다. 그리고 목적을 이루었으면 그 때마다 자신에게 작지만 즐거운 활동을 가지고 보상을 한다. 예를 들어 친구와 한담을 하거나, 산책을 하거나, 음악을 듣거나, 스낵을 먹는다든지 한다. 그러나 마감 시간 내에 과제를 완수하지 못했다고 해서 자신을 벌하지는 말고 단지 그런 보상을 보류하고, 다시 목적을 설정한다.

② 알람시계에 복종한다. 사람들은 잠자리에서 일어나려고 알람을 맞추어 놓지만 그 알람을 다시 꺼 버리는 경우가 자주 있다. 그러나 알람시계에 복종하여 알람이 울리면 즉시 일어나는 습관을 들인다. 그렇지 않으면 시간 스케줄에 맞추어 하루 일과를 수행해 내기 어렵다. 생리학자 스미스에 따르면 "두뇌는 신체의 다른 근육들과 크게 다르지 않다. 매일 규칙으로 해야 할 일을 함으로써 두뇌가 규칙적인 리듬에 익숙해지도록 하면 두뇌는 가장 잘 기능한다."

③ 잠깐 잠깐의 휴식 시간을 가진다. 하루 일과를 수행하는 중에 잠깐 잠깐의 휴식 시간을 가진다. 휴식 시간 없이 장기간 학습하는 것보다 여러 번에 나누어 학습하는 것이 이해도를 높이기 때문이다. 30분간 공부하면 5분, 1시간 공부하면 10분, 2시간 공부하면 20분씩 휴식 시간을 갖는 것이 좋다. 휴식 시간이 보상으로 작용하여 그것을 기다리면서 학습하는 것이 재미있어 지고, 휴식 후 자리에 돌아오면 좀 더 기분이 상쾌해지고, 좀 더 충전된 에너지를 가지고 다시 공부에 임하게 된다.

④ 몸에서 들리는 소리에 귀를 기울인다. 사람은 하루주기 리듬

(circadian rhythms)에 종속되어 살고 있어, 정신 상태가 깨어 있을 때와 노곤하고 졸릴 때가 주기적으로 반복되는 상태에 있게 된다. 대개 사람은 새벽 전 몇 시간과 이른 오후(mid-afternoon)(3-4시 즈음)을 포함하여 12시간 동안이 가장 졸린 상태에 있고, 오전(mid-morning)과 밤중(mid-evening)을 포함하여 12시간 동안 가장 정신이 깨어 있는 상태에 있게 된다. 따라서 하루주기 리듬에 따라 깨어 있을 때 공부하고 노곤하고 졸린 때에는 휴식을 취하는 것이 좋다.

구체적으로 하루주기 리듬을 효과적으로 사용하는 전략은 다음과 같다.

첫째, 두뇌를 많이 사용해야 하는 과제는 아침과 저녁에 하는 것이 좋다. 이때가 정신이 가장 깨어 있는 시간이므로 읽고, 쓰고, 문제를 해결하는 등 생각할 일이 많은 과제, 예를 들어, 주지교과의 과제를 학습하는 것이 좋다.

둘째, 신체적 활동은 오후에 하는 것이 좋다. 체육 활동, 현장 견학, 실험실 작업, 심부름 등 신체적 활동을 요구하는 활동은 이 때 학습하는 것이 좋다. 이 시간대에 조용히 앉아서 하는 활동은 졸린 상태에 하는 것이라서 학습 효과가 떨어진다. 오후 시간대에 이런 활동을 해야만 한다면 커피 한잔 정도는 졸린 상태에서 벗어나는데 도움이 된다.

셋째, 주말에 졸음의 유혹을 이긴다. 토요일이나 일요일이 되면 사람들은 느슨해지고 잠을 많이 자면서 휴식을 즐기려고 한다. 그러나 주중과 주말의 수면 패턴이 바뀌면 그 다음 주에 무기력해지는 등 부정적인 연쇄 반응을 일으킨다.

넷째, 오전에 읽고 오후에 검토한다. 오전 9시 경에 단기 기억이 가장 활성화되어 있고 오후 3시에 장기 기억이 가장 활성화되어 있기 때문이다.

⑤ 최적의 학습 시간을 찾아 공부한다. 공부가 잘되는 시간에 노는 계획을 세우고, 공부가 잘 안 되는 시간에 공부할 계획을 세우는 것은 어리석은 일이다. 사람마다 개인적으로 가장 학습을 잘 할 수 있는 시기, 즉 정점 수행 시기(peak performance period)라는 것이 있다. 수면 습관을 고려하여 최적의 학습 시기를 정한다. 아침 일찍 일어나는 사람은(종달새형) 아침에 공부하고, 저녁에 늦게 자는 사람은(올빼미 형) 저녁에 공부하는 것이 좋다.

⑥ 학습할 수 있을 때 학습한다. 정점 수행 시기를 항상 확보하는 일은 쉽지 않아, 상황이 허용하는 곳에서는 그 상황에 적절한 난이도와 중요도의 학습과제를 공부한다.

⑦ 수업 직후와 직전에 복습과 예습을 한다. 인간의 망각은 정보를 습득한 후에 가장 빠르게 일어난다. 그러므로 수업 직전과 직후에 학습하면 망각을 더디게 할 수 있다. 10분 정도 휴식 시간이라도 방금 전 교과 시간에 배운 것을 검토하고, 다음 교과 시간에 배울 것도 검토하는 습관을 들이는 것이 좋다. 그러나 시간이 짧아 제대로 검토가 안 되는 내용은 점심시간의 일부를 활용하여 복습과 예습을 한다.

⑧ 공부할 때 피곤함과 지루함을 느끼면 해소하는 전략을 사용한다. 사람은 장시간 공부하면 피곤함과 지루함을 느끼게 된다. 이런 경우 다음과 같은 해소 전략을 동원하여 피곤함과 지루함을 없애고 다시 공부에 임하도록 한다.

첫째, 잠깐 새우잠을 잔다. 피곤으로 공부하기 어려우면 잠깐 20분 정도 새우잠을 잔다. 매우 피곤하더라도 40분을 넘기지 않는 것이 좋다. 40분이 넘어가면 다른 단계의 수면 상태로 들어가게 되고, 깨더라도 전보다 더 피곤함을 느낄 수 있다.

둘째, 음료수를 마신다. 한 컵 정도의 커피나 차, 한 잔의 소다수는 몸을 상하게 하지 않으면서도 피곤함과 지루함을 잠깐 해소시켜 준다. 그러나 카페인의 각성 기능은 사람이 어느 수준에 도달하면 역기능이 있어 이전보다 더 피곤함을 줄 수 있으므로 과도하게 마시지 않는다.

셋째, 방안이 더울 경우 온도를 낮춘다. 방안의 온도가 높으면 나른함을 유발할 수 있으니 온도를 적정 수준으로 조정한다.

넷째, 다리 운동을 한다. 자리에서 잠시 일어나 걷거나 몸을 움직여 피곤함과 지루함을 없앤다.

다섯째, 학습 시간 스케줄을 재조정한다. 좀 더 각성 수준이 높고 좀 더 집중이 잘 되는 시간으로 학습 시간 스케줄을 재조정한다. 여섯째, 식사 시간과 수면 시간을 줄이지 않는다. 1시간 식사 기간을 20분으로 단축하거나, 7-8시간의 수면을 4-5시간으로 단축하는 것은 피곤함을 가져와 장기적으로 공부에 해를 끼친다. 다음 표는 학생이 자신의 일주일 시간 관리를 긍정적으로 잘 했는지를 스스로 점검하는 표이다.

<표 4-4> 시간 사용 전략 점검표

시간 사용이 긍정적인지 일주일 동안 점검표를 만들어 확인해 보자.

숨겨진 시간 사용 전략	점검표						
	일	월	화	수	목	금	토
과제별로 학습할 시간을 마련하고 그 안에 끝내는가?							
알람시계가 울리면 바로 일어나는가?							
두뇌를 많이 사용하는 과제는 아침과 저녁에 하는가?							
주말에 자고 싶은 유혹을 이기는가?							
나에게 맞는 최적 학습 시간 때에 학습하고 있는가?							
학습할 수 있을 때 학습하는가?							
수업 직후와 직전에 복습과 예습을 하는가?							
식사 시간과 수면 시간을 제대로 지키고 있는가?							
공부는 책걸상에서 하고 있는가?							
공부 시작할 때 학습 상징물을 사용하고 있는가?							

다) 삼 단계 시간 스케줄 짜기

시간은 계획되어 사용되어야 한다. 일부 학생들은 시간 스케줄을 짜는데 들어가는 시간이 아깝다고 생각할 수 있다. 그러나 실제로 시간 스케줄 짜는 데에는 시간이 얼마 들지 않으며, 시간 스케줄은 삶의 질을 향상시키고 학업 성취를 높이는데 큰 효과를 발휘한다. 시간 스케줄은 마스터 플랜, 주별 플랜, 일일 플랜의 삼 단계로 나누어 짜는 것이 효과적이다.

삼 단계 시간 스케줄을 작성할 때 지켜야 할 기본 지침을 다음과 같다(Pauk & Owens, 2011).

① 큰 시간 블록을 낭비하지 않도록 계획한다. 큰 시간 블록은 시간을 많이 필요로 하는 큰 과제를 위해 사용하고, 작은 과제들은 작은 시간 블록에서 해결하도록 한다.

② 황금 시간대(prime time)에 공부하도록 계획한다. 인지적 부담이 많은 과제들은 낮 시간에 하고, 인지적 부담이 적은 과제들은 밤 시간에 배치하는 계획을 세운다.

③ 암기 중심의 수업은 수업 전에 공부하고, 토론 중심의 수업은 수업 후에 공부하도록 계획한다. 예를 들어 암기할 내용이 많은 영어 수업은 수업 전에 공부할 계획을 세우고, 윤리과 도덕 세미나와 같이 토론 중심 수업은 수업이 끝난 후에 공부할 계획을 세운다.

④ 너무 세세하게 계획을 세워 그것이 오히려 자신의 손발을 묶지 않도록 한다. 시간에 따른 활동 계획을 너무 자세히 짜게 되면, 시간 운영의 융통성이 부족하게 되어 시간의 노예가 될 수 있기 때문이다.

⑤ 비학업적인 활동들도 계획에 포함시킨다. 식사 시간, 잠자는 시간, 레크리에이션 시간, 친구들과 사귀는 시간 등 삶에 필요한 활동들도 계획에 포함시킨다.

구체적인 3단계 시간 계획은 다음과 같다(Pauk & Owens, 2011).

① 마스터 플랜(master plan)은 한 학기에 한 번 정도 계획한다. 매일 매일 반복되는 고정된 활동들의 시간을(학교 수업 시간) 배정하고, 그것들을 중심으로 다양한 활동들을 정렬한다. 오른쪽에는 한 주의 날짜들을, 왼쪽에는 하루의 시간을 열거한 격자를 만들고, 격자의 박스들

안에는 잠, 식사, 아르바이트 일, 정규 미팅, 지역사회 봉사, 스포츠, 수업 일정들로 채운다. 4.5x8 인치(13cmx20cm 정도) 카드에 적어서 책상 위에 붙여 놓거나 공책에 붙여 놓고 마음을 가다듬을 수 있다.

다음은 어느 고등학생의 마스터 플랜의 예이다.

<표 4-5> 마스터 플랜의 예

시간	월	화	수	목	금	토	일
7-8	아침식사					취침	
8-9	학교수업					휴식	
9-10						아침식사	
10-11						휴식	
11-12							
12-13							
13-14	점심식사						
14-15	학교수업				학교수업	국어학원	휴식 영어공부
15-16							
16-17					국어학원	휴식	영어학원
17-18	수학공부	영어공부	수학공부	영어공부			
18-19	저녁식사						
19-20	수학학원	영어학원	수학학원	영어학원	수학학원	C 언어공부	
20-21						휴식	
21-22							
22-23	취침						
23-24							

② 주별 플랜(weekly plan)을 마스터 플랜에 기초하여 매주 만든다.
마스터 플랜을 복사하여, 다가오는 주에 계획한 활동들로 빈 블록들을
채우면 간단하다. 예를 들어, 금요일에 수학 시험이 예정되어 있다면,
시험 대비를 위해 추가 시간을 계획할 필요가 있고, 보고서를 제출해야
한다면 도서관이나 인터넷 조사를 계획할 필요가 있다. 주별 플랜은 변
화하는 우선순위 활동들에 시간을 적응시키는데 도움을 준다. 책상 위
에 붙여 놓거나 노트북에 붙여 가지고 다니면서 마음을 다진다. 다음은
어느 대학생의 주별 플랜의 예이다.

<표 4-6> 주별 플랜의 예

시간	월	화	수	목	금	토	일
7-8	아침 식사						
8-9	역사	*화학공부*	역사	*화학공부*	역사	*화학공부*	
9-10	역사공부	수영	역사공부	수영	역사공부	수영	
10-11	불어공부	화학	불어공부	화학	불어공부	화학	*나의 날*
11-12	불어	*화학공부*	불어	*화학공부*	불어	*화학공부*	
12-13	점심 식사						
13-14	수학	연구 1	수학	연구 1	수학		
14-15	수학공부	*도서관*	수학공부		수학공부		
15-16	영어공부	*도서관*	영어공부	화학	영어공부		
16-17	영어	*도서관*	영어	실험실	영어		나의 날
17-18	레크레이션						
18-19	저녁 식사						
19-20	영어공부	수학공부	영어공부	수학공부	영어공부		*영어과*
20-21	불어공부	역사공부	불어공부	역사공부	불어공부		*보고서*
21-22	영어복습	불어복습	역사복습	수학복습	화학복습		*역사복습*
22-23	여가 독서						
23-24	대화, 취침						

위의 주별 플랜을 보면 다음과 같은 특징이 있는데, 주별 플랜을 세울 때 좋은 시사점을 제공해 준다.

첫째, 월요일에서 토요일까지 다음과 같은 활동 시간이 계획되어 있다.

· 07-08 : 옷 입고 아침 식사하기가 들어가 있다. 1시간이 마련되어 있어 아침 식사를 서둘거나 건너뛰지 않고 옷을 차려 입을 여유가 있다.

· 12:00-13:00 : 1시간 식사 시간이 여유 있게 마련되어 있다.

· 17:00-18:00 : 레크리에이션 시간이 잡혀 있다. 저녁 식사 전에 긴장을 완화시키고, 하루의 수고를 보상하고 있다.

· 19:00-21:00 : 체계적인 학습 시간을 마련하여 학교 수업에서의 노트와 과제를 공부하고 있다.

· 21:00-22:00 : 교과별 복습 시간을 마련하여 시험 대비 벼락치기를 피하고 있다.

· 22:00-23:00 : 여가 시간과 독서 시간을 확보하여 쉬기도 하면서 매일 자신에게 진정으로 흥미로운 책들을 읽는 데 어느 정도의 시간을 제공한다. 낮 시간의 공부와 초저녁의 공부에 대해 스스로 보상하고 있다.

· 23:00-24:00 : 대화와 잠자리에 드는 시간을 마련하고 있다. 가벼운 대화와 독서는 잠을 잘 잘 수 있도록 긴장을 풀어 준다.

둘째, 화요일, 목요일, 토요일에 다음과 같은 활동 시간이 계획되어 있다.

· 08:00-09:00 : 10시-11시 사이에 있는 화학이 가장 어려운 과목이

었기 때문에, 아침 공부는 화학에 좀 더 많은 시간을 투자하고 있다. 특히 1시간 전에 하는 화학 공부는 화학 수업에서 실제적인 도움이 된다.

· 11:00-12:00 : 화학 시간이 끝난 후 1시간을 화학 공부에 투자하고 있다. 수업이 끝난 후 즉시 복습하는 것은 학습한 내용을 오래 기억하고 다음 내용을 학습하는 준비로 매우 효과적이다.

셋째, 특수 과제를 수행하기 위해 일정을 계획하고 있다.

· 화요일 14:00-17:00 : 학기 말 보고서를 완성하기 위해 도서관 작업이 매주 세 시간씩 잡아 놓고 있다.

· 일요일 19:00-21:00 : 영어과의 학기 말 보고서를 완성하기 위해 매주 2 시간씩 잡아 놓고 있다.

· 토요일 12:00 이후 : 정규적인 스케줄을 잡아 놓고 있지 않다. 이 시간은 레크리에이션, 집중적으로 시간을 투자해야 할 특별 프로젝트, 어려운 과목에 대한 이해를 위해 추가적인 공부 시간으로 사용한다.

· 일요일 : 저녁 7시까지는 '나의 날'로 작성하고 있다. 잠자리에 들기 전에 역사교과를 공부하는데, 그 이유는 월요일 아침 첫 수업이 역사 교과이기 때문이다.

③ 일일 플랜(daily plan)은 특정한 하루 과제들을 완수하기 위한 짧은 시간 블록들을 계획한다. 공부 시간만 기록하는 것이 아니고, 해야 할 전화, 여가활동, 집안일 등에 대해서도 기록한다. 조그만 카드에 이 정보들을 기록한 후 하루 종일 가지고 다닌다. 저녁 잠자리에 들기 전

에 다음 날의 일정을 생각하여 계획을 세운다. 그 다음 날의 할 일에 대한 걱정과 근심을 종이에 해결 계획을 기록해 두면 마음은 자유로워지고, 잠도 잘 잘 수 있게 되고, 그 다음 날의 일과도 잘 준비하게 된다.

다음은 어느 대학생의 일일 플랜의 예이다.

<표 4-7> 일일 플랜의 예

월요일
8-9 수학 복습(이전 수업 복습 및 문제 풀이)
9-10 수학 수업
10-11 역사 수업
11-12 역사 공부(수업 노트 정리, 5장 읽기)
13-14 매점: 공책과 바인더, 연필, 형광펜 사기
14-17 국어 읽기 과제 및 문제 풀이
17-18 운동: 운동장 조깅, 샤워
19-22 영어와 수학 공부

④ 주변을 정돈하여 시간 관리의 효과를 높인다. 성공적인 학생들은 필요로 하는 것들을 빠르고 효율적으로 찾을 수 있도록 주변을 잘 조직하고 정렬한다. 시간 스케줄에 따라 공부하려고 할 때 노트 필기 한 것이 어디에 있는지 찾느라 시간을 소비한다면 그 스케줄이 소용이 없다.

주변을 잘 조직하고 정렬하는 일은 잘 짜여진 스케줄과 함께 학업을 효율적이고 또 효과적으로 해 내기 위한 선행조건이다. 주변을 잘 조직하고 정렬하는 일은 다음 3 단계를 필요로 한다(Pauk & Owens, 2011).

㉮ 효율적인 주변 정리 시스템을 만들기

학습 자료들을 융통성 있게 관리하며 시간을 낭비하지 않는 자료 관리 시스템을 구안하는 것이다. 일반적으로 다음 세 가지 원리를 따른다.

[원리1] 모든 자료에 대해 배치 장소를 정해둔다.

"A place for everything and everything in its place"(모든 것에 자리를 마련하고, 모든 것이 자기 자리에 있게 해라)라는 격언이 있듯이, 모든 자료들을 보관할 장소를 마련해 두는 것이 좋다. 예를 들어, 책은 책장에, 공책들은 책상 서랍에, 보고서들은 파일 박스에, 우편물은 바구니에, 연필과 펜들은 연필통과 같은 장소에 놓아둔다. 그런 후 그 장소를 더욱 세분화하여 자료들을 놓아둔다. 예를 들어, 이번 학기에 사용하는 책들은 책장의 가장 접근성이 좋은 곳에 두고, 지난 학기에 사용한 책들은 그 다음 접근성이 좋은 곳으로 두는 순서로 놓아둔다. 또는 과학과 수학책들은 책장의 첫 번째 선반에(이과 코너), 역사와 영어책들은 두 번째 선반에(문과 코너)두는 식으로 순서를 정한다.

[원리2] 자료를 합리적으로 조직한다.

어떤 사람들은 작업장 근처에 여러 가지 불필요한 물건들을 어지럽게 쌓아 놓아서 정작 필요한 때 필요한 물건을 찾는 데 어려움을 느끼곤 한다. 작업 공간 주변에 물건들을 잘 정렬해 놓음으로써 필요한 때 필요한 것을 쉽게 찾을 수 있도록 하는 것이 필요하다. 미국 중앙정보부인 CIA의 경우, 자료들을 세 가지로 분류하여 쉽게 찾을 수 있도록 하고 있다. 첫째, "현행" 자료의 경우는 현재 사용하고 있는 자료들로 책상 바로 위나 근처에 두어 쉽게 찾을 수 있도록 한다. 둘째, "긴급" 자료인 경우는 현재 사용하고 있지는 않으나 곧 사용할 자료들로 근처 책장이나 책상 서랍에 배치한다. 셋째, "보관" 자료의 경우는 과거에 사용한 자료들로 먼 곳의 책장이나 캐비닛 또는 박스에 보관한다.

[원리3] 라벨링(labeling)을 논리적으로 한다.

책장에 모든 책들이 표지 반대로 꽂혀 있다면 원하는 책을 바로 찾기 어려울 것이다. 그 이유는 책들의 라벨을 볼 수 없기 때문이다. 라벨링을 하면 찾고자 하는 사물을 빨리 인지할 수 있으며, 자료들을 발견하는 것과 체계적으로 조직하는 것을(알파벳순 또는 기타 다른 체제로) 더 쉽게 해 준다. 라벨링을 하는 데 드는 시간은 1분도 걸리지 않으나 학습 자료를 찾는데 드는 불필요한 시간을 많이 절약해 준다. 라벨링을 하는데 도움이 되는 좋은 4개의 전략을 소개하면 다음과 같다.

전략1. 코스 또는 교과의 제목(예: 거시경제학 개론)보다는 코스번호(예: 경제학102)를 사용한다. 초·중등학교 학생들은 학기 별로 수업 제목을 사용하는 것이 좋다.

전략2. 한 수업의 상이한 부분들이 공책에 기록되어 있으면 별도의 폴더나 칸막이들로 라벨링 한다.

전략3. 각 노트 페이지 또는 파일에 충분한 정보를 추가로 기입하여 (예: 생물102, 노트한 날짜, 페이지 번호 등) 그 자체로서 의미 있게 존재하도록 한다.

전략4. 자료를 파일 캐비닛에 보관할 경우, 폴더들의 이름을 알파벳 (한글) 순으로 색인 목록을 만들어 캐비닛에 붙여, 캐비닛 서랍을 열기 전에 색인을 볼 수 있도록 한다.

㉺ 학습 자료를 융통성 있게 관리하기

구안한 자료 관리 체제를 오래 동안 유지하고 시간을 낭비하지 않으려면, 학습 자료들을 융통성 있게 관리할 필요가 있다. 학습 자료들을 융통성 있게 관리하는 전략으로 두 가지가 있다. 첫째, 종이를 뺏다 끼웠다 할 수 있는 링 바인더를 사용한다. 나선 모양의 철사로 묶여 있는 공책은 사용하지 않는 것이 좋다. 노트는 어떤 공책 한 권의 부분으로 기록하는 것보다 별도의 개별적인 종이에 기록하는 것이 시험이나 보고서 작성 시 참고 자료로 사용하는데 훨씬 편리하다. 둘째, 공책은 수업 별로 작성하여 사용한다. 공책에 여러 수업의 내용들이 함께 들어가도록 하지 않고 수업 별로 공책을 마련하는 것이 정보를 시험을 대비해서나 보고서 작성 시 탄력 있게 관리하는 일이 된다. 종이를 뺏다 끼웠다 할 수 있는 바인더를 사용하고 견출지를 붙이거나 색깔이 다른 디바이더(divider)를 사용하면 이 문제는 없어진다.

㉻ 학습 후 정리 정돈하고 다음날 학습 자료 준비해 놓기

한 과제를 끝내고 다음 과제로 이동하는 경우, 하던 과제 관련 학습 자료들을 그대로 작업 공간에 놔두지 않고, 몇 분의 시간을 투자하여 정리 정돈을 하여 다음 과제에 바로 임할 수 있도록 해야 한다. 이전에 학습하던 자료들을 그대로 놔두고 자리를 뜨면 작업 공간에는 자료들이 무더기로 쌓이게 되어 다른 과제를 할 공간도 부족하게 된다. 따라서 이전 작업 관련 자료들을 정리 정돈하는 데 시간을 할애하는 것은 장기적으로 볼 때 상당한 시간을 절약할 수 있는 투자이다.

다음 날의 학습에 대한 준비를 마치고 잠자리에 들 때의 이점들로는 첫째, 그 다음 날 허둥대다 잊어버리는 자료들이 줄어들게 된다. 둘째, 다음 날의 학습 활동에 대해 생각하게 되고 학습에 대해 마음의 준비를 하는 심리적 효과가 생긴다. 셋째, 생기기 쉬운 학습에 대한 귀찮음이나 지연 현상을 극복할 수 있다. 다음 날 아침에 일어나 학습 준비가 다된 상황에 임하게 되면 바로 학교에 가서 공부하는 일에 대한 귀찮음이나 지연 현상을 극복하는데 도움이 된다. 다음 표는 주변을 정리하여 시간을 잘 관리하도록 하는 자기점검표이다.

<표 4-8> 주변 정돈 전략

주변을 정돈하여 시간 관리의 효과를 높이는 전략을 사용하고 점검해 보자.

주변 정돈 전략	점검
모든 자료에 대해 배치 장소를 마련했는가?	
필요한 때 필요한 것을 쉽게 찾을 수 있도록 자료를 정리했는가?	
자료에 라벨링을 했는가?	
종이를 뺏다 끼웠다 할 수 있는 바인더 공책을 사용하는가?	
수업별로 공책을 마련하여 사용하는가?	
학습 후 정리 정돈하고 다음날 학습 자료 준비해 놓는가?	

다) 집중하기 전략

학생들이 공부하는데 집중하기 어려운 이유 중의 하나는 집중을 방해하는 외부 요인들과 내부요인들이 존재하기 때문이다. 공부에 집중하려면 이런 방해 요인들을 스스로 통제하도록 지도한다(Pauk & Owens, 2011).

첫째, 집중을 방해하는 외부 요인들을 통제한다.

외부 방해 요인들이란 학습자의 의지와 관계없이 외부에서 들어오는 학습 방해 요인들로서 소음, 빛, 책걸상, 온도, 학습 도구 등과 같은 환경적인 요인들이다. 외부 방해 요인들은 학생 본인이 통제할 수도 있지만, 부모나 교사의 도움을 얻어야 할 경우도 있다.

① 적절한 공부 환경을 선택한다.

공부는 전적으로 공부에만 사용되는 환경을 필요로 한다. 공부방에서 밥도 먹고, 잠도 자고, TV도 보고, 공부도 하는 일은 피하도록 한다. 공부는 공부를 하던 곳에서만 해야 공부에 집중력을 높일 수 있고 공부가 효과적이게 된다. 뇌의 구조는 연합을 기초로 기능하기 때문에 "공부=공부방" 이라는 등식이 뇌에 자리 잡도록 해야 한다. 공부방은 창가 옆에서 자연의 밝은 빛이 들어오는 곳에 배치하고, 안전하고 편안하게 느낄 수 있는 가고 싶은 곳으로 꾸민다.

② 책걸상에서는 공부만 하도록 한다.

책걸상은 하는 일과 조건화되어 있다. 책걸상 앞에서 낮잠을 자거나 몽상을 하면 책걸상은 낮잠이나 몽상을 하도록 하는 단서로 역할을 하며, 공부를 하면 책걸상은 공부하도록 단서로 역할을 한다. 침대도 마찬가지이다. 침대는 잠과 조건화되어 있기 때문에 침대에서 공부를 하면 쉽게 잠에 빠져 공부하기 어렵게 된다. 따라서 잠을 자거나 몽상을 하려면 책걸상에서 벗어나야 한다. 청각적, 시각적 방해 요인들을 최소화하고, 음악을 듣지 않고, SNS 사용과 인터넷 서핑도 정해진 시간에만 하고 공부할 때는 금지한다.

③ 책상의 빛은 밝고 고르고, 흔들림이 없도록 한다.

환하고 편안한 시야는 좋은 공부에 필수적이다. 좋은 빛은 학습에 좋은 영향을 끼치고, 나쁜 빛은 눈에 긴장감을 줄고, 두통, 졸음을 야기시켜 집중을 어렵게 한다. 좋은 빛은 세 가지를 만족시켜야 한다. 첫째, 빛은 밝아야 하고 공부방의 전등 빛은 적어도 2,500루멘을 필요로 한다. 2개의 100와트짜리 백열등(각 1,750루멘)의 밝기이면 어느 정도 적절하다. 둘째, 빛은 골고루 퍼져야 한다. 책상에 그림자나 섬광에 의해 야기되는 열점은 눈에 피로를 주고 집중하기 어렵게 만든다. 셋째, 빛은 흔들림이 없어야 한다. 빛이 흔들리면 집중하기 어렵다. 만약 좋은 빛 아래에서 공부를 함에도 불구하고 시야가 불편하면, 병원을 찾아 눈 검사를 해야 한다.

④ 연필 테크닉을 사용한다.

연필 테크닉이란, 공부할 때 항상 손에 연필을 쥐고 사용하는 것을 말한다. 연필 테크닉은 항상 쓸 준비를 하고 있다는 단서의 역할을 하여 공부 집중력을 높인다. 그리고 여러모로 공부에 도움이 된다. 예를 들어, 교과서의 어떤 단원을 공부할 때, 몇 단락을 읽은 후에는 잠깐이라도 멈추고, 연필을 사용하여 핵심 내용을 자신의 말로 적으면 도움이 된다. 이 때 쓸 말이 없다면 이해가 부족한 것이니 다시 글을 읽어야 하는데, 이번에는 핵심 내용을 파악하기 위해 결심과 집중력을 가지고 읽게 된다. 연필을 쥐고 공부하면 이런 활동을 촉진시키게 된다. 선생님의 수업을 들을 때도 빈손이 아니라 연필을 손에 쥐고 듣도록 습관화하면 집중력이 높아진다.

⑤ 좋은 의자에 앉아 공부한다.

뒤는 곧고 아래는 딱딱한 의자보다 편안하고 쿠션이 있는 의자를 사용하면 보다 오래 동안 집중할 수 있도록 해 준다. 편안하고 쿠션이 있는 의자에서 공부하면 자녀가 쉽게 졸음을 느낄 수 있다고 염려하는 사람들도 있으나, 이것은 사실이 아니다.

⑥ 책상 위에 독서대를 올려놓고 사용한다.

독서대를 사용하면 학자가 된 것 같은 느낌을 주어 공부 마음 자세를 좋게 한다. 그리고 책을 읽기 좋게 비스듬히 놓을 수 있고 손으로 붙잡지 않아도 책 페이지들을 고정시킬 수 있어, 신체적으로 자유를 주어 손으로 노트를 하는 등 여러 학습활동을 하도록 해 주고, 뒤로 걸상에 몸을 기대고 팔을 끼고 읽은 내용에 대해 깊이 생각해 볼 수 있는 여유를 준다.

⑦ 여러 학습도구들을 가까이에 둔다.

사전, 계산기, 시계, 달력, 종이, 클립, 공책, 고무 밴드, 연필 펜, 지우개, 색인 카드 등을 잘 정돈하여 접근성이 좋은 곳에 배치하고 공부하면 불필요하게 학습 도구들을 찾아 헤매지 않고 공부에 집중할 수 있다.

둘째, 집중을 방해하는 내부 요인들을 통제한다.

공부하는데 집중하기 어려운 또 하나의 이유는 집중을 방해하는 내부 요인들이 존재하기 때문이다. 내부 방해 요인들이란 학습자 스스로가 만드는 학습 방해 요인들로서 몽상, 개인적 문제, 근심, 우유부단함, 멀티태스킹, 비현실적 목표 설정 등을 말한다. 외부 요인들도 학습자가 어느 정도 통제할 수 있지만 내부 방해 요인들은 학습자 자신에게서 나오는 것이라서 전적으로 본인이 제거하거나 통제해야만 한다. 내부 방해 요인들은 줄이는 전략으로 7가지가 있다.

① 집중도 점검 기법을 사용하여 공부 집중도를 점검한다.

몽상으로 공부에서 벗어날 때마다 종이에 체크 마크를 한다. 이것을 집중도 점검 기법이라고 하는데, 단순하지만 다시 공부로 돌아가도록 상기시켜 주는 기능을 한다. 연구에 의하면 학생들이 처음에 이 기법을 사용하면 교과서 한 페이지를 읽는데 20개 정도의 체크 마크를 하지만, 1-2주 정도 지나면 1-2개 정도로 줄어드는 것으로 나타난다. 집중도 점검 기법은 언제 그리고 얼마나 집중하지 않고, 또 무엇이 집중을 방해하는지를 스스로 관찰할 수 있는 능력을 길러 주어 자신에 대한 이해를 돕고, 점진적으로 집중을 방해하는 것들을 제거해 나가도록 돕는다.

② 근심 걱정은 근심 패드에 적어 넣는다.

기분 좋은 계획이나 몽상이 집중을 방해하는 주요 내적 방해 요인이지만, 근심 걱정들도 집중을 방해할 수 있다. 집중 점검 기법은 집중을 방해하는 이런 요인들에 경각심을 불러일으키지만 그 문제들을 해결할 방법을 제시해 주지는 못한다. 좋은 방법은 책상 옆에 패드를 만들어 놓고 이 근심 걱정들을 적음으로써 곧 해결하기 위해 관심을 둘 것이라고 생각하면 공부에 다시 집중할 수 있다. 이런 단순 행위도 효과적이다. 근심 걱정을 패드나 수첩에 기록하면 근심 걱정으로 괴로웠던 의식이 명료해지고, 당면한 과제에 집중하는 일로 다시 돌아갈 수 있게 하고, 공부를 마치고 난 뒤 근심 패드의 목록을 읽고 그것들을 해결하는 데 집중할 수 있도록 해 주기 때문이다. 그리고 근심 걱정을 스스로 해결할 수 없는 경우 친구나 부모, 카운슬러의 도움을 받을 수 있다.

③ "멈춰(STOP)" 기법을 사용한다.

어떤 경우에는 딴 생각이나 소소한 근심 걱정들이 마음으로 날아들어 정신을 산만하게 하고 집중을 방해할 경우가 있는데, 이 경우에는 큰소리로 '권위 있게' "멈춰!(Stop)"라는 말을 자신에게 한다. 이 기법은 어두운 생각이나 몽상이 '힘을 얻고 활개 치기' 전에 경고를 보내 막는 것이다. 이 기법은 자기 대화(self-talk) 기법이라고도 하는데 단순하지만 강력하게 기능하여 다시 공부에 집중하도록 해 준다.

④ 다중 작업 처리(멀티태스킹)를 최소화한다.

다중 작업 처리는 여러 일들을 한꺼번에 또는 빠르게 앞뒤로 왔다 갔다 하면서 해결하는 것이다. 예를 들어, 이메일에 답장하고, 라디오를 듣거나 TV를 보며, 점심을 먹으며, 공부하는 등 일을 한꺼번에 하거나 빠르게 앞뒤로 순환하면서 하는 것이다. 멀티태스킹이라는 용어는 컴퓨터 구동 체제에서 나온 용어로, 여러 가지 어플리케이션 프로그램들이 동시에 구동되도록 하는 것인데, 인간에게는 이 체제가 효율적이지 않다.

멀티태스킹이 인간에 효율적이지 않은 구체적인 이유는 다음의 세 가지이다.

첫째. 기억을 약하게 하기 때문이다. 2006년 UCLA의 연구는 피험자들에게 멀티태스킹을 하면서 색인 카드들을 분류하도록 시켰는데, 그 결과 피험자들은 분류는 하였으나, 색인 카드에 적혀있던 정보들에 대한 기억은 현저히 떨어지는 것으로 나타났다.

둘째, 집중력을 약하게 하여 생산성을 떨어뜨리기 때문이다. 여러 가지 일을 한꺼번에 할 때는 한 번에 하나씩 하는 경우보다 집중력이 약하게 되고, 그 결과로 전체적인 일의 생산성이 떨어진다.

셋째, 스트레스를 증가시키기 때문이다. 기억력과 생산성이 저하되면 인간은 저절로 스트레스를 크게 느끼게 된다.

멀티태스킹을 최소화하는 방법은 다음 세 가지이다.

첫째, 일일 시간 스케줄을 지킨다. 일일 시간 스케줄은 각 시간대 별로 특정한 활동 과제가 주어져 있고 그것을 지키려고 하면 멀티태스킹은 자연히 줄어들게 된다.

둘째, 한 과제를 끝내고 다음 과제로 이동한다. 장기 과제인 경우는 어려우나 단기 과제의 경우 이것이 가능하다. 그러나 장기 과제의 경우도 하위 과제들로 나누고 각 하위 과제를 끝내고 다음 과제로 이동하는 식으로 하면 멀티태스킹을 줄일 수 있다.

셋째, 근심 패드에 멀티태스킹도 한 항목으로 넣는다. 근심 패드는 근심과 걱정을 적어둠으로써 그것들을 잠시 잡아두는 공간인데, 멀티태스킹을 하고자 하는 충동이 생기면 "내가 지금 이 과제를 해결하지 못하면 앞으로도 못할 것이다"라고 적고, 당면 과제에 임한다. 이렇게 하면 첫 번째 과제를 해결한 후에는 그 다음에 할 일이 무엇인지 근심 패드가 상기시켜 주게 된다.

⑤ 무작위적으로 떠오르는 잡생각이나 정보를 목록표에 기록한다.

문득 문득 떠오르는 잡생각이나 정보들은(예: 약속 날짜, 곧 시작하려고 계획한 활동 등) 집중을 방해하는 주요 요인이다. 그런 생각이나 정보는 종이 또는 수첩에 적어 목록화 하여 기록한다. 이렇게 기록하면 마음속에 담고 있었던 것들을 잊어버리지도 않고, 또 그것들로부터 마음을 자유롭게 만들 수 있어 공부에 집중하게 해 준다. 그리고 이런 목록은 일일 스케줄에 포함시켜 추후에 해결한다.

⑥ 휴식 시간을 갖는다.

휴식은 종종 일 그 자체만큼 중요하다. 어떤 사람들은 잠시도 쉬지 않고 끝날 때까지 일에 매달리는데, 이런 전략은 주의 집중을 방해하고 사람을 소진시키는 원인이 된다. 신체적, 정신적 휴식은 배고픔을 느끼는 것과 같은 기본적인 본능이다. 사람이 본능을 억압하는 행위를 하면 결코 본능을 이길 수 없고, 오히려 그 본능이 사람을 이겨 온통 그것에만 사로잡혀 버린다. 예를 들어, 배고픔이라는 본능을 만족시키지 않고 억압하면 배고픔을 절대 극복할 수 없고, 오히려 배고픔에 지게 되어 온종일 먹는 일에만 사로잡히게 된다. 휴식도 마찬가지이다. 휴식을 가겨야 공부로 다시 돌아올 수 있고 집중력을 높이게 된다.

다만 공부가 잘 진행되고 있는 경우, 휴식을 너무 오래 하면 공부의 탄력가속도(추진력)를 잃게 된다. 그리고 공부가 잘 안 되는 경우 휴식을 공부 탈출의 핑계로 삼아서는 안 된다. 일반적으로 일과 휴식의 비율은 5대 1 정도가 적당하다. 50분 공부하면 10분 쉬고, 25분 공부하면 5분 쉬는 것이 적당하다.

⑦ 학습 내용의 난이도와 자신의 능력 간 균형을 유지한다.

학습부진아들에게 자신들의 능력과 공부할 내용의 난이도가 균형을 이루도록 하는 일이 중요하다. 학습 내용의 난이도와 자신이 소유한 능력 수준 간에 균형이 있을 때 집중도가 가장 높아진다. 즉, 학습 내용 중에 자신의 이미 아는 부분도 있고 약간 모르는 부분도 있을 때 집중도가 가장 높아진다. 학습 내용의 난이도가 능력 수준을 넘으면 집중 대신 근심이, 난이도가 능력 수준 보다 낮으면 지루함이, 난이도와 능력 수준이 모두 낮으면 냉담함이 생기게 된다. 이렇듯 학습 내용의 난이도와 자신의 능력 간에 균형을 맞추는 일은 어려우며, 학습 내용의 난이도가 자신의 능력 수준보다 높거나 낮은 경우 다음과 같은 조정이 이루어지도록 한다.

첫째, 학습 내용의 난이도가 자신의 능력보다 높으면 개인 교습을 받거나 학습 목표를 재설정하고 공부한다.

둘째, 학습 내용의 난이도가 자신의 능력보다 낮으면 소집단 학습을 하거나 대안적 교재나 시험(같은 주제에 대한 다른 교재나 다른 유형의 검사)을 보도록 한다.

셋째, 학습 내용의 난이도와 자신의 능력이 모두 낮으면 개인 교습을 받거나 소집단 학습을 한다. 시간 스케줄에서 공부를 위해 배정된 시간은 집중해서 공부해야 시간을 효과적으로 사용하게 된다. 공부에 집중하려면 다음과 같은 전략을 동원한다.

- 공부는 공부방의 책걸상에서 하도록 한다. 공부를 침대나 소파에 누워서 하지 않고 공부방의 책걸상에 앉아서 해야 공부 집중력을 높일 수 있다.
- 공부방을 즐거운 곳으로 꾸며 준다. 공부방을 햇볕이 잘 드는 곳에 마련하고 잘 정돈하여 편안하고 자주 가고 싶은 즐거운 곳으로 꾸미면 공부할 때 집중력을 높일 수 있다.
- 학습 시간에는 방해받지 않도록 한다. 가족에게 지정된 학습 시간에는 TV를 크게 켜거나 기타 소음 등으로 방해를 하지 않도록 부탁을 한다.
- 공부를 시작할 때 학습을 상징하는 것을 사용하여 자신에게 공부 시작을 알린다. 예를 들어, 학습 시간이 되면 모자를 쓰거나, 스카프로 몸을 감싸거나, 트롤 인형을 책상 위에 올려놓아 학습 시간이 시작되었음을 스스로에게 알리는 단서로 사용하도록 한다. 이런 물건들은 공부에만 연계하여 사용함으로써 학습할 시간이라는 것을 스스로에게 상기시키고 학습할 마음가짐을 갖게 한다. 그리고 이런 학습 연계 상징물들은 다른 곳에는 사용하지 않는다. 예를 들어, 학습 모자를 야구할 때 쓰고 나가지 않는다. 그러면 학습모자는 학습과의 연계력을 잃게 되어 이런 기능을 하지 못하게 된다.

라) 스트레스 관리하기

스트레스란 어떤 요구에 대해 적응하기 위한 신체의 반응으로 중립적인 성격을 지니고 있는데, 사람들이 스트레스에 제대로 반응하지 않는 것이 문제이다. 예를 들어, 사람이 달리거나 빠르게 걸으면 신체는 좀 더 많은 산소가 필요하여, 그 요구에 부응하여 호흡을 빠르게 하고 심장이 좀 더 빠르게 뛰도록 하는 반응을 보인다. 그러나 대부분의 사람들은 이런 운동을 스트레스의 원천으로 보지 않고, 오히려 스트레스 제거의 수단으로 본다. 마찬가지로 TV에서 퀴즈 쇼를 보거나 퍼즐을 푸는 경우 두뇌는 정신적 활동을 증진시키는 반응을 하는데, 대부분의 사람들은 이런 활동들을 긴장을 완화시키기 위해 한다.

문제는 사람들이 스트레스 요인들에 대해 항상 긍정적으로 반응하지 않는다는 것이다. 운동을 위해서 달리는 대신 버스를 쫓아 타기 위해 달리거나, 퀴즈 문제를 푸는 대신 배우지 않은 수학 문제와 씨름하는 것에 대한 반응들은 매우 다르다. 운동의 즐거움을 경험하거나 퀴즈를 푸는 짜릿함을 느끼는 대신에 버스를 쫓아 달리거나 수학 문제를 풀 때는 지치거나 위협을 느끼게 된다.

이런 점은 스트레스는 다루기에 따라 이익이 될 수도 있고 해가 될 수도 있다는 것을 시사한다. 따라서 공부에 따르는 스트레스를 관리하는 법을 익혀 습관화하면 공부에 효과를 낼 수 있고 하루하루의 생활을 즐겁게 할 수 있게 된다. 다음은 Pauk & Owens(2011)가 제시하는 네 가지의 스트레스 관리법이다.

① 개인적 스트레스 제거하기

모든 스트레스들이 피할 수 없는 것은 아니고, 피할 수 있는 스트레스들도 많다. 어떤 사람들은 남이 느끼는 않는 스트레스를 개인적으로 느끼는 불필요한 스트레스가 있고(개인적 스트레스), 남들과 같이 느끼는 보편적 스트레스가 있다. 공부에 있어 개인적으로 느끼는 불필요한 스트레스들은 주로 지체(procrastination) 때문에 생기기 때문에 지체하지 않음으로써 제거하고, 몇몇 보편적 스트레스들은 한 걸음 옆으로 한 걸음 비켜가면서(sidestepping) 제거한다.

㉮ 지체를 제거한다.

철학자 윌리엄 제임스는 "이 세상에서 일을 지체하면서 완수하지 못하고 질질 끄는 것만큼 사람을 피로하게 만드는 것이 없다"고 지적하며, 지체는 불필요한 스트레스의 한 원천이라고 말했다. 지체를 하지 않으려면 두 가지 활동이 필요하다.

첫째, 왜 학습을 미루는 지체 현상이 생기는지 이해시킨다. 지체는 다음과 같이 지체를 유발하는 공통적인 스트레스 요인들이 있기 때문에 생긴다.

(1) 실패에 대한 염려

과제를 성공적으로 수행하지 못하고 실패할까봐 지체할 수 있다. 대처 방법은 과거에 성공했던 경험을 회상하며 이번 과제에도 성공할 수 있다는 자신감을 갖는 것이다.

(2) 성공에 대한 염려

과제를 성공적으로 수행할 것 같아 지체할 수 있다. 두 가지 이유가 있다. 첫째, 성공하는 사람들은 소수이기 때문에 성공하지 못한 사람들의 질투와 따돌림 때문에 외로워질 염려를 갖기 때문이다. 둘째, 성공은 책임감과 선택을 야기 시키기 때문이다. 성공을 하게 되면 좋은 평판을 얻게 되고, 그에 따른 책임감을 가게 되고 행동을 선택하는 데 있어 신중해 지게 된다. 어떤 사람들은 이 평판을 부담과 위협으로 여겨 지체한다. 대처방법은 성공으로부터 도피하는 것이 아니라 성공을 껴안는 것이다. 즉, 성공은 좋은 것이라 염려할 필요가 없다 것을 이해해야 한다.

(3) 시간 부족

과제를 완수할 시간이 부족하다고 느끼고 지체할 수 있다. 대처방법은 시간을 관리하고 통제하는 것이다. 시간에 대한 통제감이 생기면 지체하지 않고 과제를 완수하는 일이 보다 쉬워진다. 마스터 플랜, 주별 플랜, 일일 플랜을 짜서 생활하는 것이 시간을 통제하는 좋은 방법이다.

(4) 할 일에 대한 조직력 부족

사람들은 하루를 시작할 때 지체하던 일을 시작하겠다고 마음을 먹으나 저녁이 되면 그 의도와는 달리 실제로 일을 착수하지 못하는 경우를 경험하곤 한다. 이것은 할 일들을 긴급성이나 중요성의 수준에 따라 잘 조직하지 못하고 이것저것을 하다가 나타나는 현상이다. 대처방법은 긴급성과 중요성의 수준에 따라 할 일들을 잘 조직하는 것이다. 그러면 일들을 지체하지 않고 잘 완수하는데 도움이 된다.

둘째, 지체를 예방하는 방법을 알고 실천하도록 한다. 지체가 왜 생기는지 이해했으면 지체를 예방하는 방법을 실천으로 옮겨야한다. 다음 여덟까지 방법을 실천에 옮겨 지체를 예방한다.

(1) 자신의 과제 수행 계획을 외부로 드러내기

수행해야 할 과제나 목표를 글로 적어 여러 사람이 볼 수 있도록 붙여놓거나, 친구들 또는 집안 식구들에게 자신의 과제 수행 의도를 알린다. 이렇게 자신의 과제 수행 의도를 외부로 공식화하면 실제로 과제 수행을 덜 지체시키게 된다. 그 이유는 지체는 자신을 속이는 습관인데, 이렇게 공식화하면 남까지는 속일 수 없게 되기 때문이다.

(2) 뒤로 물러서서 자신의 과제 수행 상황을 자주 점검하기

사람들이 지체를 하는 이유 중의 하나는 불필요하게 너무 일의 세세한 사항들에 얽혀 매달리기 때문이다. 주기적으로 뒤로 물러서서 일의 진행 상황을 점검하면 자신이 작은 일을 가지고 수렁에 빠져 불필요하게 헤매고 있는지를 발견할 수 있다. 이런 상황을 발견하게 되면 그 수렁에서 벗어나 속도를 높여서 정해진 시간 내에 목표를 달성할 수 있게 된다.

(3) 5분 공략 기법 사용하기

오래 동안 지체시켰던 과제를 단 5분 동안만 공략하는 것이다. 그리고 5분이 지난 후에 과제 공략을 계속할 것인지를 결정한다. 그러면 사람들은 대부분의 경우 과제를 계속 공략하게 된다. 이 기법이 효과적인 이유는 거의 모든 일에 있어 가장 어려운 부분은 시작 부분인데, 이 처음 시작 부분의 고통을 완화시켜 주기 때문이다.

(4) 탄력가속도(추진력)를 이용하기

끝내기를 원했던 과제를 성공적으로 수행하면 그것을 탄력 가속도로 삼아 지체했던 다른 과제를 수행하는 데로 옮기도록 한다. 이 가속도를 통해 생기는 초과 에너지는 싫어서 지체했던 과제의 가장 어려운 부분을 시작하는데 도움을 주고, 지체했던 과제의 완수를 좀 더 수월하게

해 준다. 소위 내친 김에 미뤄두었던 것을 하는 전략이다.

(5) 시계보다 타이머를 사용하기

시계를 자주 보면 집중력이 분산되어 일을 끝내는데 도움이 안 된다. 시계 대신 타이머를 사용하면 시계를 보지 않으면서 과제 완수에 집중하게 되어 시간 내에 끝내는데 도움이 된다. 핸드폰의 알람은 타이머로서 좋은 기능을 한다.

(6) 과제를 잘 정의하기

과제 착수가 지체되는 이유 중의 하나는 과제 그 자체가 정확히 규명되지 않아 너무 크게 보이고 그에 따라 생기는 위압감과 스트레스 때문이기도 하다. 예를 들어, "기말 보고서 쓰는 것을 시작해야 할 텐데…"라고 걱정하기 보다는, 이 보고서의 특정 측면(주제를 선정하기, 보고서 관련 참고 문헌 조사하기 등)에 대해 과제를 잘 정의하고 그것부터 시작하면 과제 시작이 보다 수월해지고 지체를 막을 수 있게 된다.

(7) 과제 지체 이유에 대한 변명을 말로 표현하기

사람들은 과제 착수 지연에 대한 변명들을 가지고 있고, 그 변명이 논리적이라고 생각하는 경우가 있다. 그러나 이런 변명들을 글로 써 보거나 친구에게 설명해 보면 처음에 생각했던 것보다 논리적이지도 않고 모순되는 경우가 많음을 알 수 있게 되어 지체를 줄일 수 있게 된다. 그 외 여러 고민이나 어려움도 마음에만 담아 두지 않고 글로 써 보거나 남에게 이야기하면 마음도 훨씬 가벼워진다.

(8) 과제를 성공적으로 완수한 상황을 상상하기

과제의 목표를 성공적으로 성취한 모습을 상상하면 지체를 줄일 수 있다. 성공한 모습을 상상하게 되면 ① 마음속에 목표에 이르는 코스(course)(길)이 생각나게 되고, ② 그 코스는 구체적인 계획을 작성하도록 도움을 주고, ③ 그 코스를 따라갈 힘(원동력)을 얻게 되고, ④ 일상이 즐겁고 행복해지게 된다.

② 보편적 스트레스를 제거하기

스트레스에는 지체와 같이 개인적으로 느끼는 불필요한 스트레스 외에, 남들과 같이 느끼는 보편적 스트레스가 있다. 예를 들어, 시험 치르기, 버스나 지하철을 타기 위해 줄 서서 기다리기 등은 다른 사람들도 느끼는 보편적 스트레스이다. 이런 보편적 스트레스는 제거하기 어렵고 비켜나가야 하는데 그 방법은 다음과 같다.

(1) 30분 일찍 일어나기

늦게 일어나 아침을 거르거나 허둥지둥 먹고 학교에 가면 하루의 시작을 스트레스 와 함께하게 된다. 잠은 적절한 수준에서 충분히 자는 것이 중요하지만 남들 보다 30분 일찍 일어나면 아침 준비를 편안한 속도로 할 수 있고, 수면 습관에 부정적 영향을 끼치지도 않으며, 스트레스를 피하는 방법이 된다.

(2) 학교에 가는 시간을 충분히 마련하기

여유가 없는 운전자들은 느리게 운전하는 사람과 정지 신호등에 쉽게 화를 내고 스트레스를 느낀다(영업용 택시, 트럭 운전사 등). 하루를 스트레스 받지 않고 생활하려면 여유를 갖고 주위를 둘러보며 즐겁게 학교에 가 수업 준비를 하도록 충분히 등교 시간을 잡는다.

(3) 빈손으로 대기하지 않기

길게 줄을 서서 차례를 기다리거나 대중교통을 기다리는 시간은 지루함과 짜증을 느끼게 하여 스트레스로 작용할 수 있다. 이에 대처하려면 읽을 책을 가지고 다니거나 복습할 학습 카드들을 가지고 다니며 공부한다(참고: 2단원의 자투리 시간 활용법). 어떤 사람은 단순히 라디오 음악을 듣는 것만으로도 스트레스를 완화시킬 수 있지만 일반적으로 책을 읽거나 중요한 정보를 복습하는 것만큼의 만족감을 주지는 못한다.

(4) 저녁을 일찍 먹기

학교 식당이나 집에서 저녁 식사를 일찍 하면 저녁 잠자기 전까지의 시간을 좀 더 생산적으로 사용할 수 있다. 저녁은 너무 많이 먹으면 위와 뇌에 부담을 주어 학습이 어렵게 되므로 적당히 먹는다. 에너지를 많이 사용하는 오전과 오후를 잘 보내려면 아침과 점심을 저녁보다 잘 먹는 것이 중요하다.

(5) 잠자리까지 공부할 거리를 가지고 가지 않기

잠자리는 휴식을 위해 있는 것이다. 잠자리에 공부할 것을 가지고 가면 침대를 공부하는 장소로 바꿈으로써 두뇌를 혼란스럽게 만든다. 공부하는 자리와 잠자리를 구분하게 되면 공부하는 일이 좀 더 생산적이게 되고, 잠도 좀 더 평안하게 잘 수 있게 된다.

(6) 줄을 설 때면 조용하고 평온한 마음을 갖기

줄을 서서 기다릴 때는 스트레스를 느낄 수 있다. 이 때는 자신에게 "평안할 지어다", "행복할 지어다"라는 말을 천천히 낮은 목소리로 말한다. 이러다 줄의 맨 앞에 서게 되면 마음이 평안해지고, 관대해지고, 화해적이게 된다.

③ 삶의 태도를 바르게 증진시킨다.

삶에서의 전반적인 태도는 스트레스를 극복하는데 강력하게 영향을 미친다. 심리학자 윌리엄 제임스는 "사람은 슬프기 때문에 우는 것이 아니고, 울기 때문에 슬퍼진다"라는 말을 했는데, 이것은 그 당시의 보편적 인과 관계에 대한 상식을 뒤엎는 말이었고, 그 당시에는 받아들여지지 않았으나 현대에 와서는 수용되고 있다. 에크만은 실험을 통해 사람들은 얼굴 근육만을 움직여서도 6가지 정서(행복, 슬픔, 증오, 놀람, 분노, 공포)를 느낄 수 있다는 것을 밝혔다. 제임스의 주장과 에크만의 연구는 인간은 정서를 외적으로 통제할 수 있고, 삶의 태도를 건전하게 증진시키면 스트레스를 통제하고 삶을 발전시킬 수 있다는 것을 시사한다. 구체적으로 삶의 태도를 바르게 증진시켜 공부 스트레스를 극복하는 방법은 다음과 같다.

(1) 이완법

이완이란 근육을 가지고 아무 것도 하지 않는 것으로 긴장이 제거된 상태를 말한다. 긴장은 에너지를 낭비하고 근심과 스트레스를 야기 시킨다. 긴장을 느끼는 상황에서는 이완을 한다. 이완은 두 가지 테크닉으로 이루어질 수 있다.

첫째, 깊이 숨쉬기 기법이다.

시험, 면접, 또는 치과 진료 전에, 땀이 나고 몸이 긴장하고, 호흡이 가빠지고 얕으면, 이완된 상태를 유도하기 위해 "셋까지 숫자 세며 숨쉬기"를 한다. 그 순서는 다음과 같다.

- 속으로 셋까지 숫자를 세면서 코로 숨을 천천히 들이 마신다.
- 속으로 셋까지 숫자를 세면서 숨을 멈춘다.
- 속으로 셋까지 숫자를 세면서 숨을 천천히 내뱉는다.
- 처음부터 다시 몇 번 반복한다(일단 리듬을 타게 되면, 숫자 세기를 할 필요는 없으나, 같은 타이밍과 같은 휴지를 유지해야 한다).

둘째, 점진적인 근육 이완 기법이다.

의사였던 에드먼드 제이콥슨은 긴장된 마음은 긴장된 몸과 연계되어 있다는 것을 발견하고 체계적으로 주요 근육을 긴장시켰다 다시 이완시키는 방법을 개발하였다. 그 순서는 다음과 같다.

- 편안하게 자리에 앉거나 누운 상태에서 눈을 감고 오른손 팔뚝과 주먹에 힘을 5초 동안 주면서 팔뚝과 손에서의 긴장을 느낀 후 천천히 팔뚝과 손을 풀면서 긴장을 빠져 나가는 것을 느낀다.
- 같은 방법으로 왼손 팔뚝과 손을 가지고 한다.
- 이런 긴장과 이완을 어깨 근육, 목, 얼굴, 발과 발가락, 그리고는 각 다리, 복부와 가슴으로 이동하면서 반복하며 그 차이를 느낀다.
- 이완의 전반적인 느낌을 천천히 느끼며 눈을 뜨고 마친다.

(2) 자긍심 높이기

자긍심은 자신의 가치에 대한 개인적 평가를 말한다. 불행하게도 사람들은 자신에 대한 평가가 박한 경향이 있어, 자신의 긍정적인 측면은 간과하고 성공한 것들은 잊는 대신에, 단점을 강조하면서 자신에게 부정적이고 실망스러운 생각들은 조용히 그리고 지속적으로 집어넣는 경향이 있다. 이것을 내면의 대화(inner dialogue)라고 하는데, 이 내적 대화로부터 야기되는 스트레스는 외부의 비판보다 더 나쁘게 영향을 미친다. 자긍심을 건강한 수준으로 유지하는 것은 스트레스의 영향으로부터 자신을 보호하는 방법이 되고, 자긍심이 높은 사람은 스트레스를 잘 받지도 않는다.

자긍심을 높이는 방법으로 두 가지를 소개한다.

첫째, 새로운 상황이나 어려운 도전에 직면하게 되면 사람들은 내적 대화로 잠시 걱정을 표현하는데, 이 때 자기 대화에 귀 기울이고 부정적인 말이 들려오면 긍정적인 것으로 바꾼다. 예를 들어, "실패하면 어쩌지…"라는 말을 "나는 할 수 있다"라는 말로 바꾸어 자신에게 이야기한다. 생각은 자신의 것이기 때문에 자신이 통제할 수 있어, 원하는 긍정적인 생각에는 마음의 문을 열고 받아들이며, 원하지 않는 부정적인 생각은 밖으로 나가도록한다.

둘째, 과거에 자신이 성공했던 경험을 떠 올린다. 사람은 적어도 한 두 번의 성공 경험을 가지고 있다. 자긍심이 떨어지면, 자랑스럽게 일을 처리했던 때, 어려움 속에서도 난관을 극복했을 때, 잘 나가던 때를 생각하면, 자긍심을 높이고 '성공이라는 마음의 틀' 속에 자신을 넣어 다시 성공할 기회를 높일 수 있다.

(3) 자신의 삶을 통제하기

자신의 삶에 대한 통제감은 건강을 유지하는 핵심적 요인으로 공부 스트레스에도 긍정적으로 대처하게 해 준다. 자신의 삶을 통제하는 능력을 기르기 위해 필요한 것은 다음 두 가지이다.

첫째, 통제하는 일의 중요성을 아는 것이다.

다른 사람들이 원하는 것과 또 그들의 변덕에 순응하지 않고, 또 '운명'에 복종하지 않고, 나름대로의 삶을 건강하고 의미 있게 통제하며 사는 것이 중요하다. 유명한 편집장이었던 노먼 커슨은 고통스러운 중병에 걸렸는데, 병이 자신의 삶을 통제하도록 내버려 두지 않고 자신이 삶을 통제하기로 마음먹었다. 그래서 자신에게 자신의 죽음을 선언하고, 코미디 영화들을 연이어 보았다. 그러자 영화가 주는 웃음을 통해 그동안 못 잤던 잠을 잘 잘 수 있게 되었고 병을 이길 수 있었다. 노먼 커슨의 병세 호전은 의학계에 큰 충격이었고, 그는 의학적 학문 배경이 없었음에도 불구하고 예일대 의과대학에서 명예박사 학위를 받았고, UCLA 대학에서 의대 조교수로 임명되었다.

작가 리차드 로건은 극단의 스트레스를 겪었던 사람들(예: 나치 하의 강제 수용소의 감금되었던 사람들)을 조사하고, 그들은 적어도 한 가지 공통점이 있다는 것을 발견하였는데 그것은 운명은 자신이 하기에 달렸다는 신념, 즉 삶에 대한 통제력이었다.

심리학자 브람슨은 극도의 피로로 직장의 삶에 몰리고 있는 두 집단의 노동자들을 코르티손 수준(낮은 코르티손 수준은 질병과 알레르기에 대한 저항 능력을 높이나, 높은 수준은 그 반대로 떨어뜨림)과 일의 통제 수준과의 관계를 조사하였다. 그 결과 낮은 수준의 코르티손 집단은 일에 대한 통제력을 높게 가지고 있는 것으로 나타났다.

삶에 대한 통제력 부족은 부정적인 효과를 가져 온다. 무력감, 신경 쇠약, 근육 긴장, 스트레스에의 과민 반응, 면역시스템의 파괴에 처하게 되고 순종적인 행동이나 과잉적인 행동을 하게 한다. 이런 과잉 행동의 외부로 향하게 되면 분노로, 내부로 향하면 공포, 근심, 낙심 등이 나타난다.

둘째, 통제 불가능한 상황에 대처하는 방법을 여러 개 세워 실천하는 것이다. 살다보면 통제 불가능하거나 예상하지 않았던 상황들이 초래될 수 있는데, 이런 상황에서도, 사람들은 어느 정도의 통제력을 행사할 수 있다. 대처 전략을 여러 개 마련하여 상황에 적응하는 것이 좋은 방법이다.

예를 들어, 선생님이 곧 다가올 중간고사가 논술형인지 선다형인지 말해주지 않았고 또 그것에 대한 통제력을 가지고 있지 못할 경우, 두 가지 유형에 모두 대비함으로써 대처 자원을 증진시킬 수 있고, 통제력을 가지게 된다. 또 하나의 예로 은행이나 대형 마트에서 정산을 하는 코너에 사람들이 길게 줄을 서고 있는 경우, 그 줄이 없어지거나 빨리 줄어들 수 있도록 할 수가 없다. 이 경우, 기다리면서 책을 읽거나 학습 카드를 공부함으로써 이 상황을 통제할 수 있다. 이것은 작은 수준의 통제 방법이지만 행하기 쉬우며, 공부도 하며 스트레스를 줄이는 일석이조의 방법이다. 하나의 대안만 있는 사람은 융통성이 없어 스트레스를 많이 받는다.

④ 건강한 루틴을 설정하고 준수한다.
사람들은 삶에서 루틴이라는 것을 가지고 있다. 루틴이란 매일 매일

의 삶에서 반복적으로 행하는 활동을 말한다. 신체적으로 건강한 루틴을 가진 사람들은 스트레스에 당면하게 될 기회를 줄이고, 스트레스에 대한 저항력도 높일 수 있다. 신체적으로 건강한 루틴을 가지려면 다음 세 가지 노력을 해야 한다.

(1) 좋은 식사 습관을 갖기

좋은 식사 습관은 면역체계를 회복시키고 스트레스 대처 능력을 강화시켜 준다. 이와는 반대로 나쁜 식사 습관은 스트레스와 악순환 관계를 가지고 있다. 나쁜 식사 습관은 몸에 나쁜 영향을 미치고 그에 따라 스트레스의 공격에 보다 취약해지는 동시에, 스트레스는 그 부산물로 식욕을 떨어뜨려 다시 나쁜 식사 습관을 갖도록 하는 결과 악순환의 고리가 생긴다. 현대인들은 아침은 너무 늦게 먹고, 점심에는 간단히 아무거나 먹고, 저녁에는 만찬을 하며 많이 먹고, 잠자리에 들기까지 간식을 조금씩 먹는다. 이것은 신체에 연료가 매우 필요할 때 신체를 굶주리는 것이고, 별로 필요 없을 때 연료를 채우는 것으로 잘못된 식습관이다.

다음은 좋은 식사 습관을 갖는 방법이다.
· 아침을 잘 챙겨 먹는다.

아침은 신체라는 화덕에 불을 지피는 것으로 하루 생활을 위해 태울 에너지를 얻는 일이다. 점심과 저녁은 아침에 지펴 놓아 활활 타고 있는 화덕에 그저 몇 개의 석탄을 던져 넣는 일에 불과하다. 아침을 잘 챙겨 먹기 위해 식사 전에 가벼운 운동을 하는 것은 좋은 전략이다.
· 식사하면서 공부하지 않는다.

일이나 공부에 따른 스트레스를 줄이려면 휴식이 필요한데, 식사하면서 일이나 공부를 하면 식사를 하기 전보다 더 많은 스트레스를 느끼게 된다.

· 식사를 급하게 하지 않는다.

급하게 식사를 하면 소화 불량과 스트레스를 겪는다. 그러면 식사 후 일의 효과가 떨어진다.

· 바른 음식을 먹는다.

정크 푸드(junk food)를 피하고 영양적으로 균형 잡힌 식사를 한다. 사람들은 지방은 나쁘고 탄수화물은 좋다고 생각하나, 이것은 부분적으로만 사실이다. 모든 지방이 나쁜 것이고, 모든 탄수화물이 좋은 것도 아니다. 영양소가 균형 잡힌 식단을 가진 식사를 하는 일이 중요하다.

· 칼로리 섭취를 활동에 맞추어 조절한다.

살을 찌게 하는 것은 지방이 아니라 칼로리다. 그러나 사람들은 지방이 살을 찌운다고 생각한다. 이것은 지방이 단백질이나 탄수화물에 비해 그램 당 칼로리가 높기 때문에 생긴 오해이다. 이런 오해로 어떤 사람들은 지방을 극단적으로 피하면서 그 대신 단백질과 탄수화물에서 칼로리를 축적해서 살을 찌우는 잘못된 행위를 한다. 사람들은 일을 통해 소비한 칼로리가 섭취한 칼로리보다 적으면 몸무게가 늘지만, 그 반대이면 몸무게가 줄어든다. 사람은 평균적인 체중보다 높거나 낮으면 몸이 추가적으로 스트레스를 받게 된다. 따라서 몸무게를 통제하는 방법은 칼로리를 조절하는 일을 필요로 한다.

· 불포화 지방과 통곡물을 섭취한다.

고도 불포화 지방(아마씨와 일부 물고기에서 발견)과 단순 불포화 지방(견과류, 올리브 오일, 기타 식물성 기름에서 발견)은 건강에 좋고 심장병 발병 위험을 줄인다. 통곡물(현미, 통밀 밀가루 등)은 정제된 탄수화물보다 분해가 느리고 당과 인슐린 수치 상승을 줄이는 동시에, 비타민과 정제로 인해 상실되는 여러 영양소를 제공한다. 좋지 않는 지방은 포화지방(버터와 붉은 고기에서 많이 발견)인데 "나쁜 콜레스테롤"로 알려져 있고 심장에 좋지 않다. 정제된 탄수화물(예: 백미, 흰 빵 등)은 나쁜 콜레스테롤과 간접적으로 연계되어 있고, 빠르게 분해되어 당과 인슐린 수치를 급격히 높여서 심장 질환을 유발할 수 있다.

· 과일과 채소를 많이 섭취한다.

섬유질과 비타민이 풍부하여 과일과 채소가 몸에 이롭다는 주장에는 영양학자들 사이에 이견이 거의 없다.

· 물을 충분히 마신다.

우리가 사는 세상과 우리 몸은 주로 물로 이루어져 있다. 우리 신체는 물을 통해 신체 내부의 생리적 작용을 매개하고, 독을 밖으로 배출해 낸다. 나이와 몸무게에 따라 하루에 6-8온스의 물을 마셔야 몸에 건강하다. 커피, 티, 술, 소프트드링크 종류의 액체를 마신다고 물의 효과를 대체할 수 있는 것은 아니고, 오히려 이것들은 해로운 요소들을 가지고 있어 순수한 물의 효과를 상쇄하거나 저해한다. 즉 맑고, 시원하고, 신선한 물이 최고이다. 특히 소프트드링크는 가장 해로움에도 불구하고, 2001년 미국인들은 일 년에 1인당 50갤런(약 189리터)을 넘게 마시는데 반해 물은 40갤런(약 151리터) 정도 밖에 마시지 않아 문제가 되고 있다.

(2) 좋은 수면 습관을 갖기

수면 부족은 인지 기능과 집중력을 약화시킨다. 45분이면 할 일이 1시간으로 지연된다. 그리고 수면 부족을 극복하고자 하는 버둥질은 스트레스를 유발하게 된다. 이에 따라 조그마한 불쾌함에도 화를 내게 된다. 수면 부족과 스트레스는 악순환의 고리를 갖고 있다. 수면이 부족하며 스트레스가 쌓이고, 쌓인 스트레스는 좋은 수면을 방해한다. 좋은 잠은 낮에 정신을 맑게 하고, 에너지를 주어 열정적으로 일이나 공부를 하도록 하는 동시에 몇몇 연구들은 인간의 수명을 연장시킨다고도 보고한다.

좋은 수면 습관을 갖는 방법은 다음과 같다.
· 적당한 양으로 잠을 잔다.
수면 부족의 효과는 누적적이어서, 월요일에 피곤함을 느꼈다면 금요일에는 더 피곤함을 느끼게 된다. 수면 부족의 효과는 누적적이지만, 수면은 그렇지 않다. 주말에 잠을 많이 자 둔다고 해서 주중에 덜 잘 수 있는 것이 아니다. 오히려 주중의 잠자고 깨는 리듬을 망가뜨리고 스트레스를 받게 된다. 따라서 일주일에 일곱 번의 저녁에 충분한 잠을 자야 한다.
· 정해진 시간에 잠을 잔다.
하루 주기 리듬에 맞도록 저녁 적절한 시간에 잠을 자는 습관을 기른다. 두뇌는 아침에 본능적으로 잠을 깨고 저녁에 잠을 자도록 하는 리듬을 갖고 있는데, 이 리듬에 맞게 정해진 시간에 잠을 자는 습관을 기른다. 주말에 늦게 자고 그 시간도 규칙적이지 못하면 일일 주기 리듬은 망가지게 되어, 깨어 있어야 할 때 졸리고 잠을 자야 할 때 각성수준이 높아지게 된다. 깨진 하루 주기 리듬을 회복하려면 저녁에 잠자는 시간이 다르더라도 아침에 일어나는 시간을 정해야하고, 이렇게 정한 아침 기상 시간을 굳건히 지키면 늦게 까지 깨어 있는 것이 어렵게 되어 다시 일찍 잠자리에 들 수 잇다.

· 낮잠을 자지 않는다.

낮잠은 여러 가지 문제를 가지고 있다. 첫째, 실용적이지 못하다. 학교 공부 중에 낮잠을 매일 자는 일은 어렵다. 둘째, 학습에 역기능적이다. 셋째, 좋은 잠을 손상시키고, 자고 깨는 수면 사이클을 손상시킨다. 낮잠은 잠의 두 가지 중요한 요소인 렘(REM) 수면(꿈이 나타나는 수면기)과 델타(Delta) 수면(깊은 수면기)을 제거한다. 낮잠은 잠의 양을 늘리지만 신체가 필요로 하는 꿈이나 깊은 잠이 없기 때문에, 몸이 매우 피곤한 경우를 제외하곤 낮잠을 자지 않는 것이 좋다.

· 불을 끄고 잔다.

불을 끄고 잠을 자야 깊은 잠이 든다. 깊은 잠을 자야 멜라토닌의 분비가 활성화된다. 멜라토닌은 수면에 도움을 주는 동시에 신체 조직이 암을 유발하는 화학 물질인 강산화성 물질을 파괴하도록 자극하여 종양 예방에 도움을 준다. 또한 이렇게 좋은 환경에서 뇌하수체는 성장 호르몬을 혈액으로 대량 방출하여 신체를 돌아다니면서 신체 조직을 회생시키고 재생산하여 성장에 도움을 준다. 어른들의 "잠을 잘 자야 잘 큰다."는 말씀은 과학적으로 증명된다.

· 오후 4시 이후엔 카페인 음료를 금지한다.

커피, 차, 소프트드링크, 초콜릿, 일부 약품에 들어있는 카페인은 불면증을 유발하여 자고 깨는 주기를 흩뜨려놓는다. 하루 200-500 밀리그램의 카페인은 두통, 신경과민, 소화장애, 스트레스를 촉발시키거나 가중시킬 수 있는 징후들을 야기 시킨다.

· 침대에서는 잠만 잔다.

침대에서 먹고, 숙제를 하고, 심지어는 근심 걱정에 사로잡히면 신체로 하여금 맥락적 단서들을 혼동하게 만들어, 잠잘 시간에 잠에 빠지기 어렵게 만든다.

(3) 좋은 운동 습관을 갖기

운동은 심장과 근육을 튼튼히 하고, 불안을 줄이고 자긍심을 가져다 주기도 하지만, 일일 주기 리듬을 강화한다. 20분 이상의 에어로빅 운동은 낮 시간에 각성 수준을 높이고 밤에는 수면의 질을 증진시킨다. 운동을 정규적으로 하는 사람들은 운동을 하지 않는 사람들보다 더 깊은 잠을 즐길 수 있다. 주당 3-4번의 정규적인 운동은 신체에 정신적, 신체적 배터리를 충전시키는 일이어서 스트레스를 줄이고 전반적으로 컨디션을 증진시킨다.

다음 표는 공부 스트레스를 극복하는 방법을 스스로 지키는지 점검하는 표이다.

<표 4-9> 스트레스 극복 점검표

지체를 극복하는 전략	점검
과제 수행 계획을 외부로 드러내어 알리는가?	
뒤로 물러서서 자신의 과제 수행 상황을 점검하는가?	
지체한 과제에 5분 공략 기법 사용하는가?	
과제 수행의 탄력 가속도를 이용하는가?	
시계보다 타이머를 사용하고 있는가?	
과제를 잘 정의하고 공략하는가?	
과제 지체 이유에 대한 변명을 말로 표현하는가?	
과제 성공 또는 과제 완수 상황을 상상하는가?	

보편적 스트레스를 극복하는 전략	점검
남들 보다 30분 먼저 일어나 하루를 준비하는가?	
학교에 가는 시간을 충분히 마련하고 있는가?	
줄을 서서 대기할 때 학습 카드를 가지고 공부하는가?	
저녁을 일찍 먹는가?	
잠자리에는 공부꺼리를 가지고 가지 않는가?	
줄을 설 때 평온한 말을 하며 기다리는가?	
삶의 태도를 증진시키는 전략	**점검**
스트레스 상황에서 깊이 숨쉬기를 하는가?	
스트레스 상황에서 근육 이완법을 실시하는가?	
스트레스 상황에서 "나는 할 수 있다"는 긍정적인 내적 대화를 하는가?	
스트레스 상황에서 과거 성공했던 경험을 떠 올리는가?	
내가 내 삶을 통제하는 일이 왜 중요한지 알고 있는가?	
어려운 상황에 여러 가지 대처방법을 갖고 맞이하는가?	

건강한 루틴을 설정하는 전략	점검
아침을 잘 챙겨 먹고 있는가?	
식사를 할 때는 공부하지 않는가?	
바른 음식을 먹고 있는가?	
칼로리 섭취를 활동에 맞추어 조절하고 있는가?	
불포화 지방과 통곡 물을 섭취하고 있는가?	
과일과 채소를 많이 섭취하고 있는가?	
물을 충분히 마시고 있는가?	
적당한 량으로(7-8시간) 잠을 자고 있는가?	
정해진 시간에 잠을 자고 있는가?	
낮잠을 자지 않는가?	
불을 끄고 자는가?	
오후 4시 이후엔 카페인 음료를 마지지 않고 있는가?	
침대에서는 잠만 자는가?	
주 3-4회 운동을 하고 있는가?	

Chapter 3. 마음 습관 지도

마지막으로 학습부진아들이 자기조절 능력과 학습기술 적용 능력을 발휘하여 자기 주도적인 학습자가 되려면, 그런 능력들을 실제 학습 상황에 행동을 옮기는 정의적 능력, 소위 Costa(2001)의 마음 습관(habits of mind) 또는 Corno(2001)의 의지적 마음태(volitional mind sets)가 필요하다. 예를 들면, 학습 과제를 완수할 때까지 인내를 갖고 매달리기, 애매모호한 학습 상황을 견뎌내기, 학습에서 일탈하고자 하는 충동을 통제하기, 이해와 공감을 갖고 이야기를 듣기, 노력하면 과제에 성공할 수 있다는 신념 갖기, 학습에 대한 책임과 주인의식을 갖기, 홀로 서고자 하는 독립심, 스스로 질문하고 답을 찾으려는 탐구심, 위험을 감수하는 모험적 용기, 경험과 비평에 열려있는 개방성, 소집단에서 협동하기, 근면함과 성실성 등이다.

이 마음 습관 또는 의지적 마음태는 알고 있는 것과 행동을 연결하는 가교 역할을 하기 때문에, 학습부진아들이 자기 주도적인 학습자가 되도록 하기 위해서 별도의 지도가 필요하다. 마음 습관을 지도하는 방법으로는 다음과 같은 기법들이 사용되고 있다.

1. 모델링

모델이란 "관찰자가 어떤 정보를 추출하거나 그에 대해 반응하도록 유도하는 환경적 사건"으로(Rosenthal & Bandura, 1978, p.622) 세 종류가 있다. 하나는 살아있는 모델(live model)로 교사, 부모, 친구 등 학습자와 직접적인 접촉을 갖는 사람들이다. 또 하나는 상징적 모델(symbolic model)로 회화적(pictorial) 표상 모델이다. 메스미디어가 강력한 대표적인 모델로서, 아이 들은 수면 다음으로 TV 보기에 많은 시간을 사용하고 있다. 마지막으로는 언어적 서술(description)로서 비수행적인 모델(non-performing model)로, 예를 들면 장비를 조립하는 절차를 담고 있는 매뉴얼 같은 것이다. 모델링은 Bandura(1986, p.206)의 "행동에 영향을 주는 수많은 단서 중에서, 어떤 시점에서든지, 다른 사람의 행동보다 더 보편적인 것이 없다"는 전제에서 출발하는데, 인간의 가치, 태도, 행동을 학습하는데 물론이고 심지어는 사고하는 기술까지 학습하는데 큰 영향을 미친다.

모델링(modeling)을 통한 지도에서는 직접 모델링과 간접 모델링을 통합적으로 사용한다. 직접 모델링을 통한 마음 습관 지도는 살아 있는 모델이 마음 습관을 실제 행동으로 직접 보고 따라 학습하도록 하는 것이고, 간접 모델링은 마음 습관을 실연하는 TV 프로그램을 보거나 텍스트를 읽고 토론한 후 실행으로 옮기도록 하는 것이다.

2. 프롬프트(prompt)의 사용

모델링을 통해 학생들이 마음 습관을 사용하는 것을 학습한 후에는 그것을 자신의 학습에 적용하도록 단서를 제공한다. 그 단서를 프롬프트라고 하는데 어떤 행동을 시작하거나 생각나게 하는 자극을 말한다. 프롬프트로 지시와 같은 언어적 단서(verbal prompt)나 그림과 같은 시각적 단서(graphic prompt)를 사용할 수 있다. 예를 들어, "상대방의 말을 주의 깊게 들어라"고 언어적 단서를 제공하거나 '귀에 손을 댄 그림'

을 시각적 단서로 제공하여 이해와 공감을 갖고 듣기를 실행하도록 한다. 프롬프트로 처음에는 언어적 단서를 사용할 수 있으나 그 후에는 시각적 단서로 대체하여 사용하는 것이 효과적이다. 왜냐하면, 그림 단서를 사용하면 교사가 일일이 말해 주어야 하는 수고를 줄일 수 있고, 학생이 자기 주도적으로 마음 습관을 사용하는 단계로 향상하는데 있어 훨씬 더 효과적이기 때문이다. 따라서 교사는 마음 습관 각각을 상징하는 그림을 만들어서 학생들이 그 그림을 보고 해당되는 마음 습관을 사용하여 학습을 하도록 하거나, 학습에서 일탈하는 행위를 할 때 그 그림을 제시하여 다시 해당되는 마음 습관으로 돌아와 학습에 임하도록 단서화한다.

3. 자기점검(self-monitoring)

학생이 자기 주도적으로 마음 습관을 사용하여 학습에 임하고 있는지, 또는 마음 습관을 사용하여 학습을 성공적으로 끝냈는지 점검하는 것이다. 대표적인 방법이 자기 대화(self-talk)이다. 예를 들어, 학생이 "나는 지금 인내심을 가지고 과제에 매달리고 있는가?", "나는 지금 애매모호한 상황을 잘 견디어 내고 있는가?", "나는 책임감을 갖고 나의 학습을 완수했는가?"라고 자신에게 질문하고 답하는 것이다.

일반적으로 자기 점검은 두 단계의 절차를 필요로 한다(Mace, & Belfiore, & Hutchinson, 2001). 첫째는 통제해야 할 표적 행동(예: 마음 습관)의 출현을 식별하는 것이다. 다른 모든 행동의 경우와 마찬가지로 이런 식별의 신뢰도는 부분적으로 행동의 두드러짐과 일관성, 그리고 학생이 지닌 식별 경험에 의존한다. 둘째는 표적 행동이 나타나는 빈도나 기간 또는 잠복기간 등의 측면을 자기가 기록하는 것이다.

자기점검은 행동의 변화를 일으키고 유지하고자 하는 동기를 제공한다. 이것을 자기점검의 반응성(reactivity of self-monitoring)이라고 하는데(Mace, & Belfiore, & Hutchinson, 2001) 교사의 행동 변화의 요청이나 지시보다 더 강력한 변화 동기를 제공한다. 예를 들어, 금연하기 위해 흡연 회수를 스스로 점검하는 사람은 주변 사람들의 요청보다 자기점검의 결과를 보고 금연하고자 하는 마음을 더 굳게 먹게 된다. 자기점검의 반응성 효과는 마음 습관 영역에서도 증명되고 있다. 예를 들어, 학습몰입 행동을 늘리게 하고(DiGagni, Maag & Rutherford, 1991; Reid & Harris, 1993), 부주의하고 방해가 되는 행동을 줄인다(Christie, Hill & Lozanoff, 1984). 그리고 자기점검은 행동 변화를 넘어 변화된 행동을 유지하도록 하는 잠재력도 가지고 있다.

Fowler(1986)는 학급에서 방해 행동과 학습 일탈 행동을 하는 학습장애아가 학급의 규칙을 따르게끔 그 행동을 또래가 점검하도록 하였는데 효과가 있었고, 나중에 자기점검으로 바꾸었어도 그 효과가 유지되었다. 아울러 자기점검은 학습의 효과도 높이는 것으로 보고되고 있다.

Chi, de Leeuw, Chiu & LaVancher(1994)는 "나는 지금 집중해서 잘 읽고 있는가?"라는 자기점검 질문을 하면서 글을 읽도록 한 결과, 글의 내용에 대한 이해도를 증진시킬 수 있다는 것을 발견했다.

King(1992)은 초등학교 읽기 학습부진아들을 대상으로 교사의 수업 내용에 대하여 같은 방식의 자기점검의 효과를 검증하였는데, 그 결과 자기점검이 수업 내용에 대한 이해도를 증진시킬 수 있음을 보고했다.

그리고 King, Staffieri & Adelgais(1998)는 중학교 과학 학습부진아들을 대상으로 과학 텍스트를 읽힐 때 자기점검 효과를 검증한 결과,

사실적 내용에 대한 기억과 추론적 문제해결 전이 검사에서 향상이 있었음을 보고했다.

4. 루브릭(rubric) 또는 체크리스트를 사용하기

루브릭이란, 행동이 나타나는 정도를 기술해 놓은 일련의 진술 목록으로 행동의 질적 차이를 구분하게 해 준다. 교사는 학생의 행동을 루브릭에 기초해서 관찰하고 피드백을 해 줌으로써 학생이 스스로 행동의 질적 수준을 높이도록 안내한다.

다음은 '집단 속에서 협동하기'라는 마음 습관을 지도하기 위해 교사가 만든 루브릭의 예로, 학생의 현재 수준을 관찰을 통해 피드백 시키고 상위 단계로 향상하도록 안내하는데 사용할 수 있다(Costa & Kallick, 2001, p. 521).

<표 4-10> 그룹 협력 측정

	그룹 협력을 측정하기 위한 루브릭
A	모든 구성원들이 협력 및 협업하고, 과제 해결에 참여하여 상호의존성이 확인 가능하다. 의견의 불일치가 오히려 학습의 기회로 전환되며 할 일을 시간 내에 정확하게 해결한다. 구성원들은 다른 사람들의 관점에 귀를 기울이며 표현을 다듬고 명확화하며, 공감하는 모습을 통해 확인할 수 있다.
B	구성원들이 동의하지 않으면 논쟁과 토론을 통해 합의에 도달한다. 표현을 다듬고 명확화 하는 것을 통해 확인할 수 있다. 때때로 과업이 방해받기도 하며 일부는 침묵을 지키거나 참여를 자제하기도 한다.
C	시간이 부족하자 일부 구성원들이 편법적인 방법으로 작업을 완료하고 떠난다. 다른 구성원들이 논쟁하거나 마무리 짓기도 한다.
D	작업을 수행하는 사람이 거의 없고 논쟁과 무관심을 발견할 수 있으며, 일부는 다른 일에 열중한다.
E	과정이 혼돈 그 자체로, 작업이 완료되지 않고 구성원들은 의욕이 없다. 일부는 작업이 끝나기도 전에 떠나버리고 참여 자체가 불만이 된다.
	출처 : Tamalias Elementary School, Marin County, California

같은 맥락에서 루브릭 대신 체크리스트를 사용할 수도 있다. 다음은 "이해와 공감을 가지고 듣는" 습관을 기르는데 사용될 수 있는 체크리스트의 예인데, 관찰을 통해 교사가 점검하거나 학생이 스스로 자신을 점검하거나 함께 작업하는 소집단을 평가하면서 마음 습관을 기르도록 하는 하는데 사용할 수 있다(Costa & Kallick, 2001, p. 520).

<표 4-11> "어떻게 지내?" 마음 습관에 대한 체크리스트

마음의 습관: 이해와 공감을 가지고 경청하기	자주	가끔	아님
언어적 행동			
개인의 의견을 제시하기 전에 상대방의 생각을 다시 표현하거나 다듬는다.			
상대방의 생각, 개념 또는 용어를 명확히 한다.			
상대방의 감정과 감정에 대한 공감을 표현한다.			
사고와 성찰을 위한 질문을 이끌어낸다.			
개인적인 관심과 배려를 표현한다.			
타인중심 관점을 취한다. (예: "내가 당신 입장이었다면..")			
새로운 정보를 추가하여 마음을 바꾼다.			
비언어적 행동			
말하고 있는 사람을 마주본다.			
필요한 경우 눈을 마주친다.			
고개를 끄덕인다.			
말하는 이의 감정적 메시지와 알맞은 표정을 사용한다.			

5. 학습일지나 또는 포트폴리오를 사용하기

Costa & Kallick(2001)은 마음 습관을 형성하는 도구로 학습일지(study log)와 포트폴리오의 사용을 권장한다. 학습일지의 경우, 교사는 수업 시작 전이나 종료 후에, 학습의 내용, 과정, 감정, 마음 습관 적용 상황을 기록하고 반성하거나 교정하도록 할 수 있다. 포트폴리오의 경우는 포트폴리오를 폴더로 구획하고, 각 구획에 기르고자 하는 마음 습관을 기록하고, 각 구획에 최선의 사례들을 수집하여 보관하면서 왜 그 사례들이 선택되었고, 또 해당 마음 습관이 향상되었는지를 다른 사람들에게 설명할 수 있는 증거가 무엇인지, 또 어떤 점이 더 향상될 수 있는지 반성하도록 한다.

Part 5 Haifa 대학의 사례

Part 5 Haifa 대학의 사례

이스라엘은 영재교육으로 명성이 높은 나라이지만, 학습부진아 교육에서도 그러하다. Feuerstein(1980)의 Instrumental Enrichment 프로그램은 전통적인 정신능력 접근으로 학습부진아들의 인지적 기능을 높여주는 프로그램으로 세계적으로 잘 알려져 있다. 그러나 본 책에서 관심을 두고 있는 교육과정 기반 개입모델로, 이스라엘 Haifa 대학이 Butler-Por 교수를 중심으로 학습부진 극복을 위해 많은 연구를 해 왔고, 학습부진아 지도를 위해 직전 및 현직 교사 연수 프로그램도 개발하여 운영하고 있다.

이 부에서는 Haifa 대학의 학습부진 극복을 위한 연구 사례와 직전 및 현직 학습부진아 지도 연수 프로그램을 소개한다.

Chapter 1. 사례 개관

Haifa 대학의 교수 Butler-Por(1987)는 Haifa와 Tel Aviv 지역에 사는 중산층 부모의 자녀들 중, 9-12세의 학습부진아 72명을 대상으로 학습부진 개입 프로그램으로 진단-처방 모델을 사용했다. 학습부진아는 이 책의 경우와 같이 잠재적 능력에 비해 실제적 성취가 낮은 학생들로 정의하였다. 따라서 잠재적 능력이 평균인 학생들은 물론 평균 이상의 높은 능력을 지닌 학생들에게서도 학습부진을 나타난다고 보고, 연구의 대상으로 평균 능력과 평균 이상의 높은 능력을 지닌 학생들 중에서 학습부진아들로 선발하여 구성하였다.

6개 집단에 12명씩의 학습부진아들을 배치하고, 세 개의 실험집단과 이에 상응하는 세 개의 통제집단으로 구성하였다. 실험집단 1에는 영재특별학급에 있는 12명의 학습부진아(미성취 영재)를, 실험집단 2에는 일반학급의 12명의 영재 학습부진아(미성취 영재)를, 실험집단 3에는 일반학급의 12명의 보통 능력 학습부진아(일반 학습부진아)를 선정하였다. 연구 협력 교사 12명을 선정하여 3명의 교사는 영재특별학급 실험집단 1에, 9명의 교사는 일반학급의 교사로서 실험집단 2와 3에 참여시켰다.

연구의 절차 및 내용은 다음과 같다.

1. 연구 문제

- 일반 학습부진아와 미성취 영재들의 특징은 무엇이고, 개입 프로그램이 효과가 있는가?
- 과제 성공의 치료 변인들, 치료 영역, 보상의 선택이 개입의 성공과 관련이 있는가?
- 학습부진아 및 치료의 효과에 대한 교사의 기대는 개입의 성공과 관련이 있는가?

2. 연구의 이론적 배경

Glasser(1965, 1969)의 다음 세 가지 원리의 이론적 배경을 두었다.
- 학생을 수용하기
  - 학생과 교사 간의 인간적 관계를 형성하기
- 학생의 학교 상황을 변화시킬 필요성을 인지하기
  - 학생이 변화를 필요로 하는 학교의 상황을 변화시키기
- 바람직한 변화를 도출시킬 개인적 책무성을 갖기
  - 변화를 이루는데 있어 학생이 책임감을 갖도록 하기

3. 연구의 단계

첫째, 연구 협력 교사들에게 학습부진아 각각의 진단 프로파일을 교사들에게 제공하였다. 이는 교사로 하여금 학습부진아 개개인을 수용하고, 교사와 학습부진아 모두에게 변화가 필요한 영역을 인지하도록 돕기 위함이었다.

둘째, 학습부진아와 교사의 사전준비 만남을 주선하였다. 교사와 학

습부진아 모두에게 변화가 필요한 부분에 대한 동의하고, 변화에 대해 교사와 학습부진아의 연대적 책무성을 확인하기 위함이었다. 그리고 학습계약을 통해 다음 주에 학생이 성취해야 할 과제와 교사가 제공할 강화에 대해 명시하도록 하였다. 과제는 다음 세 가지 영역 중에서 하나 또는 그 이상에 초점을 맞추었다.

- 학습 영역: 숙제의 준비, 프로젝트, 흥미 영역의 주제에 대한 대화나누기
- 사회적 영역: 학급에서 사회적 이벤트 조직하기, 친구와 함께 학급에 기여하기
- 행동적 영역: 학급에서 소란 피우는 일 줄이기, 다른 학생 방해하지 않기

4. 측정 변인

사전-사후 검사를 통해 위 세 가지 연구 문제에 대한 답을 얻기 위해, 다음 변인들에 대해 1학기 말 개입이 시작되기 전에 사전 검사를 하였고, 학년도 말 개입이 종료된 후에 사후 검사를 하였다. 다음과 같이 두 종류의 변인에 대한 사전-사후 측정을 통해 데이터를 수집했다.

가. 교육적 변인

학습부진아의 교육 상황에 대한 정보를 얻기 위해, 학교 성적, 담임 교사의 성적, 태만 빈도수, 결석 빈도수, 학급 내에서의 행동 평정척도 점수, 학급 활동에의 참여 평정척도 점수, 사회적 활동 평정척도 점수,

학교에 대한 태도 평정척도 점수를 수집하였다.

나. 심리적 변인

학습부진아의 심리적 상황에 대한 정보를 얻기 위해, 평정척도를 사용하여 자아개념, 귀인, 성취 요구, 실패에 대한 공포, 성공에 대한 공포와 관련된 데이터를 수집하였다.

다. 처치 관련 변인

처치 변인으로는 과제 완수의 성공, 교사의 중점적 개입 영역(학습 영역, 사회적 행동 영역, 행동적 영역 중에서)의 세 가지를 투입했는데 학습계약이라는 기법을 동원했다. 학년도 말 개입 종료 후 처리 관련 변인들의 효과에 대한 데이터를 수집하였다. 모든 데이터는 처치 기간 중에 작성된 계약서(12주 동안 매 주 처치 회기에 작성)에 따라 수집하였다. 매 주 작성하는 계약서는 다음과 같은 내용들을 담고 있었다.
- 이전 주의 과제를 완수하고 성공했는지에 대한 기록
- 다음 주에 완수하기로 선택한 과제에 대한 기록
- 주어진 보상에 대한 기록

개입 종료 후 모든 계약을 내용 분석하여 다음과 같은 데이터를 수집하였다.
- 과제에 대한 성공 여부
- 지도의 초점(학업, 사회적 관계, 행동의 세 영역 중에서 어디에

초점을 두었는지)
* 보상의 유형

라. 교사 관련 변인

학습부진아에 대한 교사의 네 가지 태도적 측면에 대해 평정척도를 통해 데이터를 수집하였다.
* 학습부진아의 변화 필요성에 대한 인지
* 학습부진아가 변화할 능력에 대한 기대
* 처치의 효과에 대한 기대
* 학습부진아의 변화에 대한 책무성 수용

5. 개입 절차

3단계에 걸쳐 개입이 이루어졌다.

가. 1단계: 데이터 수집

1학기 동안, 개입이 시작되기 전에 교육적 변인과 심리적 변인에 대해 데이터를 수집하였다. 학습부진아 개개인에 대해 프로파일을 작성하고 실험반 교사에게 제공하였다.

나. 2단계: 개입

2학기 동안 12주에 걸쳐 개입을 시작하였다. 두 개의 별도 과정으로 처치를 하였다.

첫째, 학습부진아에 대한 개입으로 매주 30-45분 간 처치를 하였다. 학생을 처음 만났을 때는 학생의 학교 문제에 대해 토론하고 처치의 일반적인 목표들을 형성한 후, 교사와 학생이 계약을 하였다. 계약을 통해 학생이 완수하기로 선택한 과제들은 학업 성취 증진, 사회적 관계 증진, 행동 수정에 관한 것이었고, 교사는 학생이 과제 완수 시 선택한 보상을 제공하기로 하였다. 계약은 매주 12회에 걸쳐 작성되었고, 교사와 학생은 함께 계약의 조건들이 성취되었는지 평가하였다.

둘째, 교사들과의 집단 회의로 12회의 학습부진아 개입과 병행하여 Haifa 대학의 연구팀과 교사들이 집단회의를 열고 개입의 효과, 지원이 필요한 점, 의문점 등을 논의하였다. 교사들은 학습부진아와 처치의 효과에 대한 교사의 기대에 대한 질문지를 작성하였다.

다. 3 단계: 효과 검증

데이터를 분석하고 개입의 효과를 검증한 결과는 다음과 같았다.

첫째, 개입을 시작하기 전, 다음과 같은 심리적 변인들 외에는 전반적으로 학습부진아들에게 큰 특징적인 차이는 없었다.

- 일반 학습부진아들은 미성취 영재들보다 더 부정적인 자아개념을 가지고 있었고, 외적 귀인을 하는 경향이 있었고, 성공 공포감이 낮은 것으로 나타났다.
- 미성취 영재들은 다른 영재들에 비해 근심 수준이 더 높고 실패에 대한 공포감도 더 많이 가지고 있는 것으로 나타났다.

- 미성취 영재 여학생들은 미성취 영재 남학생들에 비해 성공에 대한 공포감을 더 많이 가지고 있는 것으로 나타났다.
- 일반 학습부진아와 미성취 영재들에 대한 교사의 기대 수준은 낮았고, 그런 기대 수준은 학습부진아들에게 내면화되어, 학습부진을 극복하는데 어려움을 제공하는 것으로 나타났다.
- 영재학급의 미성취영재들은 교육적 변인과 심리적 변인 일부에서는 우수했으나, 태만과 결석이 심했다. 이런 패턴은 정규 학급과 영재 학급에 있는 학습부진아들에게서도 비슷하게 나타났다. 이 결과는 좋은 학교 환경이라도 학습부진아들의 요구를 만족시켜 주는 데에는 영향력이 적음을 시사했다.

둘째, 개입 후에 잠재력이 보통인 학습부진아들과 보통 이상인 학습부진아들은 모두 개입 후에 교육적 변인들의 향상과 심리적 변인들에서 긍정적 변화가 나타났다. 특히 학습부진아의 개인적 요구에 맞춘 개입은 학업 성취의 향상과 긍정적인 심리적 건강을 형성하도록 하였다.

셋째, 개입 프로그램에 참여했던 교사들도 학습부진아들을 바라보는 관점과 기대가 긍정적으로 변화하였고, 학습부진아들의 교육적 변인의 향상과 심리적 변인에서의 긍정적 변화와 상관이 있었다.

Chapter 2. 예비 교사 교육 프로그램

Haifa 대학은 학습부진아 지도를 위해 "예비교사 학습부진아 지도 교육 프로그램: 현장교사와의 협력적 접근"이라는 예비교사들을 위한 교육 프로그램을 운영하였다(Butler-Por, 1987, p.131-140).

예비교사들에게 학습부진아 지도에 필요한 심리적·교육적 이해를 제공하기 위하여 대학에서는 코스를 개발했다. 이들을 위한 코스는 학교 현장과 의미 있는 연계를 통해 개발되는 것이 중요하다 판단되어, 현직 교사들의 협조를 얻어 현장과 밀착된 프로그램으로 구성했다. 교육청 장학관의 추천을 받아 학교 현장에서 8명의 경력 교사가 멘토로 참여했으며, 예비교사들과 함께 다음과 같이 코스 교육과정을 만들었다.

- 교육심리학 강의를 통한 학습부진에 대한 이론적 학습
- 현장의 경력교사가 주관하는 예비교사와 현직교사의 집단 토론
- 대학의 워크숍: 매학기 한 교과 영역을 선정하여 교육심리학 강의를 통해 학습한 이론에 기초하여 학습부진아들을 대상으로 한 교수-학습 자료와 교수법을 개발하였다. 경력 교사의 주관 하에 현직교사와 예비교사가 협력하여 개발하였고, 대학의 교육과정 전문가도 이 활동에 참여하였다.
- 실습: 워크숍이 끝난 다음 날 예비교사들은 현직 멘토 교사의 학교에서 오전 실습에 참여하였다. 멘토 교사의 안내 하에 예비교사들은 학습부진아들을 대상으로 수업 실습을 하였다.
- 피드백: 실습 후에 대학은 예비교사와 현직교사들을 매주 개최하

는 피드백 회의에 참여시켰다. 실습 중에 경험했던 것과 부딪혔던 문제들에 대해 토론했다. 피드백 회의를 통해 공유한 경험들은 현장과 대학에 의미 있는 연대를 창조했고, 예비교사들은 학습부진아 지도에 대한 대학 교육과정의 적절성을 체험했으며 학습부진아들을 지도하는 현장 교사들의 고충에 대한 이해를 증진시켰고, 대학의 학습부진아를 지도하는 새로운 교수법을 학교에 접목시키는데 기여했다.

다음은 Haifa 대학이 예비교사와 현직교사의 협력을 통해 개발한 구체적인 학습부진아 지도 예비교사 교육 프로그램이다.

**[학습부진의 성격과 처치: 예비교사와 현직교사의
통합적 코스 프로그램 개발]**

1. 참여자

- 교육심리학 교수
- 30명의 예비교사
- 6명의 현직 교사

2. 코스의 목표

- 예비교사와 현직교사들 간 상호 연계된 의미 있는 학습 상황을 창조한다.

- 이론과 실제를 통합하여 다양한 능력을 가진 학습부진아들을 깊이 이해한다.
- 학습부진아를 지도하는 도구를 제공하고 그 도구를 학급에서 실행에 옮기고 평가한다.
- 학급에서 학습부진아를 위해 개발된 교수법을 시도한다.
- 현장교사들로 하여금 학습부진아들이 처해 있는 교육적 환경을 향상시키기 위해 대학에서 개발한 교육 혁신에 참여하도록 한다.
- 학교가 학습부진아들이 당면한 문제를 해결하는데 적극적으로 관여하도록 돕는다.

3. 교육과정

교육과정의 목표는 다음과 같다.
- 학습부진의 성격, 기원, 범위, 판별에 대한 지식을 습득한다.
- 여러 능력 수준의 학습부진아들의 인성적 변인과 특징에 대해 안다.
- 학습부진을 야기하는 가정, 문화와 사회, 학교의 영향에 대해 이해한다.

교육과정의 내용, 즉 수강생은 다음 실습을 한다.
- 학습부진아의 행동적, 학업적 어려움을 경감시킬 개입 프로그램을 개발한다.
- 학습부진아에게 적절한 교육환경을 구조화한다.
- 학습부진을 줄이는 교수법을 실행한다.

4. 절차

첫째, 코스 활동이다. 예비교사와 현직교사에게 매주 대학에서 다음 활동에 참여하도록 한다.

- 강의와 토론
  - 1시간에 걸쳐 실시한다.
  - 학습부진과 관련 교육적 시사점들을 설명하며 이론적 이슈를 다룬다.
- 워크숍
  - 1시간에 걸쳐 실시한다.
  - 현장교사의 주도로 예비교사들이 학습부진에 대해 배운 이론적 내용들이 학급 상황에 실천적으로 적용될 수 있도록 교수법과 교수-학습 자료를 개발한다.

둘째, 현장 경험이다. 예비교사들에게 학습부진아를 지도하는 실습 경험과 현직교사들에게 새로운 개입 프로그램을 실험할 기회를 부여한다.

- 수업 실습
  - 매주 예비교사들은 현직교사의 학급을 방문하여 한 명의 학습 부진아를 지도한다. 현직교사는 학급의 다른 학생들은 개별 학습에 임하도록 지도한다.
- 현직교사들의 추수 활동
  - 현직교사들도 워크숍을 통해 개발된 개입 프로그램을 학급 내 학습부진아 1-2명에게 실험한다.

셋째, 피드백이다. 예비교수들은 수업 실습의 경험을 대학의 담당 교수에게 보고하고 피드백을 받는다.

넷째, 상담이다. 대학의 담당 교수는 학교의 수석교사와 교직원들에게 학습부진아 개입 프로그램과 관련하여 상담을 제공한다.

다섯째, 평가다. 코스의 종반에, 코스 담당 교수, 예비교사와 현직교사들이 함께 모여 다음 사항을 평가한다.

- 대학의 학습부진아 코스 프로그램이 학습부진아들의 문제를 이해하는데 기여했는가?
- 대학의 학습부진아 코스 프로그램이 학습부진아들의 교육환경과 학업수행 향상에 효과적이었는가?

5. 결론

- 대학과 현직교사 및 예비교사가 협력하여 개발한 학습부진 코스 교육프로그램 은 좋은 아이디어와 방법들을 도출할 수 있었다.
- 코스 개발 참여자들은 자신들이 개발한 교수법과 교수-학습 자료들의 효과성을 실험해보고자 하는 동기를 진작시켰고 학습부진에 대한 이해를 증진시켰다.
- 학교 현장 교직원들의 학습부진아들에 대한 관심을 증진시켰고, 이에 따라 교직원들은 학습부진아들에게 적절한 교육적 환경을 마련해 주는 노력을 하였다.

Chapter 3. 현직교사 연수 프로그램

Haifa 대학은 학습부진아 지도를 위한 현직 교사들을 위한 연수 프로그램을 다음과 같이 운영하였다(Butler-Por, 1987, p.131-140).

Haifa 대학의 다음과 같은 <현직교사 학습부진아 지도 연수 프로그램>의 기본 구조는 대학에서 뿐만 아니라, 교육청의 학습부진 담당 장학사, 그리고 학교 현장의 수석교사, 학교상담전문가, 그 외 학습부진아 지도에 경험을 가진 경력 교사들이 주도하여 학습부진아 지도에 관심 있는 현직교사들을 대상으로 연수를 운영할 수 있는 틀로도 사용될 수 있다.

1. 목표

일반목표와 특정목표로 구분하여 설정하였다.

- 일반목표
  - 학습부진아들이 지닌 문제와 요구를 깊이 이해하고 지도하는 방법을 안다.
- 특정목표
  - 학습부진의 원인, 학습부진아들의 특징과 교육적 어려움에 대한 이해를 돕기 위해 이론적 배경을 제공한다.
  - 학습부진아들을 확인해낼 수 있는 방법과 교수법을 소개한다.
  - 효과적인 학습부진 개입 프로그램을 실행할 수 있는 실천적 기능

을 제공한다.

- 학습부진아들의 학력 향상에 도움이 되는 학습경험을 제공하는 방법
  을 소개한다.

2. 교육과정

가. 학습부진에 대한 이론적 배경과 이슈: 강의와 토론

- 누가 학습부진아인가?
- 여러 능력 수준에서 나타나는 학습부진아들을 어떻게 확인해낼
  것인가?
- 학습부진에 영향을 미치는 요인들
  1) 인성적 특징
     · 자아개념
     · 실패에 대한 공포
     · 성공에 대한 공포
     · 친화 욕구
  2) 부모, 사회문화적 요인
     · 가정의 분위기, 규준과 기대
     · 다양하게 문화화되는 학습부진아
     · 미성취 영재 여학생
  3) 학교 요인
     · 학급의 분위기
     · 내적 동기의 역할

· 강화의 중요성, 피드백과 교사-학생 상호작용
· 교수법
· 교사의 태도와 기대

나. 교육실습: 워크숍

- 학습부진아의 행동적, 학업적 어려움을 경감시키는 지도 전략
- 다양한 능력을 지닌 학습부진아들을 대상으로 한 개입 프로그램의 개발과 실행에 대한 지속적인 안내

3. 절차

12주에 걸쳐 주별 연수를 실시하고, 각 연수는 2-3 시간으로 운영하되, 다음 두 부분으로 구성한다.

- 이론: 1시간. 학습부진아들의 발생 원인과 행동에 대한 이론적 이해와 이슈 강의 및 토론
- 실습: 1-2시간. 학습부진아들을 지도한 교사의 활동 보고 및 토론, 지속적인 개입에 필요한 도구 및 안내 제공

4. 연수 운영상의 유의점

- 연수 참여자들에게 참조의 틀을 제공하는 것이 중요한데, 그 틀은 학습부진에 대한 이론적 이해를 증진시킬 만큼 구조화되어야 하고, 교사들이 능동적으로 참여하여 학습부진아 지도에서의 경험과 문제를 공유할 만큼 융통성 있어야 한다.
- 연수의 첫 번째 시간에는 코스의 목표를 설명하고, 교사가 학급에서 학습부진아의 문제를 경감시키고 학력을 향상시키는데 있어 핵심적인 인물임을 강조한다.
- 연수의 두 번째 시간부터는 연수 참여 교사들이 자신의 학급에서 학습부진을 보이는 학생을 선정하여 소개한다. 그 후의 연수 시간에는 학습부진아들이 지닌 행동적, 학업적 문제를 해결하도록 돕고, 학습부진아들이 자기 주도적으로 극복하도록 돕는 방법에 대한 실제적 안내를 제공한다. 그리고 실제로 교사들은 그 안내를 자신의 학급 학습부진아에게 적용하고, 연수에서 그 과정과 결과를 공유하도록 한다.
- 연수의 후반부에는 연수 참여 교사는 학습부진아들을 이해하고 도울 수 있는 자신의 능력을 평가하고, 다음과 같은 질문들을 참조하여 자신이 지도한 학습부진아의 진보상황을 평가하도록 한다.

  1) 개입 이전과 이후에 학습부진아의 여러 교과에서의 학업 수행이 어떻게 변했는가?
  2) 개입 이전과 이후에 행동적 측면이 어떻게 변했는가?
  3) 개입 이전과 이후에 학업 및 행동 변화가 있었거나 또는 없었으면 그 이유는 무엇이라고 생각하는가?

- 연수 종료 후 연수 참여 교사들은 지도할 학습부진아들의 범주를 넓혀 적용하고, 추후에도 그 경험을 서로 공유할 수 있는 장과 시간을 만들도록 격려한다.

참고 문헌

< 참 고 문 헌 >

7instruction in question-answer relationships and metacognition on social studies comprehension. Journal of Research in Reading, 1691), 20-29.

Bereiter, C., & Scardamalia, M.(1987). The psychology of written composition. Hillsdale, NJ: Erlbaum

Billingsley, B.S., & Ferro-Almeida, S.C.(1993). Strategies to facilitate reading comprehension in students with learning disabilities. Reading and Writing Quarterly: Overcoming Learning Difficulties, 9, 263-278.

Blankenship, C.S.(1978). Remediating systematic inversion errors in subtraction through the use of demonstration and feedback. Learning Disability Quarterly, 1, 12-22.

Bondy, E.(1990). Seeing in their way: What children's definitions of reading tell us about improving teacher education. Journal of Teacher Education. 41, 33-45.

Blumenfeld, P.C., Hamilton, V.L., Bossert, S.T., Wessels, K., & Meece, J.(1983). Teachers talk and student thought: Socialization into the student role. In J.M. Levine & M.C. Wang(Eds.), Teacher and student perception: Implications for learning(pp.145-192). Hillsdale, NJ: Lawrence Erlbaum Associates.

Bracht, G.H.(1970). The relationship of treatment tasks, personalogical variables and dependent variables to aptitude-treatment interaction. Review of Educatioanal Research, 40, 627-745.

Bradley, L., & Bryant, P.(1978). Difficulties in auditory organization as a possible cause of reading backwardness. Nature, 301, 419-421.

Bransford, J.D., & Jonson, M.K.(1972). Contextual prerequisites for understanding: Some investigations and comprehension and recall. Journal of Verbal Learning and Verbal Behavior, 11, 717-726.

Brophy, J., & Evertson, C.(1976). Learning from teaching: A developmental perspective. Boston: Allyn & Bacon.

Brown, B.B.(1993). School culture, social policies, and the acdemic motivation of U.S. students. In T,M. Tomlinson(Ed.), Motivating students to learn: Overcoming barriers to high achievement(pp.63-98). Berkeley: McCutchan.

Brown, A.L., Bransford, J.D., Ferrara, R.A., & Campione, J.C.(1983). Learning, remembering, and understadning. In J.H. Flavell & E.M. Marman(Eds.), Carmichael's manual of child psychology(Vol. 1, pp.77-166). NY: Wiley.

Brown, A.L., Campione, J.C., & Day, J.D.(1981). Learning to learn: On training students to learn from texts. Educational Researcher, 10, 14-21.

Brown, A.L., & Day, J.D.(1983). Macrorules for summarizing texts: The development of expertise. Journal of Verbal Learning and Verbal Behavior, 22, 1-14.

Brown, A.L., & Smiley, S.S.(1978). The development of strategies for studying texts. Child Development, 49, 1076-1088.

Bryan, W.L., & Harter, N.(1897). Studies in the physiology and psychology of telegraphic language. Psychological Review, 4, 27-53.

Butler-Por, N.(1987). Underachievers in school: Issues and intervention. NY: 준이 Wiley & Sons.

Byrnes, J.P.(1998). The nature and development of decision-making: A sefl-regulation perspective. Mahwah, NJ: Lawrence Erlbaum.

Caccamise, D.J.(1987). Idea generation in writing. In A. Matsushashi(Ed.), Writing in real time: Modeling production processes. Norwood, NJ: Ablex.

Caldwell, J.H., Huitt, W.G., & Graeber, A.Q.(1982). Time spent in learning: Implications from research. Elementary School Journal, 82, 471-480.

Cangelosi, J.S.(2000). Classroom management strategies: Gaining and maintaining students' cooperation. NY: 준이 Wiley & Sons, Inc.

Carroll, J.B.(1963). A model of school learning. Teachers College Record, 64, 723-733.

Carver,C.S., & Scheier, M.F.(1981). Attention and self-regulation: A control theory approach to human behavior. NY: Springer-Verlag.

Case, R., & Okamoto, Y.(1996). The role of central conceptual structures in the development of children's thought. Monographs of the Society for Research in Child Development, 61(1 & 2), no. 246.

Chall,, J.S.(1979). The great debate: Ten years later, with a modest proposal for reading stages. In L.B. Resnick & P.A. Weaver(Eds.), Theory and practice of early reading. Hillsdale, NJ: Erlbaum.

Chi, M.T.H., de Leeuw, N., Chiu, M-H., & LaVancher, C.(1994). Eliciting self-explanations improve understanding. Cognitive Science, 18,

439-477.

Christie, D.J., Hill, M., & Lozanoff, B.(1984). Modification of inattentive classroom behavior: Hyperactive children's use of self-recording with teacher guidance. Behavior Modification, 8, 391-406.

Clizbe, J.A., Kornrich, M., & Reid, M.A.(1980). Chance for change: Confronting student underachievement. NY: Exposition.

Cole, D.A., Martin, J.M., Peeke, L.A., Serocynski, A.D., & Fier, J.(1999). Children's over-and underestimation of academic competence: A longitudinal study of geender differences. Child Development, 70(2), 459-473.

Cone, J.D., & Hoier, T.S.(1986). Assessing children: The radical behavioral perspective. In R. Prinz(Ed.), Advances in behavioral assessment of children and families(Vol. 2, pp.1-27). NY: JAI Press.

Cook, L.K., & Mayer, R.E.(1988). Teaching readers about the structure of scientific text. Journal of Educational Psychology, 80, 448-456.

Corno, L.(2001). Volitional aspects of self-regulated learning. In B.J. Zimmerman & D.H. Schunk(Eds.), Self-regulated learning and academic achievement: Theoretical perspectives(pp.191-225). NY: Routledge.

Costa, A.L.(2001). Habits of mind. In A. Costa(Ed.), Developing minds: A resource book for teaching thinking(pp.80-85). Alexandria, VA: Association for Supervision and Curriculum Development.

Costa, A.L., & Kallick, B.(2001). Building a system for assessing thinking. In Costa, A.L.(Ed.), Developing minds: A resource book for teaching thinking(pp.517-524). Alexandria, VA: Association for Supervision and Curriculum Development.

Coulter, W.A., & Coulter, E.M.B.(1991). C.B.A.I.D.: Curriculum-based assessment for instructional design. Training manual. New Orleans: Louisiana State University Medical Center.

Cronbach, L.J.(1957). The two disciplines of scientific psychology. American Psycologist, 12, 671-684.

Cullinan, D., Lloyd, J., & Epstein, M.H.(1981). Strategy training: A structured approach to arithmetic instruction. Exeptional Education Quarterly, 2, 41-49.

Dansereau, D.(1985). Learning strategy research. In J.W. Segal, S.F. Chipman, & R. Glaser(Eds.)(Vol.1). Thinking and learning skills: Relating instruction to research(pp.209-239). Hillsdale, NJ: Lawrence

Erlbaum Associates, Publishers. p.212-5.

Dansereau, D.F., McDonald, B.A., Collins, K.W., Garland, J., Holley, C.D., Diekhoff, & Evans, S.H.(1979). Evaluation of a learning strategy system. In H.F., O'Neil. Jr., & Spielberger, C.D.(1979). Cognitive and affective strategies(pp.3-43). NY: Academic Press. p. 3-19.

Das, J.P., Kirby, J., & Jarman, R.F.(1975). Simultaneous and successive syntheses: An alternative model for cognitive abilities. Psychological Bulletin, 82, 87-103.

Davis, Z.T.(1994). Effect of prepreading story mapping on elementary readers' comprehension. Journal of Educational Research, 87, 353-360.

Das, J.P., Kirby, J., & Jarman, R.F.(1979). Simultaneous and successive cognitive processes. NY: Academic Press.

Delph, J.L., & Martinson, R.A.(1974). The gifted and talented. Washington, DC: Office of Education.

Delquadri, J.C., Greenwood, C.R., Stretton, K., & Hall, R.V.(1983). The peer tutoring spelling game: A clasroom procedure for increasing opportunities to respond and spelling performance. Education and Treatment of Children, 6, 225-239.

DiGagni, S.A., Maag, J.W., & Rutherford, R.B.(1991). Self-graphing of on-task behavior: Enhancing the reactive effects of self-monitoing on o-task behavior and academic performance. Learning Disabilities Quarterly, 14, 221-229.

Doctorow, M., Wittrock, M.C., & Marks, C.(1978). Generative processes in reading comprehension. Journal of Educational Psychology, 70, 109-118.

Dowhower, S.L.((1994). Repeated reading revisited: Research into practice. Reading & Writing Quarterly, 10, 343-358.

Dunlap, G., Kern-Dunlap, L., Clarke, S., & Robbins, F.R.(1991). Functional assessment, curricular revision, and severe behavior problems. Journal of Applied Behavior Analysis, 24, 387-397.

Dweck, C.S., & Elliott, E.S.(1983). Achievement motivation. In P.Mussen(Ed.), Carmichal's' manual of child psychology(pp.643-691). NY: Wiley.

Eccles, J.S., & Roeser, R.W.(1999). School and community influences on human development. In M.H. Bornstein & M.E. Lamb(Eds.), Developmental psychology: An advanced textbook(pp.503-555). Mahwah, NJ: Lawrence Erlbaum Associates.

Eccles, J., Wigfield, A., Harold, R.D., & Blumenfeld, P.(1993). Age and gender differences in children's self and task perception during elementary school. Child Development, 64(3), 830-847.

Eccles, J., Midgley, C., Wigfiled, A., Buchanan, C., Reuman, D., flanagan, C., & McIver, D.(1993). Development during adolescence: The impact of stage-environment fit on young adolescents' experiences in schools and families. American Psychologist, 48, 80-101.

Edwards, C,H.(2008). Classroom discipline and management. Hoboken, NJ: 준이 Wiley & Sons, Inc.

Feuerstein, R.(1980). Instrumental Enrichment: An intervention program for cognitive modifiability. Glenview, IL: Scott, Foresman and Company.

Fink, M.B.(1962). Self-concept as it relates to academic underachivement. Journal of Educational Research, 13, 57-62.

Fisher, C.W., Berliner, D.C., Filby, N.N., Marliave, R., Cahen, L.S., & Dishaw, M.M.(1980). Teaching behaviors, academic learning time, and student achievement: An overview. In C. Denham & A. Liberman(Eds.), Time to learn(pp.7-32). Washington, DC: National Institute of Education.

Elliot-Faust, D.J., & Pressley, M.(1986). How to teach comparison processing to increase children's short- and long-term listening comprehension monitoring. Journal of Educational Psychology, 78, 27-33.

Fitzgerald, J., & Markman, L.R.(1987). Teaching children about revision in writing. Cognition and Instruction, 41, 3-24.

Fowler, S.A.(1986). Peer monitoring and self-monitoring: Alernatives toreaditional teacher management. Exceptional Children, 52, 573-581.

Foxx. R.M., & Jones, J.R.(1978). A remediation program for increasing the spelling achievement of elementary and junior high students. Behavior Modification, 2, 211-230.

Frankel, F.A.(1960). A comparative study of achieving and underachievung high school boys of high intellectual ability. Journal of Educational Research, 53, 172-80.

Freeman, T.J., & McLauglin, T.F.(1984). Effects of a taped-wors treatment procedure on learning disabled students' sight-word reading. Learning Disability Quarterly, 7, 49-54.

Frostig, M., & Horne, D.(1964). The Frostig program for the development of visual perception: Teachers guide. Chicago: Follett.

Gallagher, J.J.(1985). Teaching the gifted child. Boston: Allyn & Bacon.

Gagné, R.M., & Briggs, L.J. (1979). Principles of instructional design.(2nd ed.). NY: Holt, Rinehart, & Winston.

Gettinger, M.(1984). Achievement as a function of time spent in learning and time needed for learning. American Educational Research Journal, 21, 617-628.

Gettinger, M.(1985). Time allocated and time spent relative to time needed for learning as determinants of achievement. Journal of Educational Pychology, 77, 3-11.

Ginott, H.G.(1972). Teacher and child. NY: Avon Books.

Glasser, W.(1969). Schools without failure. NY: Harper & Row.

Glynn, S.M., Britton, B.K., Muth, D., & Dogan, N.(1982). Writing and revising persuasive documents: Cognitive demands. Journal of Educational Psychology, 74, 557-567.

Goldberg, R., & Shapiro, E.S.(1995). In-vivo rating of treatment acceptability by children: Effects of probability instruction on student's spelling performance under group contingency conditions. Journal of Behavioral Education, 5, 415-432.

Good, R.H., III, Vollmer, M., Creek, R.J., Katz, L., & Chowdhri, S.(1993). Treatment utility of the Kaufman Assessment Battery for Children: Effects of matching instruction and student processing strength, Schol Psychology Review, 22, 8-26.

Goodman, L.(1990). Time and learning in the special education classroom. Albany, NY: State University of New York Press.

Gordon, E.W., DeStefano, L., & Shipman, S.(1985). Characteristics of learning person and the adaptation of learning environment. In M.C. Wang, & H. J. Walberg(Eds.), Adapting instruction to individual differences(pp.44-65). Berkeley, CA: McCutchan.

Graham, S.(1982). Composition research and practice: A unified approach. Focus on Exceptional Children, 14(8),

Graham, S., Harris, K.R., MacArthur, C.A., & Schwartz, S.(1992). Writing and writing instruction for students with learning disabiltieis: Review of a research program. Learning Disabilties Quarterly, 14, 89-114.

Graham, S., MacArthur, C.A., Schwartz, S., & Page-Voth, V.(1992). Improving the compositions of students with learning disabilities using a strategy involign product and process goal setting. Exceptional Children, 58, 322-334.

Graham, S., & Miller, L.(1980). Handwriting research and practice: A unified approach. Focus on Exceptional Children, 13(2),

Gredler, M.E.(2001, 2005). Learning and instruction: Theory into practice (2th ed.). NY: Macmillan Publishing Company.

Greeno, J.G.(1980). Some examples of cognitive task-analysis with instructional implications. In R.E. Snow, P. Frederico, & W.E. Montague(Eds.), Aptitude, learning, and instruction. Hillsdale, NJ: Erlbaum.

Griffin, S., & Case, R.(1996). Evaluating the breadth and depth of training effects when cental conceptual structures are taught. In R. Case & Y. Okamoto(Eds.), The role of central structures in the development of children's thought(pp.83-102). Monographs of the Society for Research in Child Development, 61, Serial No. 246, Nos. 1-2.

Griffin, S., Case, R., & Capodilupo, S.(1995). Teaching for understanding: The importance of central conceptual strutures in the elementary school mathematics curriculum. In A. McKeough, J. Lupart, & A. Marini(Eds.), Teaching for transfer: Fostering generalization in learning. Hillsdale, NJ: Erlbaum.

Griffin, S., Case, R., & Siegler, R.S.(1994). Rightstart: Providing the cental conceptual prereauisites for first formal learning of arithmetic to students at risk for school failure. In K. McGilly(Ed.), Classroom lessons: Integrating cognitive theory and classroom practice. Cambridge, MA: MIT Press.

Hansen, C.L., & Eaton, M.(1978). Reading. In N. Haring, T. Lovitt, M. Eaton, & C. Hansen(Eds.), THe fourth R: Research in the classroom(pp.41-92). Columbus, OH: Charles E. Merrill.

Hargis, C.H., Terhaar-Yonkers, M., Williams, P.C., & Reed, M.T.(1988). Repeatition requirements for word recognition. Journal of Reading, 31, 320-327.

Harter, S.(1990). Causes, correlates and the functional role of global self-worth: A life-span perspective. In R. Sternberg & J. Kolligian, Jr.(Eds.), Competence considered(pp.67-98). New Haven, CT: Yale University Press.

Hegarty, M., Mayer, R. E., & Monk, C.A.(1995). Comprehension of arithmetic word problems: A comparison of successful and unsuccessful problem solvers. Journal of Educational Psychology, 87, 18-32.

Higgins, E.T.(1981). Role taking and social judgment: Alternative developmental perspectives and processes. In J.H. Flavell & L.Ross(Eds.), Social cognitive development: Frontiers and possible futures(pp.119-153). Cambridge, England: Cambridge University Press.

Higgins, E.T.(1991). Development of self-regulatory and self-evaluative processes: Costs, benefits, and tradeoffs. In M.R. Gunnar & L.A. Stroufe(Eds.), Self processes and development: The Minnesota Symposia on Child Development(pp.125-166). Hillsdale, NJ: Lawrence Erlbaum Associates.

Hinsley, D., Hayes, J.R., & Simon, H.A.(1977). From words to equation. In P. Carpenter & M. Just(Eds.), Cognitive processes in comprehension. Hillsdale, NJ: Erlbaum.

Hoge, R.D., & Andrews, D.A.(1987). Enhancing academic performance: Issues in target selection. School Psychology Review, 16, 228-238.

Hoier, T.S., & Cone, J.D.(1987). Target selection of social skills for children: The template-matching procedure. Behavior Modification, 11, 137-164.

Hoier, T.S., McConnell, S., & Pallay, A.G.(1987). Observational assessment for planning and evaluating educational transitions: An initial analysis of template matching. Behavior Assessment, 9, 6-20.

Holley, C.D., Dansereau, D.F., McDonald, B.A., Garland, J.C., & Collins, K.W.(1979) Evaluation of a hierarchical mapping technique as an aid to prose processing. Contemporary Educational Psychology, 4, 227-237.

Horner, M.S.(1968). Six differences in achievement and performance in competitive and noncompetitive situations. Ph.D. dissertation, University of Michigan.

Idol, L.,(1987). Group story mapping: A comprehension strategy for both skilled and unskilled readers. Journal of Learning Disabilities, 20, 196-203.

Idol, L., & Croll, V.J.(1987). The effects of training in story-mapping procedures on the reading comprehension of poor readers. Learning Disability Quarterly, 10, 214-229..

Juel, C., Griffin, P.L., & Gough, P.B.(1986). Acquisition of lieracty: A longitudinal study of children in first and second grade: Journal of Educational Psychology, 78, 243-255.

Juvonen, J.(1988). Outcome and attributional disagreements between students and their teachers. Journal of Educational Psychology, 80(3), 330-336.

Juvonen, J., & Murdock, T.(1995). Grade-level differences in the social values of effort: Implications for self-presentation tactics of early adolescents. Child Development, 66, 1694-1705.

Karweit, N.L.(1983). Time on task: A research review. (Report No.332). Baltimore: 준이s Hopkins University, Center for Social Organization of Schools.

Karweit, N.L., & Slavin, R.E.(1981). Measurement and modeling choices in studies of time and learning. American Educational Research Journal, 18, 157-171.

Kavale, K., & Forness, S.R.(1987). Substance over style: Assessing the efficacy of mordality testing and teaching. Exceptional Child, 54, 228-239.

Kephart, N.C.(1971). The slow-learner in the classroom. Columbus, OH: Charles E. Merrill.

King, A.(1992). Comparison of self questioning, summarizaing, and notetaking-review as strategies for learning from lectures. American Educational Research Journal, 29, 303-323.

King, A., Staffieri, A., & Adelgais, A.(1998). Mutual peer tutoring: Effects of structuring tutorial interaction to scaffold peer learning. Journal of Educational Psychology, 90, 134-152.

Kirby, F.D., & Shields, F.(1972). Modification of arithmetic response rate and attending behavior in a seventh grade student. Journal of Applied Behavior Analysis, 5, 79-84.

Koskinen, P.S., & Blum, I.H.(1986). Paired repeated reading: A classroom strategy for developing fluent reading. Reading Teacher, 40(1), 70-75.

LaBerge, D., & Samuels, S.J.(1974). Toward a theory of automatic information processing in reading. Cogntivie Psychology, 6, 293-323.

Latham, G.(1985). Defining time in a school setting. Presentation in PDK/UASCD Confernece, Salt Lake City, UT.

Lentz, F.E., Jr., & Shapiro, E.S.(1986). Functional assessment of the academic environment. School Psychology Review, 15, 346-357.

Lewis, A.B.(1989). Training students to represent arithmetic word problems. Journal of Educational Psychology, 81, 521-531.

Liberman, I.Y., Shankweiler, D., Fischer, F.W., & Carter, B.(1974). Explicit syllable and phoneme segmentation in the young children. Journal of

Experimental Psychology, 18, 201-212.

Licht, B.G.(1992). The achievement-related perceptions of children with learning problems: A developmental analysis. In D.H. schunk & J,L. Meece(Eds.), Students perceptions in the classroom(pp.247-266). Hillsdale, NJ: Lawrence Erlbaum Associates.

Lipson, M.Y.(1983). The influence of religious affiliation on children's memory for text information. Reading Research Quarterly, 18, 448-457.

Locke, E.A., & Latham, G.P.(1990). A theory of goal setting and task performance. Englewood Cliffs, NJ: Prentice Hall.

Loftus, E.F., & Suppes, P.(1972). Structural variables that determine problem-solving difficulty in computer assisted instruction. Journal of Educational Psychology, 63, 531-542.

Low, R.(1989). Detection of missing and irrelevant information within algebraic story problems. British Journal of Educational Psychology, 59, 296-305.

Luiselli, J.K., & Downing, J.N.(1980). Improving a student's arithmetic performance using feedback and reinforcement procedures. Education and Treatment of Children, 3, 45-49.

Ma, L.(1999). Knowing and teaching elementary mathematics. Mahwah, NJ: Erlbaum.

Mace, F.C., & Belfiore, P.J., & Hutchinson, J.M.(2001). Operant theory and research on self-regulation, In B.J. Zimmerman & D.H. Schunk(Eds.), Self-regulated learning and academic achievement: Theoretical perspectives(pp39-65). NY: Routledge.

Mace, F.C., & Knight, D.(1986). Functional analysis and treatment of severe pica. Journal of Applied Behavior Analysis, 19, 411-416.

Mace, F.C., Yankanich, M.A., & West, W.B.(1988). Toward a mehtodology of experimental analysis and treatment of aberrant classroom behaviors. Special Services in the Schools, 4(3/4), 71-88.

Maehr, M.L., & Midgley, C.(1991). Enhancing student motivation: A school-wide approach. Educational Psychologist, 26, 399-426.

Markman, F.(1979). Realizing that you don't understand: Elementary school children's awareness of inconsistencies. Child Development, 50, 643-655.

Markman, E.M.(1985). Comprehension monitoring: Developmental and educational issues. In S.F. Chipman, J.W. Segal, & R. Glaser(Eds.),

Thinking and learning skills(Vol.2): Research and open questions. Hillsdale, NJ: Erlbaum.ㄲ

Markman, E.M., & Gorin, L.(1981). Children's ability to adjust their standards for evaluating comprehension. Journal of Educational Psychology, 73, 320-325.

Marr, M.B., & Gormley, K.(1982). Children's recall of familiar and unfamiliar text. Reading Research Quarterly, 18, 89-104.

Marsh, H.W.(1990). The structure of academic self-concept: The Marsh/Shavelson model. Journal of Educational Psychology, 82, 623-636.

Marston, D., & Magnusson, D.(1988). Curriculum-based measurement: District level implementation. In J.L. Graden, J.E. Zins, & M.J. Curtis(Eds.), Alternative educational delivery systems: Enhancing instructional options for all students(pp.137-177). Washington, DC: National Association of School Psychologists.

Marston, D., & Tindal, G.(1995). Best practices in performance monitoring. In A. Thomas & J. Grimes(Eds.), Best practices in school psychology-III(pp.597-607). Washington, DC: National Association of School Psychologists.

Mayer, R.E.(1981). Frequency norms and structural analysis of algebra story problems into families, categories, and templates. Instructional Science, 10, 135-175.

Mayer, R.E.(2003). Learning and instruction. Upper Saddle River, NJ: Pearson Education, Inc.

Mayer, R.E., & Cook, L.K.(1981). Effects of shadowing on prose comprehension and problem solving. Memory & Cognition, 8, 101-109.

McAuley, S.M., & McLaughlin, T.F.(1992). Comparison of add-a-word and computer-spelling programs wit low-achieving students. Journal of Education Research, 85, 362-369.

McFall, R.M.(1976). Behavior training: A skill-acquisition approach to clinical problems. In J.T. Spence, R.C. Carson, & J.W. Thibaut(Eds.), Behavior approaches to therapy(pp.227-260). Morristown, NJ: General Learning Press.

McLaughlin, T.F.(1981). The effects of a classroom token economy on math performance in an intermediate grade class. Education and Treatment of Children, 4, 149-147.

Meichenbaum, D.H., & Goodman, J.((1971). Training impulsive children to talk to themselves: A means of developing self-control. Journal of Abnormal Psychology, 77, 117-126.

Meyer, B.J.F., Brandt, D.H., & Bluth, G.J.(1980). Use of top-level structure in text: Key for reading comprehension of ninth-grade students. Reading Research Quarterly, 16, 72-103.

Miller, G.(1986). Fostering comprehension monitoring in less-skilled readers through self-instruction training. Paper presented at the American Psychological Association, New York.

Myers, M., & Paris, S.B.(1978). Children's metacognitive knowledge about reading. Journal of Educational Psychology, 70, 680-690.

Nagy, W.E., & Anderson, R.C.(1984). How many words are there in printed school English? Reading Research Quarterly, 19, 304-330.

Nagy, W.E., & Herman, P.A.(1987). Breadth and depth of vocabulary knowledge: Implications for acquisition and instruction. In M. McKeown & M. Curtis(Eds.), The nature of vocabulary acquisition. Hillsdale, NJ: Erlbaum.

Nagy, W.E., Herman, P.A., & Anderson, R.C.(1985). Learning words from context. Reading Research Quarterly, 20, 233-253.

Nagy, W.E., & Scott, J.A.(2000). Vocabulary processes. In M.L. Kamil, P.B. Mosenthal, P.D. Pearson, & R. Barr(Eds.), Handbook of reading research(pp.269-284). Mahwah, NJ: Erlbaum.

Nation, K., & Hulme, C.(1997). Phonemic segmentation, non-onset-time segmentation, predicts early reading and spelling skills. Reading Research Quarterly, 32, 154-167.

Newman, R.S.(1998). Students' help-seeking during problem solving: Influence of personal and contextual goals. Journal of Educational Psychology, 90, 644-658.

Newsom, J.(1963). Half our future. London H.M.S.O.

Nicholls, J.G.(1984). Achievement motivation: Conception of ability, subjective experience, task choice, and performance. Psychological Review, 19, 308-346.

Nicholls, J.G.(1990). What is ability and why are we so mindful of it? A developmental perspective. In R.J. Sternber & K,Kolligan(Eds.), Competence considered(pp.11-40). New Haven, CT: Yale University Press.

Nichools, J.G., & Miller, A.T.(1984). Development and its discontents: The differentiation of the concept of ability. In J.G. Nicolls(Ed.), Advances in motivation and achievement(pp.185-218). Greenwich, CT: JAI Press.

Diekhoff, G.M.(1977). The node acquisition and integration technique: A node-link based teaching/learning strategy. Paper presented at the annual meeting of the American Educational Research Association. New York, April 6.

Norman, D.A.(1980). Cognitive engineering and education. In D.T. Tuma & F. Rief(Eds.), Problem solving and education: Issues in teaching and research. Hillsdale, NJ: Erlbaum.

Novak, J.D., & Gowin, D.B.(1984). Learning how to learn. NY: Cambridge University Press.

Nystrand, M.(1982). An analysis of errors in written communication. In M. Nystrand(Ed), What writers know. NY: Academic Press.

O'Neil, H.F. Jr., & Spielberger, C.D.(1979). Cognitive and affective strategies. NY: Academic Press. xi.

Paige, J.M., & Simon, H.A.(1966). Cognitive processes in solving algebra word problems. In B. Kleinmuntz(Ed.), Problem solving: Research, method, and theory. NY: Wiley.

Paris, S.G., Byrnes, J.P., & Paris, A.H.(2001). Constructing theories, identities, and actions of self-regulated learners. In B.J. Zimmerman & D.H. Schunk(Eds.), Self-regulated learning and academic achievement: Theoretical perspectives(pp.253-287). NY: Routledge.

Paris, S.G., Newman, R.S., & Jacobs, J.E.(1985). Social contexts and function of children's remembering. In C.J. Brainerd & G.M. Pressley(Eds.), The cognitive side of memory development(pp.81-115). NY: Springer-Verlag.

Paris, S.G., & Lindauer, B.K.(1982). The development of cognitive skills during childhood. In B. Wolman(Ed.), Handbook of developmental psychology(pp.333-349). Englewood Cliffs, NJ: Prentice-Hall.

Paris, S., & Turner, J.C.(1994). Situated motivation. In P. Pintrich, D. Brown, & C. Weinstein(Eds.), Student motivation, cognition, and learning: Essays in honor of Wilber J. McKeachie(pp.215-237). NY: Routledge.

Paris, S.G., Wasik, B.A., & Turner, J.G.(1991). The development of strategic readers. In R. Barr, M. Kamil, P. Mosenthhal, & R.D. Pearson(Eds.), Handbook of reading research(pp.609-640). NY: Longman.

Pauk, W., & Owens, R.J.Q.(2011). How to study in college. Boston, MA:

Wadsworth, Cengage Learning.

Pearson, P.D., Hansen, J., & Gordon, C.(1979). The effects of background knowledge on young children's comprehension of explict and implict information. Journal of Reading Behavior, 11, 201-209.

Penningto, B.F., Groisser, D., & Welsh. M.C.(1993). Contrasting cognitive deficits in attention deficit disorder versus reading disability. Developmental Psychology, 70, 514-522.

Peper, R., & Mayer, R.E.(1978). Note taking as a generative acitivity. Journal of Educational Psychology, 70, 514-522..

Perfetti, C.A., & Hogaboam, T(1975). The relationship between single word decoding and reading comprehension skill. Journal of Educational Psychology, 67, 461-469.

Phillips, D.A., & Zimmerman, M.(1990). The developmental course of perceived competence and incompetence among competent children. In R.J. Sternberg & J. Kollogian(Eds.), Competence considered(pp.41-66). New Haven, CT: Yale University Press.

Pianko, S.(1979). A description of the composing process of college freshman writers. Research in the Teaching of English, 13, 5-22.

Pichert, J., & Anderson, R.C.(1977). Taking different perspectives on a story. Journal of Educational Psychology, 69, 309-315.

Pilling, D., & Pringle, M.(1978). Controversial iisues in child development. London: Paul Elek.

Pintrich, P., & Blumenfeld, P.(1985). Classroom experience and children's self-perception of ability, effort, and conduct. Journal of Educational Psychology, 77, 646-657.

Pintrich, P.R., & Schrauben, B.(1992). Students' motivational beliefs and their cognitive engagement in classroom academic tasks. In D.H. Schunk & J.L. Meece(Eds.), Student perception in the classroom(pp.247-266). Hillsdale, NJ: Lawwrence Erlbaum Associates.

Pratt-Struthers, J., Struthers, B., & Williams, R.L.(1983). The effects of the add-a-word spelling program on spelling accuracy during creative writing. Education and Treatment of Children, 6, 277-283,

Pressley, M.(1990). Cognitive strategy instruction that really improves childrens' academic perofrmance. Cambridge, MA: Brookline Books.

Pressley, M., & Ghatala, E.S.(1989). Metacognitive benefits of taking a test for children and young adolescents. Journal of Experimental Child Psychology, 4793), 430-450.

Pressley, G.M., & Levin, J.R.(1987). Elaborative learning strategies for the inefficient learner. In S.J. Ceci(Ed.), Handbook of cognitive, social, and neruopsychologcial aspects of learning disabilities(pp.175-212). Hillsdale, NJ: Lawrence Erlbaum Associates.

Pressley, M., & McCormick, C.B.(1995). Advanced educational psychology for educators, reseachers, and policy-makers. NY: Harper Collins.

Quilici, J.H., & Mayer, R.E.(1996). Role of examples in how students learn to categorize statistics word problems. Journal of Educational Psychology, 88, 144-161.

Ralph, J.B., Goldberg, M.L., & Passow, A.H.(1966). Bright underachievers. NY: Teachers College.

Read, C.(1981). Writing is not the inverse of reading for young children. In C.H. Frederiksen & J.F. Dominic(Eds.), Writing. Vol.2. Hillsdale, NJ: Erlbaum.

Reid, R., & Harris, K.R.(1993). Self-monitoring of attention versus self-monitoring of performance: Effects on attention and academic performance. Exceptional Children, 60, 29-40.

Riley, M., Greeno, J.G., & Heller, J.(1982). The development of children's problem solving ability in arithmetic. In H. Ginsburg(Ed.), The development of mathematical thinking. NY: Academic Press.

Robinson, F.P.(1941). Diagnostic and remedial techniques for effective study. NY: Harper.

Robinson, F.P.(1961). Effective study. NY: Harper.

Rose, T.L.(1984). Effects of previewing on the oral reading on mainstreamed behaviorally disordered students. Behavior Disorders, 10, 33-39.

Rose, T.L., McEntire, E., & Dowdy, C.(1982). Effects of two error correction procedures on oral reading. Learning Disability Quarterly, 9, 193-199.

Rosenthal, T.L., & Bandura, A.(1978). Psychological modeling: Theory and practice. In S.L. Garfield, & A.E. Begia (eds.), Handbook of psychotherapy and behavior change: An empirical analysis (2nd. ed.) (pp.621-658). NY: Wiley.

Ruble, D.N., & Flett, G.L.(1988) Conflicting 햄닌 in self-evaluative information seeking: Developmental and ability level analysis. Child Development, 59, 97-106.

Ruble, D.N., Boggiano, A.K., Feldman, N.S., & Loebl, J.H.(1980).

Developmental analysis of the role of social comparison in self-evaluation. Developmental Psychology, 16, 105-115.

Rubman, C.N., & Waters, H.S.(2000). A, B seeing: The role of constructive process in children's comprehension monitoring. Journal of Educational Psychology, 92, 503-514.

Rutter, M., Maughan, B., Mortimer, P., & Quston, J.(1979). Fifteen thousand hours. Somerset: Open Books.

Salvia, J.A., & Ysseldyke, J.E.(1995). Assessment in special and talented education. Boston: Houghton Mifflin.

Samuels, S.J.(1979). The method of repeated readings. The Reading Teacher, 32, 403-408.

Scardamalia, M., & Bereiter, C.(1986). Fostering the development of self-regulation in children's knowledge processing. In S.S. Chipman, J.W. Segal, & R. Glaser(Eds.), Thinking and learning skills: Current research and open questions.(pp.563-577). Hillsdale, NJ: Lawrence Erlbaum Associates.

Scardamalia, M., Bereiter, C., & Goelman, H.(1982). The role of production factors in writing ability. In M. Nystrand(Ed.), What writers know. NY: Academic Press.

Schenider, W., & Bjorklund, D.F.(1997). Memory. In W. Damon, D. Kuhn. & R.S. Siegler(Eds.), Handbook of child psychology: Cognition, perception, and language(pp.467-521). NY: 준이 Wiley & Sons.

Schoenfeld, A.H.(1979). Explicit heuristic training as a variable in problem-solving performance. Journal for Research in Mathematics Education, 10, 173-187.

Schunk, D.H., & Zimmerman, B.J.(1997). Social origins of self-regulatory competence. Educational Psychologist, 32, 196-208.

Shapiro, E.S.(1992). Gickling's model of curriculum-based assessment to improve reading in elementary age students. School Psychology Review, 21, 168-176.

Shapiro, E.S.(1996). Academic skills problems: Direct assessment and intervention. NY: The Guilford Press.

Shapiro, E.S., & Eckert, T.L.(1993). Curriculum-based assessment among school psychologists: knowledge, attitudes, and use. Journal of School Psychology, 31, 375-384.

Shapiro, E.S., & Goldberg, R.(1986). A comparison of group contingencies in increasing spelling performance across sixth grade students. School

Psychology Review, 15, 546-559.

Shapiro, E.S., & Goldberg, R.(1989). In vivo rating of treatment acceptablitity by children: Group size effcs I group contingecies to improve spelling performance Journaof School Psychology, 28, 233-250.A comparison of group contingecies in , 1989).

Shaw, M.C., & Alves, G.J.(1963). The self-채丅쳇 of bright academic underachievers. The Personnel and Guidance Journal, 4, 401-3.

Shaw, M.C., & Black, M.D.(1960). The reaction to frustration of bright high school underachievrs. California Journal of Educational Research, 11, 120-4.

Shaw, M.C., & McCuen, J.T.(1960). The onset of academic underachievement in bright children. Journal of Educational Psychology, 51, 102-8.

Silver, E.A.(1981). Recall of mathematical problem information: Solving related problems. Journal for Research in Mathematics Education, 12, 54-64.

Singer, H.(1981). Teaching the acquistion phase of reading development: An historical perspective. In O.J.L. Tzeng & H. Singer(Eds.), Perception of print. Hillsdale, NJ: Erlbaum.

Skinner, C.H., Bamberg, H.W., Smith, E.S., & Powell, S.S.(1993). Cognitive cover, copy, and compare: Subvocal responding to increase rates of accurate division responding. RASE: Remedial and Special Education, 14(1), 49-56.

Slotte, V., & Lonka, K.(1999). Review and process effects of spontaneous notetakings on text comprehension. Contemporary Educational Psychology, 24, 1-20.

Smith, A.M., & Van Biervliet, A.(1986). Enhancing reading comprehension through the use of a self-instructional package. Education and Teatement of Children, 9, 40-55.

Solomon, D., Battistich, V., Watson, M., Schaps, E., & Lewis, C.(2000). A six district study of educational change: Direct and mediated effects of the Child Development Project. Social Psychology of Education, 4(1), 3-51.

Stanovich, K.E.(1991). Discrepancy definitions of reading disability: Has intelligence led us astray? Reading Research Quarterly, 26, 7-29.

Stellern, J., Vasa, S.F., & Little, J.(1976). Introduction to diagnostic-prescriptive teaching and programming. Glen Ridge, NJ: Exceptional Press. p.268-9.

Stipek, D., & McIver, D.(1989). Developmental change in children's assessment of intellectual competence. Child Development, 60, 521-538.

Stoddard, B., & MacArthur, C.A.(1983), A peer editor strategy: Guiding learning-disabled students in response and revision. Research in the Teaching of English, 27(1), 76-103.

Stotsky, S.(1990). On planning and writing plans-Or beware of borrowed theories. College Composition and Communication, 41, 37-57.

Struthers, J.P., Bartlamay, H., Bell, S., & McLaughlin, T.F.(1994). An analysis of the add-a-word spelling program and public posting across three categories of children with special needs. Reading Improvement, 31(1), 28-36.

Struthers, J.P., Bartlamay, H., Williams, R.L., & McLaughlin, T.F.(1989). Effects of the add-a-word spelling program on spelling accuracy during creative writing: A replication across two classrooms. British Columbia Journal of Special Education, 13(2), 151-158.

Tannenbaum, A.(1962). Adolescent attitude toward academic brilliance. NY: Teachers' College Press.

Taylor, B.M., & Beach, R.W.(1984). The effects of text structure instruction on middle-grade students' comprehension and production of expository text. Reading Research Quarterly, 19, 134-146.

Terry, M.N., Deck, D., Huelecki, M.B., & Santogrossi, D.A.(1978). Increasing arithmetic output of a fourth-grade student. Behavior Disorders, 7, 136-147.

Thompson, T., Davidson, J.A., & Barber, J.G.(1995). Self-worth protection in achievement motivation: Performance effects and attributional behavior. Journal of Educational Psychology, 8794), 598-610.

Tomlinson, C.A.(2005). How to differentiate instruction in mixed-ability classrooms(2nd ed.). Upper Saddle River, NJ: Pearson Education, Inc. 63-4.

Vosniadou, S., Pearson, P.D., & Rogers, T.(1988). What causes children's failures to detect inconsistencies in text? Representation versus comparison difficulties. Journal of Educational Psychology, 80, 27-39.

Voss, J.F., & Bisanz, G.L.(1985). Knowledge and processing of narrative and expository texts. In B.F. Britton & J.R. Black(Eds.), Understanding expository text. Hillsdale, NJ: Erlbaum.

Ward, L., & Traweek, D.(1993). Appication of a metacognitive strategey to assessment, intervention, and consultation: A think-aloud technique. Journal of School Psychology, 31, 469-485.

Watson, M., & Benson, K.(2008). Creating a culture for character In M.J. Schwartz(ed). Effective character education: A guidebook for future educators(pp.48-91). NY: McGraw Hill Higher Education.

Weaver, P.A., & Resnick, L.B.(1979). The theory and practice of early reading: An introduction. In L.B. Resnick & P.A. Weaver(Eds.), Theory and practice of early reading. Hillsdale, NJ: Erlbaum.

Weinstein, C., & Mayer, R.(1986). The teaching of learning strategies. In M. Witttrock(Ed.), Handbook of research on teaching(pp.315-327). NY: Macmillan.

Wellman, H.M.(1988). Five steps in the child's therorizing about the mind. In J. Astington, P. Harris, & D. Olson(Eds.), Developing theories of mind(pp.64-92). NY: Cambridge University Press.

Wepman, J.(1967). The perceptual basis for learning. In E.C. Frierson & W.B. Barbe(Ed.), Educating children with learning disabilities: Selected readings(pp.353-362). NY: Appleton-Century Crofts.

Whitmore, J.R.(1980). Giftedness, conflict and underachievement. Boston: Allyn & Bacon.

Wigfield, A., Eccles, J.S., Yoon, K.S., Harold, R.D., Arbreton, A., Freedman-Doan, K., & Blumenfeld, P.C.(1996). Changes in children's competence beliefs and subjective task values across the elementary school years: A three year study. Journal of Educational Psychology, 89(3), 451-469.

Wittrock, M.C., Marks, C., & Doctorow, W.(1975). Reading as a generative process. Journal of Educational Psychology, 67, 484-489.

Zimmerman, B.J.(2000). Attaining self-regulation: A social cognitive perspective. In M. Boekaerts, P.R. Pintrich, & M. Zeidner(Eds.), Handbook of self-regulation(pp.13-39). San Diego, CA: Academic Press.

Zimmerman, B.J.(2001). Theories of self-regulated learning and academic achievement: An overview and analysis. In B.J. Zimmerman & D.H. Schunk(Eds.), Self-regulated learning and academic achievement: Theoretical perspectives(pp.1-38). NY: Routledge.

Zbrodoff, N.J.(1985). Writing stories under time and length constraints. Dissertation Abstracts International, 46, 1219A.

Zimmerman, B.J.(1989). A social cognitive view of self-regulated academic learning. Journal of Educational Psychology, 81, 329-339.

Zimmerman, B.J.(1998). Developing self-fulfilling cycles of academic regulation: An analysis of exemplary instructional models. In D.H,

Schunk & B.J. Zimmerman(Eds.), Self-regulated learning: From teaching to self-reflective practice(pp. 1-19). NY: Guilford Press.

Zimmerman,B.J.(2000). Attainment of self-regulation: A social cognitive perspective. In M. Boekaerts,P., P. Pintrich, & M. Zeidner(Eds.), Self-regulation: Theory, research, and applications(pp.13-39). Orlando, FL: Academic Press.

Zimmerman, B.J.(2001). Theories of self-regulated learning and academic achievement: An overview and analysis. In B.J. Zimmerman & D.H. Schunk(Eds.), Self-regulated learning and academic achievement: Theoretical perspectives(pp.1-38). NY: Routledge.

Zipprich, M.A.(1995). Teaching web making as a guided planning tool to improve student narrative writing. RASE: Remedial and Speical Education, 16, 3-15.

Ziv, A.(1975). Self-image of underachieving children. Studies of Education, 9, 91-8.

학습부진아 지도

교육과정 기반 개입 모델

초판 인쇄   2020년 8월 20일
초판 발행   2020년 8월 20일

저   자 강충열 정광순 문정표
펴낸 곳 만남과 치유 (Meeting & Healing)
주   소 서울시 송파구 위례성대로 12길 34, 201호
         (방이동163-9) T-070-7132-1080
         E-Mail : counseling@anver.com

정   가 18,000원
ISBN : 978-11-966283-2-1 93370

* 잘못 만들어진 책은 본사 및 구입처에서 교환해 드립니다.